中國學術思想 研究輯刊

十二編

林慶彰 主編

第53冊

從佛教立場邁向宗教交談之路
——以天台學說為主軸的理論研究

許原豪 著

智者大師的實相論與性具思想之研究

李燕蕙 著

花木蘭文化出版社

國家圖書館出版品預行編目資料

從佛教立場邁向宗教交談之路——以天台學說為主軸的理論
研究　許原豪　著／智者大師的實相論與性具思想之研究　李
燕蕙　著 — 初版 — 新北市：花木蘭文化出版社，2011〔民
100〕
目 2+118 面 + 序 2+ 目 2+68 面；19×26 公分
（中國學術思想研究輯刊 十二編：第 53 冊）
ISBN：978-986-254-693-2（精裝）
1. 天台宗　2. 佛教教理　3. 佛教哲學
030.8　　　　　　　　　　　　　　　　100016220

ISBN-978-986-254-693-2

9 789862 546932

中國學術思想研究輯刊
十二編　第五三冊　　　　　　ISBN：978-986-254-693-2

從佛教立場邁向宗教交談之路
——以天台學說爲主軸的理論研究
智者大師的實相論與性具思想之研究

作　　者　許原豪／李燕蕙
主　　編　林慶彰
總 編 輯　杜潔祥
出　　版　花木蘭文化出版社
發 行 所　花木蘭文化出版社
發 行 人　高小娟
聯絡地址　新北市永和區中正路五九五號七樓
　　　　　電話：02-2923-1455 ／傳眞：02-2923-1452
網　　址　http://www.huamulan.tw 信箱 sut81518@gmail.com
印　　刷　普羅文化出版廣告事業
封面設計　劉開工作室
初　　版　2011 年 9 月
定　　價　十二編 55 冊（精裝）新台幣 90,000 元

從佛教立場邁向宗教交談之路
——以天台學說爲主軸的理論研究

許原豪　著

作者簡介

許原豪，一九八一年五月生，台灣高雄人。二〇〇四年畢業於台灣天主教輔仁大學英國語文學系，而後就讀同校宗教學研究所，專研交談（對話）理論、跨文化溝通方法論，二〇〇六年薦選為中華民國斐陶斐榮譽學會會員，二〇〇七年取得宗教學碩士學位，隨即投入非營利組織活動，曾任世界華語文教育學會兼任講師、台灣兒童閱讀學會秘書長兼講師等，並在交談的理論與實踐之間繼續探索。

提　　要

　　宗教交談是當前宗教面對全球化趨勢所做出的回應之一，宗教可藉此避免自身落入意識形態，為和平與希望奠下基石。目前西方宗教哲學對於宗教交談此一議題，已有諸多基礎性的理論研究，但佛教及其他東方宗教則鮮有從自身宗教義理出發，對此論題予以回應。西方的宗教交談理論研究雖能從各自的立場，多元闡述宗教交談的可能與限制，然大多不出西方哲學歷來所重視的「真理觀」（the theory of truth）、「認識論」（epistemology）及「人學」（anthropology）等三個面向。在任何交談脈絡下，若我們繼續深究，則會觸碰到「平等性」與「差異性」等哲學問題，宗教交談當然也不例外。論及宗教交談，我們自然想到必須有一個平等的基礎作為交談的起點，但若視現象全然平等，只是本質上絕對的「一」的外顯，將差異化約為等同，何需交談？然而，從另一端來說，若只是注重全然的差異，成為散落的「多」，彼此之間毫無關聯，又從何交談？由此，筆者不禁想問，以中道為實踐準則的佛教，如何處理不落一多兩邊，且兼容平等差異？佛學義理若能回應這些弔詭的問題，或能從中道的理路，以一個佛學理論為基礎的視角看宗教交談。

　　若我們說佛教是一個提升生命境界的宗教，而哲學是追求人生崇高智慧的學問，兩者之間自然有許多相應的基本理念。因此，佛教信仰者（抑或佛學研究者），若能從當前西方宗教哲學論及宗教交談時已論及的框架下，做出回應及反思，一方面能夠展現佛學思想的柔韌性與方便性；更重要的是，另一方面，在宗教交談的論題上，能夠有限度地與西方（宗教）哲學進行會通。

　　職是之故，本論文以中國佛教天台宗「諸法實相」、「圓頓止觀」及「性具思想」等幾個重要的基本義理學說為基礎，探索其中能與西方哲學「真理觀」、「認識論」及「人學」會通的宗教交談意識。然為避免錯誤解讀佛學義理、強加比附，論文架構採取一種現象學式的閱讀，在主要論述的三個章節（真理觀層面：諸法實相；認識論層面：圓頓止觀；人學層面：性具思想）的前兩節將焦點放在佛學義理的理解與詮釋，繼而，在充分理解以及闡明佛學義理哲思的基礎上，於最後一節，與西方宗教哲學思維進行對比思考。真理觀層面，以潘尼卡（Raimon Panikkar, 1918-2010）的不二元（non-dual）極性（polarity）真理為例；認識論層面，以西方哲學符應（correspondence）、連關（coherence）、開顯（alétheia）與後現代（post-modern）等四種不同認識進路所可能引發的交談模式為例；人學層面，則以拉內（Karl Rahner, 1904-1984）的超驗神學人學（transcendental theological anthropology）為例，從而對比出天台佛學於各層面所具有的「不二中道」宗教交談意識。最後，本論文由天台佛學的立場提出反思，佛教信仰者或可視宗教交談為深化自身信仰的實踐場域，當然，如果宗教交談也不幸淪為一種至高無上、僵化的意識型態，那麼當然也應該予以對治，以契合不落兩邊的中道意旨，及宗教交談拒絕固化的基本意涵。

目次

緒　論

交談〔註1〕或滅亡（dialogue or die）？這是美國天普大學（Temple University）研究宗教交談（inter-religious　dialogue）〔註2〕的知名教授史威德勒（Leonard

---

〔註1〕 「dialogue」有不同的中文翻譯，有些譯爲「交談」有些則譯爲「對話」。然而，爲配合本文立論，筆者希望能將此字「交互穿透」的意涵突顯出來，一方面尊重彼此可能「相對」的既有立場，另一方面期待能夠藉由宗教交談的行動「交互穿透」自身意識型態及彼此的隔閡，故統一譯爲「交談」。詳細討論請參見：本文第二章第三節中「交談當體即是圓頓止觀的實現」的討論。另外，爲便利讀者查找，若文中所引用「書名」或「篇名」之原本翻譯爲「對話」，將保持原譯，除此之外，行文中都以「交談」作爲「dialogue」之翻譯。

〔註2〕 「宗教交談」一般有兩種解讀法，一爲「宗教際」（inter-religious）的交談，另一爲「宗教內」（intra-religious）的交談。當代宗教哲學、宗教交談學者，依著自身所秉持的立場，對「宗教交談」有諸多不同的詮釋，後自由（post-liberal）神學家喬治・林貝克（George A. Lindbeck, 1923～）與宗教交談學者雷蒙・潘尼卡（Raimon Panikkar, 1918～2010）二人對此詞的定義便不盡相同。林貝克從文本內性（intra-textuality）的概念出發，認爲各宗教間（inter）有著不同的宗教語言，彼此不可互譯，因此宗教際（不同宗教）的交談幾乎不可能，應從同一信仰當中不同的團體先進行交談，因其語言具有同質性，交談才有可能。林貝克將「宗教際交談」定義爲不同宗教間的交談，「宗教內交談」則是同一信仰中不同團體的交談。然而，潘尼卡雖同樣認爲「宗教內交談」是宗教交談的基礎，卻與林貝克的定義截然不同。潘尼卡認爲交談必須在自身心裡、理智及生活之中，爲不同宗教信仰者預留一個位置，並向四面八方開放。更進一步說，其實進行宗教內交談的同時，宗教際的交談已經同時在進行了。本論文所採取的立論與潘尼卡相似，主張「宗教際交談」與「宗教內交談」不能截然二分，真正的宗教交談，其實既是「宗教內」也是「宗教際」的。另外，本論文的英文標題上採用 inter-religious dialogue，理由是除了避免讀者誤會本論文僅處理同一信仰當中不同小團體的交談，並希望更進一步突顯當前全球化的生活處境下，不同宗教間的互動、不同宗教信仰者的往來，已經成爲不可抗拒的事實，

Swidler, 1929～)，對生活在全球化處境（globalization）的我們所做出的提醒。〔註3〕以往，與我們信仰不同的人住在遙遠的地方，而今他們就生活在我們周遭。過去，各國的經濟活動自給自足，現在則因國際政經的合作、網際網路的發展等種種因素，轉變為互依互存的生命共同體。因此，我們再也不能閉關自守，一味逃避不去面對其他文化、宗教所帶給我們的影響或衝擊。

身為宗教信仰者，對於當今時代的脈動，同樣也不能夠獨善其身、置身事外，因為雖然「宗教所嚮往的是超越的絕對，然而實際上的宗教卻是一個文化現象，與現實的政治、社會的結構有著緊密不可分割的關係。」〔註4〕致力於推動建構全球倫理（global ethic）的知名學者孔漢斯（Hans Küng, 1928～，又譯漢思・昆）說：「沒有宗教之間的和平，則沒有各國之間的和平；沒有宗教之間的〔交談〕，則沒有宗教之間的和平。」〔註5〕另外，杭亭頓（Samuel P. Huntington, 1927～2008）的「文明衝突論」認為，文明的衝突是世界和平的最大威脅，並指出宗教是界定世界文明的重要特性，〔註6〕與孔漢斯的觀點相互呼應。新儒家學者杜維明則強調「文明交談」的重要性，雖然文明衝突不一定能避免，但卻應該在交談上付出努力，交談的迫切性是大於衝突的。〔註7〕無論是文明衝突或文明交談，都點出了當今世界已經不再是獨白的時代，不同文明與宗教有著不同程度的交集。宗教既作為界定世界文明的重要特性之一，對於一些不同

甚至不只是「宗教內部」（intra-religious）或「不同宗教間」（inter-religious dialogue）的交談，廣義地來說，還有可能擴及到「不同意識型態間（宗教與非宗教間）」（inter-ideological）的交談。參見： George A. Lindbeck, *The Nature of Doctrine: Religion and Theology in a Postliberal Age*,（Philadelphia: Westminster Press, 1984）; David J. Krieger, "Methodological Foundations for Interreligious Dialogue," *The Intercultural Challenge of Raimon Panikkar*, ed. J. Prabhu,（Maryknoll, New York: Orbis Books, 1996）, p. 202; 雷蒙・潘尼卡（Raimon Panikkar）著，王志成、思竹譯，《宗教內對話》（Intrareligious Dialogue），（北京：宗教文化，2001），頁 58～59；張志剛，《宗教哲學研究》，（北京：中國人民大學，2003），頁 387。

〔註3〕 Leonard Swidler, ed., *For All Life: Toward a Universal Declaration of a Global Ethic: An Interreligious Dialogue*,（Ashland, Oregon: White Cloud Press, 1999）, pp. 15-16.

〔註4〕 劉述先，《全球倫理與宗教對話》，（台北：立緒，2001），頁 2。

〔註5〕 漢斯・昆（Hans Küng）著，周藝譯，《世界倫理構想》（Projekt Weltethos），（香港：三聯，1996），頁 205。

〔註6〕 Civilizations are differentiated from each other by history, language, culture, tradition and, most important, religion. 參見：Samuel P. Huntington, "The Clash of Civilizations?"*Foreign Affairs*, Vol.72, No. 3, (Summer 1993): 25.

〔註7〕 杜維明，《杜維明文集》卷五，（武漢：武漢，2002），頁 479。

宗教流派、不同意識型態之間的距離與差異所引起的爭端，自然必須面對並回應，甚至宗教本身實際上根本是身歷其境、參與其中的一員。因此，中國學者何光滬（1950～）直接點出：「不同民族之間的觀念分歧，其深層的核心和神聖的辯護，就是不同民族之間的宗教分歧，正因爲如此，解決不同民族之間衝突的重要途徑，即不同民族之間的〔交談〕或文化〔交談〕，必然涉及宗教，必須以宗教作爲核心。」〔註8〕就此，綜觀歷史的脈絡來看，不同宗教信仰間的爭端不勝枚舉，本應普遍爲人類帶來安定與和平的宗教，爲何彼此之間種種不和諧的情景卻歷歷在目？當世人詰問，爲何以全人類福祉爲目標的宗教，會藉著「宗教之名」行「貪」、「瞋」、「癡」之實？此時，宗教信仰者不僅應提出回應，更應在自身宗教傳統與信仰中反省檢討，以期能夠找到解決的辦法，而宗教交談的理論研究，便是其中一條進路。本論文期待藉此研究，可以對上述問題提出基礎性的反省。

　　當前宗教交談理論及其發展出來的分類模式，幾乎都從西方宗教、西方哲學思維出發。從宗教哲學發展出來的宗教理論，如約翰・希克（John Hick, 1922～）主張不同宗教是對同一終極實在（Ultimate Reality）的不同回應、雷蒙・潘尼卡（Raimon Panikkar, 1918～2010）的宗教內交談（intrareligious dialogue）、保羅・尼特（Paul F. Knitter, 1939～）呼籲以普遍存在的生存苦難爲核心的全球責任（global responsibility）、卡爾・拉內（Karl Rahner, 1904～1984）的匿名基督徒（anonymous Christian）、高文・德柯斯塔（Gavin D'costa）的三一包容論（trinitarian inclusivism）等；〔註9〕依不同（交談）態度區分而發展的分類，如：愛倫・萊思（Alan Race, 1951～）的排他（exclusivism）、包容（inclusivism）與多元（pluralism）等三種態度，〔註10〕以及保羅・尼特的

〔註 8〕 何光滬，〈宗教之間的對話問題〉，王作安、卓新平編，《宗教：關切世界和平》，（北京：宗教文化，2000），頁 126。

〔註 9〕 參見：John Hick, *An Interpretation of Religion: Human Responses to the Transcendent*, 2nd edition, New York, Yale University Press, 2004; Raimon Panikkar, *The Intrareligious Dialogue*, New York, Paulist Press, 1999; Paul F. Knitter, *One Earth Many Religions: Multifaith Dialogue and Global Responsibility*, Maryknoll, New York, Orbis Books, 1995; Karl Rahner, *Hearer of the Word*, ed. Andrew Tallon, trans. Joseph Donceel, New York: The Continuum Publishing Company, 1994; Gavin D'Costa, *The Meeting of Religions and the Trinity*, Maryknoll, New York: Orbis Books, 2000.

〔註10〕 參見：Alan Race, *Christians and Religious Pluralism: Patterns in the Christian Theology of Religions*, Maryknoll, New York: Orbis Books, 1982. 筆者於 2007

置換（replacement）、成全（fulfillment）、互益（mutuality）與接受（acceptance）等四種交談模式等。〔註 11〕無論是從宗教哲學發展出的交談模式，抑或是將不同交談態度區分而成的分類模式，其實都是從西方哲學爲基礎來討論、分類的，若更清楚地說，皆是由基督宗教神學出發而引發的討論。然而，佛教及其他東方宗教則鮮有針對此議題來做回應。〔註 12〕筆者希望藉由這篇論

年 7 月中旬與萊思（Alan Race）教授通信，來信中提及該書的分類，主要是針對不同宗教神學所做出的歸類，並不是在交談脈絡下來談論的，然而，兩者之間顯然有些關連。另外，該書正確出版年應爲 1983 年，出版社印刷時誤植爲 1982 年。特將 2007 年 7 月 16 日萊思教授來信內容，摘錄如下：The publication date in the Orbis edition of my book was wrongly printed as 1982. It should be 1983. My typology was in the theology of religions and not in dialogue, though there is obviously a link between the two. Good luck with your work. Alan Race

〔註 11〕參見：Paul F. Knitter, *Introducing Theologies of Religions*, Maryknoll, New York: Orbis Books, 2002.

〔註 12〕關於佛教對於宗教交談此議題的回應或紀錄，當前除了一些學者從不同宗教結構類似的議題上做比較宗教的研究，如：沈清松，〈覺悟與救恩——佛教與基督教的交談〉，《哲學與文化》24 卷 1 期（1997 年 1 月）：2～19；或從交談實務經驗的反省來做研究，如：呂一中，〈中華信義神學院與現代禪宗教交談個案分析〉，《新世紀宗教研究》3 卷 2 期（2004 年 12 月）：130～158；還有主要與西方基督宗教對談的日本京都學派，九松眞一（Hisamatsu Shinichi, 1889～1980）及阿部正雄（Masao Abe, 1915～2006）等人。雖然，京都學派從佛教義理出發並結合西洋哲學以動感的空（dynamic *Śūnyatā*）與絕對的無（absolute nothingness）等創造性詮釋，與西方宗教知名學者田立克（Paul Tillich, 1886～1965）及孔漢斯（Hans Küng, 1928～）等人對話。然而，從交談的態度上來看，京都學派傾向只注重觀念層面的把握，從佛教主觀立場出發，直接切入與之對談的宗教的義理核心做比較，潛藏優劣比較的動機。因此，雖然京都學派闡發了佛教的時代意義，並擁有主動與西方宗教進行對話的熱情，但佛教的義理似乎總是略勝一籌，在態度上所隱含的佛教帝國主義，使得彼此之間的誤解及成見似乎並未解決，最後傾向各說各話，參見：莊嘉慶，《宗教交談的基礎》，（台北：雅歌，1997），頁 80～81。京都學派與西方宗教哲學的論辯狀況，可參見：Masao Abe, "Kenosis and Emptiness," Roger Corless and Paul F. Knitter, *Buddhist Emptiness and Christian Trinity: Essays and Explorations*,（New York: Paulist Press, 1990），pp. 5-25. & Hans Küng, "God's Self-Renunciation and Buddhist Emptiness," *ibid.*, pp. 26-43. 因此，目前爲止尚未有直接回歸佛教本身的義理哲思，並據此出發針對「宗教交談理論」做反思與回應的專著。筆者在此特別澄清，本論文雖然也是從佛教教義出發，但卻不是符應地與西方宗教的某個教義、觀點做高下的判斷，更不會貿然以佛教教義詮釋其他宗教的義理，而是嘗試回到自身宗教義理當中，找尋對全體人類、不同宗教信仰者的肯定，進一步從佛教義理的確立與詮釋當中，針對宗教交談這個論題，從佛教的立場奠定同時兼容「立基平等」與「尊重差異」的交談基礎。

文，嘗試由佛教義理本身當中的哲學思維，在西方宗教哲學對宗教交談既有的討論框架下，提出佛教可能採取的態度與觀點，一方面提供與西方宗教哲學可能的會通點，另一方面也展現佛教學說方便權巧的柔韌性與應時契機的可能性。〔註13〕然而，爲了避免強加比附，甚至扭曲了佛學思想的初衷，本論文首先藉由回歸佛學經論文本的研究與詮釋，希望提醒佛教信仰者面對當前國際學術潮流，能回到自身信仰中，找出宗教交談的理論基礎。此外，更在西方宗教哲學既有的討論框架下，及其可能會通的焦點上，爲宗教交談方法論的建構，提出從佛學出發的思考與觀點。只是，佛教的宗教交談之路，如何步趨才能平等地面對其他宗教信仰，既不會因此迷失方向，又不至喪失立場？另一方面，又能夠在面對不同信仰時，懷著寬大平等的胸襟，尊重其差異性，並以此機會檢視反思自身信仰是否已成爲僵化的意識型態？此爲本論文所要討論的核心問題。

一、研究動機與目標

　　本篇論文的研究動機，是對多元文化、多元宗教的生活經驗，所引發的一連串思考，並將焦點集中於當前宗教交談理論中的弔詭問題「平等性」與「差異性」的折衝，進而回歸自身信仰的宗教義理，以理論研究的方式，對生活經驗與信仰定位提出反省與檢討。

（一）從生活經驗引發理論研究

　　當馬可波羅（Macro Polo, 1254～1324）在義大利獄中，花了幾個月講述於中國的經歷給同獄的朋友聽時，那些朋友驚異的表情，現在我們可能會認爲，他們的好奇眞是大驚小怪。唐代玄奘（600～664）從西域取經回來，應唐太宗李世民（599～649）的要求口述西域見聞，唐太宗激賞地回應《大唐西域記》是可放在身邊隨時閱讀的好書。唐太宗的珍重，現在我們可能會認爲，自己去一趟印度經歷一下又有何難；因爲，我們自己可能就是馬可波羅，

〔註13〕「面對當代西方學術的蓬勃發展，有關佛教的研究也順應時代的潮流而趨向現代化。佛教研究的現代化，要求從多元的角度對佛教進行創造性的詮釋……爲了展現佛教能夠適應時代思潮的柔韌性，而有限度地以西方哲學的術語，來解釋和建構佛教理論體系，於情於理，未嘗不可……以西方哲學的基本範疇，系統地勾勒出佛教哲學的知識體系，目的不在強加比附、標新立異，而在應時契機、方便施設……」參見：劉貴傑，《佛教哲學·自序》，（台北：五南，2006），頁1。

我們身邊的朋友可能就是一個從西域歸來的玄奘。我們已經漸漸體認到，過去和我們生活習慣不同、秉持相異信念的人們，不只是在旅行家訴說的故事中相遇，他們可能就活生生在我們身邊，一起吃中飯、喝咖啡；印度教徒、基督教徒、佛教徒、道教徒、民間信仰者、儒家思想實踐者，就在我們日常生活中的任何一刻，都有可能彼此相遇。

筆者是在台灣輔仁大學宗教學研究所，著手撰寫這篇論文。輔仁大學是一個天主教的大學，秉持著天主教梵諦岡第二次大公會議（The Second Vatican Council, 1962～1965）〔註 14〕後宗教交談的理念，無論是學術研究或生活實踐層面，經常舉辦與不同宗教、不同學科的交談活動；輔大宗教學系所，更是將宗教交談視為課程規劃的頂峰。〔註 15〕筆者身為一個佛教信仰者，身處天主教的大學內，並在宗教交談氛圍濃厚的宗教系所學習，自然對宗教交談的相關議題極感興趣。筆者於輔大宗教系所的課程學習中，所交談的對象，不僅有與自身信仰相同的佛教徒、來自不同傳統的藏傳佛教喇嘛，也有天主教神父與修女、信奉伊斯蘭教的穆斯林、道家及儒家思想實踐者，更有單純從學術來研究宗教的無神論者、科學主義擁護者，組成同學背景的多元性、論題研討觀點的歧異性，讓筆者意識到文化理念與信仰內涵的差異；但從另一方面來說，報告前的小組討論、課堂後的餐敘聚會、私底下的生活交流，大家對生命的熱情，似乎在當中汩汩流動而貫通彼此，也讓筆者體會到正視生命價值平等的重要。

在如此的交談氛圍中，筆者不禁思考，若一個真正投身某一宗教的宗教信仰者，必定對自身宗教的思維，有著極高的認同，甚至將自身所信仰宗教的道理視為真理。那麼，當他面對其他不同宗教的信仰者時，是否把自己的宗教放置一邊，只為生活共通的瑣碎話題交談，一觸及敏感的問題便閃躲不

〔註14〕 「天主教梵諦岡第二次大公會議（The Second Vatican Council 或 Vatican II, 1962～1965），簡稱『梵二』，當時的天主教教宗保祿六世（Pope Paul VI, Giovanni Battista Montini, 1897～1978）認為召開梵二的主要目的，就是為了要促使教會更有效地向現代世界傳福音。教宗保祿六世並在其通論中，強調了基督徒和其他宗教徒會通的重要性……1965 年 10 月 28 日公布的《教會對非基督宗教態度宣言》（*Nostra Aetate*），則勸告信徒『應以明智與愛德，同其他宗教的信徒交談合作。』」參見：莊嘉慶，《宗教交談的基礎》，（台北：雅歌，1997），頁 57～58；《教會對非基督宗教態度宣言》（*Declaratio De Ecclesiae Habitudine Ad Religiones Non-christianas: "Nostra Aetate"*）（1965 年 10 月 28 日公布）

〔註15〕 參見：陸達誠，〈台灣宗教學研究現況和發展〉，《哲學與文化》24 卷 1 期（1997 年 1 月）：61、64～65。

談？或者，根本視其他宗教文化爲盲從迷信，表面上和顏悅色地尊重，但實際內裡卻是漠不關心、不屑一顧？若同時自身宗教的核心義理總是在談論平等、愛、慈悲、尊重，那麼又該如何自處呢？是將所有的宗教都視爲全然的平等，抑或自身宗教只是一個暫時求得庇佑的驛站？那麼，若隨時都能改變宗教信仰，還算是一個眞正的宗教信仰者嗎？

　　諸如此類的問題，隨著實際生活經驗，不斷在筆者心中冒出：「平等性」（equality）與「差異性」（diversity）兩個哲學概念，似乎在宗教交談的實境中皆須並重。這是一個弔詭（paradoxical）的問題，因爲在宗教交談的實境中，只有彼此平等相待才有交談的可能，但若現象全然平等，只是本質上絕對「一」的外顯，將差異化約爲等同，又何需交談？另一方面，若因爲雙方具有差異才有交談的空間，但全然對立的差異成爲散落的「多」，彼此之間毫無關連，又從何交談？雖然西方宗教哲學已有諸多對於宗教交談理論的研究，並且以不同的角度立場來回應此問題，但是，筆者不禁想要回過頭來，向自己的信仰發問：佛教一向標榜不落兩邊的不二中道立場，其義理哲思如何處理這「平等」與「差異」或「一」與「多」間的弔詭處境呢？若能由佛學義理中找到回應的依據，或許一方面能夠釐清佛教對宗教交談的態度，另外一方面也能對當前宗教交談理論做出省思及建議。以上種種機緣，促使筆者對「宗教交談的理論研究」產生了興趣，並嘗試回歸自身信仰中尋求答案。

（二）借理論研究再思信仰定位

　　雖然讀萬卷書不如行萬里路來得實際，所以有人對理論研究不屑一顧；然而，萬卷書中的經驗卻可以讓我們在行萬里路時，省下許多迷路的時間，更提供了修正錯誤的基礎，使得自己可以站在巨人的肩膀上，看得更遠、邁得更大步，其實讀萬卷書的同時，我們已經啓程了。

　　宗教交談的理論研究，是個人從自身信仰出發與他者進行會晤的一項重要工作，這可從兩個層面來看：首先、「對自身宗教義理的瞭解與詮釋」：因爲每一個宗教皆應從自我批判、自我檢討開始，只有看出自己的不足，才有資格去批判別人，同時也只有借鏡於其他的宗教，才能夠明顯地瞭解自己的不足，[註16]並進一步傾聽時代的訊息，在不離自身宗教信仰精義的基礎上，闡發呼應時代脈動的詮釋；其次、「交談理論的反省與建構」：此種建構是一種與他者

〔註16〕劉述先，《全球倫理與宗教對話》，頁6。

進行會晤時所秉持態度的探討。首先要瞭解自己交談態度的根源爲何,接著進一步反省批判可能發生的問題,並做出修正。「交談」是一種實踐活動,「理論」的建構與確立非常重要,因爲缺乏「理論」指導的實踐活動,不僅容易失去方向,甚至能夠提供修正的基礎亦模糊不清。假如一個信仰者不能夠肯定自身信仰的價值,那麼他在面對種種的意識型態時,便有可能隨波逐流,甚至扭曲原本宗教最初的關懷,交談也只是花拳繡腿,並無實質作用,難以對當代社會文化議題做出回應。因此,宗教交談的理論研究應該從自身信仰出發(自身宗教義理層面),進而在交談活動中修正交談的態度與方法(交談理論的反省),肯定所有宗教的核心價值,爲宗教交談建立穩固的基礎。

　　本論文即是在肯定「宗教交談」面對當代多元社會所展現的迫切性之上,以「理論研究」的進路,期待一方面肯定自身信仰的價值,藉由交談豐富自己的內容,使宗教交談成爲一種深化自身信仰的場域。另一方面,藉由理論的闡釋與建構,普遍肯定其他宗教信仰者,並對當前宗教交談的時代議題做出回應。懷著如此的意向,回歸佛學義理哲思,嘗試從理論研究的進路,思考自身信仰中是否能夠回應前所提及宗教交談的問題核心——「平等」與「差異」皆須同時並重的弔詭處境。

二、研究主題與範圍

　　本論文從自身所信仰的佛學義理出發,研究是否能夠對宗教交談理論中「平等」與「差異」的弔詭問題有所回應。基於聚焦研究主題可以使得研究不致太過龐雜枝蔓,首先必須對研究主題、研究範圍做出界定。本論文主要標題爲「從佛教立場邁向宗教交談之路」,意指從佛教義理出發,並在宗教交談的情境下,進行義理的討論;次要標題則爲「以天台學說爲主軸的理論研究」,意指在浩瀚的佛教義理中,將以天台佛學爲主軸,而宗教交談的討論則僅限於理論面向。

(一)主題界定

1. 以中國佛教天台宗義理哲思爲理論主軸

　　佛教約於公元前二年傳入中國,經過了五百多年,到了公元六世紀左右,即有智顗(538〜598)〔註17〕創立了天台宗。〔註18〕天台宗創立於南北朝時

〔註17〕按照傳統的說法,智顗的生卒年爲西元 538〜597 年。然而,第一屆天台山國

代，當時諸家學說興起，對佛法義理各有各的詮釋方式，但是並沒有具體的宗派形成。南北朝後期，陳隋之際，智顗創建天台宗，可以說是對南北朝佛教學派紛爭的一個總結，成為中國最早出現並且意義完整的第一個宗派。從天台宗之後，三論宗、唯識宗、華嚴宗乃至於禪宗，也都紛紛形成自己的宗派。〔註19〕天台宗對之前的學派紛爭是一個總結，可謂繼往；在其基礎上，有更多對佛法不同詮釋的宗派建立，可謂開來。其實，強調一多相即富含哲思的華嚴宗，以及見佛殺佛、活潑教化的禪宗等中國化的佛教宗派，皆具有可作為宗教交談理論基礎的厚實底蘊；然而，除了筆者在佛學知識養成的背景考量外，在宗教交談的理論建構上，天台宗的特色之一「性具善惡」，更可以對不同宗教信仰者，在人學（或稱人觀）層面做出直接的肯定，提供平等的交談立基。因此，本論文選擇天台宗學說作為佛教思想的主要代表，並將它視為從佛教立場邁向宗教交談的理論基礎。

　　然而，天台學說理論深邃、體系完備，無法在本論文當中逐一論述，況且本論文僅以討論宗教交談理論為主，因此只著重與宗教交談理論相關的義理。故擬以「諸法實相」、「圓頓止觀」與「性具思想」等義理為討論重點，並輔以天台其他學說及相關佛教經論，嘗試在其中彰顯出宗教交談的意涵，一方面肯定中國佛教傳統信仰的價值，另一方面期待拓展新的宗教交談管道。

2. 以當前宗教交談的理論為對比思考範式

　　前已提及，由於中國傳統佛教鮮有針對宗教交談議題做出回應，因此本論文嘗試藉由當前西方宗教交談理論的幾個範式（paradigm）（特別是以基督宗教神學為基礎的交談模式為主）及其蘊含的哲學思維，理出西方哲學在宗

際文化節學術會議，楊曾文所發表〈關於中日天台宗的幾個問題〉中，根據陳垣的《二十史朔閏表》，認為智顗去世的日期為隋朝開皇十七年十一月二十四日，換算為西曆應為西元 598 年一月七日，本論文於智顗之「卒年」採用其說。另依照張風雷於普陀山佛教文化研究所《正法研究》學術年刊創刊號所發表的〈智者大師的世壽與生年〉，楊曾文以智顗西元卒年上推六十年（智顗世壽六十）推斷其生年為西元 539 年，是有問題的；張風雷認為，當以隋開皇十七年上推六十年至梁武帝大同四年（西元 538 年），而不應以西元 598 年上推至西元 539 年。因此，本論文採張風雷之說，智顗生卒年為西元 538 ～598 年。參見：楊曾文，〈關於中日天台宗的幾個問題〉，《東南文化》2 期（1994 年）：78；張風雷，〈智者大師的世壽與生年〉，《正法研究》1 期（1999 年 11 月）：152～154。

〔註18〕呂澂，《中國佛學源流略講》，（北京：中華書局，1979），頁 159～162。
〔註19〕潘桂明、吳忠偉，《中國天台宗通史》，（南京：江蘇古籍，2001），頁 1～6。

教交談脈絡下的問題意識，並與天台佛學義理對比思考。其目的除了希望對論題能夠有相對清楚的界定外，更期待藉由對比思考，間接呈現出彼此可以會通的焦點，更進一步朗現佛學義理自身所具有的宗教交談意識以及佛學思想的柔韌性。

然而，筆者並無意對「佛教天台學說的義理哲思」與「西方宗教哲學的具體內涵」做符應式的細緻比較（若強加比附也違背了本論文的基本立場），而是希望由當前西方宗教交談理論的內在思維，理出可供討論的議題，並重新審視如何從天台學說，看待宗教交談理論中「平等性」與「差異性」的弔詭問題。

（二）範圍界定

1. 問題核心：「平等性」與「差異性」的折衝

前已提及，面對宗教交談議題的探討，我們首先自然想到，交談必須要立足在平等的基礎之上，但卻不是全然等同爲一，因爲假若全然同一、沒有差異，又何需交談？另一方面，若是只注重全然的差異性，而成爲散落的多，彼此之間毫無關連，又從何交談？因此宗教交談的問題核心，在於「平等性」與「差異性」兩個核心觀念上。宗教交談學者史威德勒採用了科學史學家孔恩（Thomas Kuhn, 1922～1996）的「典範轉移」（paradigm-shift）概念，將它應用在文化的領域上，認爲西方文化在十八世紀啓蒙時代之後，有了典範轉移的現象，從「靜態的」、「獨白式的」轉變爲「非絕對的」、「關係式的」及「交談式的」，並在「非絕對化」（de-absolutized）的過程中，拒絕了「絕對主義」（absolutism），也拒絕了「相對主義」（relativism），進而肯定所謂的「關係性」（relationality），也就是說我們已經從獨白的時代（the age of monologue）邁入了交談的時代（the age of dialogue）。〔註20〕史威德勒所說的「絕對主義」是以絕對平等爲核心，極有可能造成唯我獨尊的帝國主義，是偏執於「全然等同」的狀態；「相對主義」是以絕對差異爲核心，可能會造成彼此的漠不關心，只專注於「差異」的狀態。我們可以看得出來，對西方宗教哲學有所省思的宗教交談學者史威德勒，說明了宗教交談藉由拒絕偏執於「平等性」或「差異性」這兩端，顯出對「關係性」的肯定。據此，筆者不禁想到素來秉持中道不二思想的天台佛學，是否能夠對宗教交談時要求不偏「平等性」與

〔註20〕Leonard Swidler, ed., *For All Life: Toward a Universal Declaration of a Global Ethic: An Interreligious Dialogue*, pp. 6-16.

「差異性」兩邊的情形做出回應？是否能夠在中道不二的關係性之下進行宗教交談？這即是貫穿本論文的核心問題意識。

2. 會通層面：「真理觀」、「認識論」與「人學」為論域

然而，有關宗教交談的核心問題意識，應該要置放在哪些層面來會通呢？這些會通層面對於交談的各個宗教主體，是否具有重要性呢？若預先設定了某些會通層面，是否有扭曲、強加比附的嫌疑？論文所貫徹的問題意識，若置放在這些層面討論，會引發什麼樣的思維呢？

首先，回到宗教信仰本身來看。真正信仰一個宗教，應會對該宗教所秉持的真理有所認同；真正想要認識一個宗教的真理，自然會去思維、尋求認識該真理的種種方法；真正想要了解能夠認識真理的自己，應該會對自己於此世的立基有所提問。因此，無論是針對提升生命境界的佛學思維，抑或追求人生智慧的西方哲學都應在「真理觀」（truth）、「認識論」（epistemology）及「人學」（anthropology）等三方面具有共同或類似的關懷。其實，這三個觀念在西方哲學，已是長久以來常被討論的主要範疇，因此在西方宗教交談理論中，應是能夠被廣為接受的討論框架。同時，這三個層面對於宗教交談態度的確立以及宗教交談理論的建構，亦皆扮演了相當重要的角色，如：「真理觀」是宗教所堅信與秉持的信念，會影響到是否能夠容納與自己相異的意識型態；「認識論」是宗教用以體證真理及認識不同宗教現象的方法，會影響到自己觀看其他宗教的態度；「人學」是宗教為信仰者尋求的定位，會影響到是否能夠尊重同樣身為「人」的不同宗教信仰主體。

其次，就天台佛學來說，若將其置放於「真理觀」、「認識論」與「人學」等三個框架下來加以討論，是否會產生扭曲原初自身宗教關懷的狀況？其實，本論文並不是要在這三個西方哲學的既有框架下，強加比附天台佛學義理，僅僅只是嘗試在不同的文化脈絡下，尋求可能會通的討論範圍。〔註21〕

〔註21〕宗教交談學者潘尼卡認為，我們在二元分立的現實世界當中，如何不被二元對立所限制，其實可以嘗試於不同語言文化的架構下，尋找「形式相似的等價物」（homeomorphic equivalent），但並不是要我們在兩種文化、兩種宗教之間尋求可以相互替代的東西，若強行互置，將會把多義的真理化約為單義，便會落入獨裁主義；我們應該是進入那個文化脈絡當中，去發現其他文化中可能發揮相應作用、並具有同等地位的形式相似的等價物，並且嘗試「互置」不同文化的形式相似的等價物，而不是單方面的搜尋，這樣才能夠保持相互之間的辯證平衡。參見：Raimon Panikkar, "Satapathaprajna: Should We Speak of Philosophy in Classical India? A Case of Homeomorphic Equivalents," *Contemporary Philosophy:*

這樣的作法,只是嘗試各從西方哲學與天台佛學中,將某些可能具有相應功能與作用的命題或價值抽出,藉由對比思考的方式,使宗教交談自身應有的問題意識揭露出來,應不算是唐突魯莽地直接指稱某兩物爲完全一致。另外,對一個宗教來說,也能藉此機會考驗自己的道理在不同的脈絡下,是否仍然行得通?答案若是肯定的,或許代表其思想具有更大的可普遍性;反之,答案若是否定的,這也是檢視自身宗教的機會,對於自我批判意識夠健全、並勇於反省自身問題的宗教來說,也不失爲一樁好事。〔註22〕

　　最後,我們若將前所提及在宗教交談脈絡中,關於「平等性」與「差異性」折衝的問題意識,放在「眞理觀」、「認識論」與「人學」等三個層面來討論,會有哪些基本的問題出現呢?

　　(1)「眞理觀」是宗教所堅信與秉持的信念,會影響到是否能夠容納與自己相異的意識型態,在此範圍「平等性」與「差異性」的問題會轉換爲:「本質與現象」及「一與多」等問題。若視現象全然平等,成爲本質上絕對的「一」,則可能造成極端一元論的眞理觀,對其他多元的宗教現象不屑一顧,因爲自己已經掌握了絕對的眞理、本質,成爲絕對的「一」;然而,若視現象甚至本質皆全然差異,則可能造成極端二元論的眞理觀,並認爲公說公有理、婆說婆有理,既然在本質與現象上皆是絕對差異、無法合作,那就各自做各自的事情,可能會導致漠不關心、絕對疏離的狀態,成爲絕對的「多」;當然,還有所謂過程性的二元論,也就是表面慷慨尊重,骨子裡卻仍是一元論,因爲現在無法征服其他宗教,等待因緣成熟,便翻身而上,將所有多元的宗教現象一舉殲滅。據此,一元論會造成獨霸的帝國主義,二元論會造成散落的隔離狀態,過程性二元論實際上最後歸於一元論,那麼秉持什麼樣眞理觀的宗教,才能有一個較爲恰當的宗教交談意識,而且能夠同時兼容「平等性」與「差異性」呢?

　　(2)「認識論」是宗教用以體證眞理及認識不同宗教現象的方法,在此範圍內,「平等性」與「差異性」的問題會轉換爲:如何以平等的胸懷,認識並尊重多元差異的宗教現象,並在宗教眞理層面,同時處理「一與多」及「現

A New Survey, Vol. 7, (1993):21.

〔註22〕 參見:沈清松,〈論心靈與自然關係的重建〉,沈清松主編,《心靈轉向》,(台北:立緒,1997),頁 19～20;沈清松,《對比、外推與交談》,(台北:五南,2002),頁 476～477。

象與本質」的問題？不同的認識方法，會形成不同的交談態度與交談模式。若從認識論層面來看，宗教交談本身其實就是一個觀察不同宗教現象的詮釋活動，如何能夠在面對差異的宗教現象中，保持胡賽爾（Edmund Husserl, 1859～1938）現象學所強調的中立性（Neutralität）用以展現「平等」的態度，同時又尊重高達美（Hans-Georg Gadamer, 1900～2002）詮釋學（Hermeneutics）所強調的歷史性（Geschichtlichkeit），以便尊重不同宗教「差異」的歷史背景？〔註23〕換句話說，什麼樣的認識方法，能夠同時全面觀照「平等性」與「差異性」，並進一步在宗教交談的情境中發揮作用呢？

　　（3）「人學」是宗教爲生而在世的人所尋求的定位，在宗教交談的情境當中，當與其他宗教信仰者會遇之時，將更加突顯自身信仰定位的重要性。固然一方面要使自己與其他宗教信仰者立基於同一平台，才有可能交談，然而，自身宗教信仰的個殊性卻也不能置之不理。一般學者的看法，是將宗教交談的參與者，定位爲所謂的宗教信仰圈內人（insider），亦即宗教交談的成員，應是某一宗教的信仰者，而與從信仰外部研究宗教種種現象的圈外人（outsider）有所區隔。〔註24〕這裡是在提醒宗教交談與一般從現象切入研究

〔註23〕胡賽爾現象學的方法當中，強調在進行認識活動時，爲了要讓事物自身（thing-in-itself）更完整地呈現，必須同時將所認識的對象暫時「置入括弧」（epoché）存而不論，讓現象的不同層面向主體盡可能地呈現，也就是在認識活動當中盡其所能地保持其中立性。現象學從自身立場出發去觀察不同宗教的現象，但不隨意武斷地妄下評斷，也同時對自身保持批判的態度，這是宗教交談的起點。然而，在宗教交談的脈絡下，清楚地知道自身與交談對象的定位也相當重要，因爲只有對於自身與他人宗教有相當的理解，才得以構成交談的基礎。高達美於其詮釋學中，即從此面向做出提醒，他認爲認識活動並不是從具有超驗本質的純主體展開的，實際上「前理解」（Vorverständnis）在認識活動中，才是構成能夠理解的條件，認識的主體總是站在過去自身文本的歷史去觀看另一個文本，從而進行認識活動。武金正，〈宗教交談——基本面向〉，黃懷秋等著，《宗教交談：理論與實踐》，（台北：五南，2000），頁16～20；武金正，〈宗教現象學——基礎性之探討〉，《哲學與文化》28卷6期（2001年6月）：498。此部分將在本論文〈第二章〉「圓頓止觀與宗教交談」的第三節進一步討論。

〔註24〕陳德光，〈宗教交談基礎綜合反省〉，黃懷秋等著，《宗教交談：理論與實踐》，（台北：五南，2000），頁168～169；又見同書：武金正，〈宗教交談——基本面向〉，頁27～28。陳德光及武金正兩位學者皆從馬丁·布伯（Martin Buber, 1879～1965）我與你（I and thou）的概念，來討論宗教交談脈絡中關於交談者的立場問題，他們認爲如果將宗教信仰經驗視爲一種孤立於生活世界脈絡之外的客觀知識，那麼就犯了布伯所說的連關錯置，即是「將 I, thou 的連關

的比較宗教學有所不同。宗教交談是一種我與你（I and thou）的面對面關係，尊重交談的對象爲一完整的主體，更強調宗教信仰對信仰者的重要性，並不是有如圈外人將宗教信仰物化，像是做化學實驗一般，坐在一旁冷眼旁觀。然而，我們從另外一個角度來看，圈外人的抽離，其實也是宗教交談情境中不可或缺的中立態度，可以使得自我批判成爲可能，也可避免完全由自身宗教出發，去兼併交談對象的問題（或者說，時時刻刻提醒自己「他者」的存在，留一個位置給他者，使得我與你的關係不致成爲另外一個封閉的個體，除了你我之外的一切皆被客體化，而能不斷邁向更大的「我們」）。〔註 25〕更清楚地說，在宗教交談的情境中，宗教交談的主體同時既是圈內人又是圈外人。因爲，交談之時，宗教信仰者必須保持著如圈外人一般，給予自身宗教與其他宗教平等的立場，且確立平等性以尋求共同的交談基礎，並隨時警覺、檢討自身信仰是否陷入意識型態；但同時也必須清楚認知自身信仰的圈內人定位，瞭解到自身信仰與他人信仰的差異性，從自身信仰的位置發聲。因此，雖然不同宗教信仰具有或大或小的差異，但無論是任何一個宗教，「人」卻是一個整合平等與差異的基礎平台。我們可以由各個宗教哲學的「人學」層面，探討該宗教到底如何在宗教交談的情境中，藉由自身對「人」的分析，一方面保持具有「平等性」的基礎，另一方面又不抹煞在社會結構上、自身教義思維中與其他宗教的「差異性」？

　　以上是宗教交談中「平等性」與「差異性」的弔詭問題，在「眞理觀」、「認識論」及「人學」等三個論域中，可能引發的問題。至於本論文將由天台佛學義理與西方宗教哲學中，挑選哪些命題置放在這三個論域中來做對比思考，其具體內容將在以下章節概述中交代。

　　　　錯置爲 I, it 的連關」。「宗教交談」應視爲一種我與你的共同成長關係，並且對眞理持著開放的態度，而不是如「比較宗教學」一般，將宗教信仰經驗當成一種客觀的知識來比較與研究。因此，宗教交談必須在宗教信仰者（faith-believer）即是圈內人（insider）之間展開，而比較宗教學則是站在圈外人（outsider）的角度來研究宗教的種種現象與問題。

〔註 25〕法國哲學家馬賽爾（Gabriel Marcel, 1889～1973）反對我與你（I and thou）的關係在成爲互爲主體的「我們」之後，成爲另外一個自私、與外隔絕的單位，此時的「我們」馬上墜回被排斥、被客體化的「它」（it），原本「我與你」關係中的美好「你性」（thouness）便消解無遺，他認爲：「除非是在更成爲『你』的理想驅動下，不斷開放躍升，否則不能算是眞正在『你性』當中。」參見：陸達誠，《馬賽爾》，（台北：東大，1992），頁 182～183。

三、研究方法與架構

本論文的研究方法以文獻分析法爲主，在宗教哲學的層面進行闡明確立、對比思考與建構交談。各章的前兩節回歸天台佛學經論原典，第三節的第一部份則是對所挑選的西方宗教哲學範式進行說明，目標皆是進行闡明確立的工作，在此部分盡量保有各自所使用的語言，並適時點出本論文關切的重點；接著，由闡明確立所奠定的基礎，進一步對比思考，並嘗試提出天台佛學義理中，能夠提供宗教交談理論不同層面的建議。以下分爲研究方法與章節概述進一步說明：

（一）研究方法

其一、「闡明確立」：首先，回歸天台佛學經論原典，確立天台佛學與宗教交談理論可能會通的基本義理，加以解釋及闡發其中的哲學思維，避免強加比附造成對佛學義理的扭曲，更爲建構尊重不同信仰價值的平台預作準備。

其二、「對比思考」：在前所提及「眞理觀」、「認識論」與「人學」等三個論域中，各自從天台學說與西方哲學挑選可能相應的命題來對比思考，並探討此論域中，宗教交談一致的問題點何在？此問題點背後的宗教哲學思維爲何？另外，如何建立一個普遍肯定卻又尊重差異的交談立基？接著，以天台學說眞正的關懷爲基礎，嘗試將佛教義理中已具備的交談潛能導出，並期待有限度地與西方哲學，在宗教交談的論題上有所會通。然而，不做天台學說與西方哲思符應式的比較。

其三、「建構交談」：對比思考後，嘗試釐清宗教交談可供討論的命題，首先以天台學說爲代表，來確立佛教信仰的定位，而後置入宗教交談的脈絡中，提出由佛教天台學說出發而開展的交談思維。藉此，希望能爲以西方宗教思維爲基礎的宗教交談模式，提供不同面向的思考。

（二）章節概述

緒論：亦即本章，如前所述。

第一章，「諸法實相與宗教交談」：旨在討論天台宗「諸法實相」的核心思想，及其如何對「現象與本質」及「一與多」的問題提出解釋，並藉由當代宗教交談學者雷蒙・潘尼卡〔註 26〕面對「一與多」問題所提出的「不二元

〔註26〕雷蒙・潘尼卡（Raimon Panikkar, 1918～2010）生於西班牙的巴塞隆納，母親是虔誠的天主教徒，父親則是印度教徒。他從一進入這個世界，就於宗教上、

論」（non-dualism），與天台佛學「諸法實相」的義理及其哲思對比思考，從而理出宗教交談「眞理觀層面」在佛法脈絡中的思維方向。

第二章，「圓頓止觀與宗教交談」：旨在探討天台宗「圓頓止觀」作爲認識「諸法實相」的方法，應能從認識論的角度，論述如何全面觀照「平等性」與「差異性」，並與「西方哲學的認識論」及其所引發的「交談模式」對比思考，進而探研天台佛學「圓頓止觀」義理中，能夠提供宗教交談「認識論層面」建議的思維。

第三章，「性具思想與宗教交談」：旨在研究天台宗「性具思想」作爲對眾生（或宗教交談脈絡中稱「人」）基礎結構的分析，並與當代新士林哲學家卡爾·拉內（Karl Rahner, 1904～1984）[註27] 的「超驗神學人學」（transcendental theological anthropology）對比思考，瞭解二者如何對宗教交談主體做出邁向圓滿境界可能性的普遍肯定，卻又不失自身的宗教定位，進而在宗教交談「人學層面」提出建議。

結論：對論文的總結和檢討，並回顧以天台佛學義理爲基礎所提出的不二中道宗教交談意識，最後以此論文爲立足點，嘗試提出將來研究可能發展的方向。

文化上，生活在雙重傳統中。潘尼卡能夠說十一種語言，包括梵文、巴利文、希臘文、拉丁文、德文、法文、西班牙文、英文、義大利文等，使用六種語言寫作。1946 年晉鐸爲羅馬天主教神父，後留在印度 Varanasi 堂區，並於馬德里大學獲得哲學博士學位，除此之外也在科學和神學領域得到博士學位。他以各種語言出版了五十本以上的著作、五百多篇學術論文，內容包含跨宗教、跨文化的省思和令人激賞的創見。參見：Henri Tincq, "Eruption of Truth: An interview with Raimon Panikkar," *The Christian Century*, Vol.117, Issue 23, （2000.8）：834-836；王志成，《和平的渴望：當代宗教對話理論》，（北京：宗教文化，2003），頁 89～98。

[註27] 卡爾·拉內（Karl Rahner, 1904～1984），天主教耶穌會士，德國神學家，新士林神學代表之一，並且是廿世紀天主教梵二大公會議（the Second Vatican Council, 1962～1965）中，具有極大影響力的神學家之一，生於德國的夫來堡（Freiburg），卒於奧地利的茵斯布魯克（Innsbruck），著作相當豐富，達到四千餘種，其神學方法稱作超驗人學方法（*transzendentale anthropologische Methode*），嘗試建立一套全新的宗教哲學，從「人的整體性」的觀點重新思考「神」這個「奧秘」，試圖對天主教的神學作一個人類學的轉向（anthropological turn），其「匿名的基督徒」（*anonyme Christen*）的觀念，也爲天主教宗教交談奠定理論基礎。參見：蔡淑麗，〈卡爾·拉內形上學人類學的思想體系與方法〉，胡國禎主編，《拉內的基督論及神學人觀》，（台北：光啓，2004），頁 128～151；武金正，《人與神會晤：拉內的神學人觀》，（台北：光啓，2000），頁 3～23。

第一章　諸法實相與宗教交談

　　「一月普現一切水，一切水月一月攝。」這是中國唐朝玄覺禪師（665～713）於其《永嘉證道歌》中的一句話，此語直接點出了中國大乘佛教對「現象與本質」及「一與多」關係的詮釋，認爲「一」與「多」彼此是相依相即的。中國佛教天台宗更直接提出「諸法『即具』實相」的命題，呈顯出「現象」與「本質」互具相即、圓融無礙的意涵。「諸法」指的是一切現象，「實相」則是指一切現象的眞實相狀或本然狀態。「諸法實相」爲天台學說的重心之一，天台宗創始人智顗直接援引《釋論》指出：「大乘經但有一法印，謂諸法實相，名了義經，能得大道。若無實相印，是魔所說。」〔註1〕而天台宗所依持的主要經典《大乘妙法蓮華經》中更提到：「佛所成就第一希有難解之法，爲佛與佛乃能究盡『諸法實相』。」〔註2〕更精準地來說，「實相」其實是「諸法實相」的略稱，實相不離諸法、諸法不離實相。天台佛學「諸法實相」義理面對「一與多」和「現象與本質」問題的回應，可提供宗教交談於「眞理觀」層面上不同的思考面向。因爲，一個宗教信仰及其背後的文化思維，在

〔註1〕　《妙法蓮華經玄義》（後簡稱《法華玄義》）卷八（T33, no. 1716, p. 779, c12-14）；另於《維摩經玄疏》中也提到：「一切大乘經但有一法印，所謂諸法實相。若大乘經有實相印，即是大乘了義經，聞者乃可得菩薩道；若無諸法實相印，即是不了義經，聞者多墮二邊，不能得無生忍也。復次，若無實相印，雖說種種願行，猶濫魔之所說。所以者何？魔王亦能說種種願行，但不能說諸法實相。故《大智論》云：除諸法實相，其餘一切皆是魔事。」見：《維摩經玄疏》卷六（T38, no. 1777, p. 555, a4-12）

〔註2〕　《妙法蓮華經》（T9, no. 262, p. 5, c10-11）

在都是嘗試對人所生存的時空中種種千差萬別的「現象」，提出合理的解釋，並且不斷探究、追問現象背後的「本質」爲何？這當中便隱含了「一與多」的問題，而天台佛學「諸法實相」的義理中即對此部分有詳盡的討論。

本章旨在討論天台宗「諸法實相」的核心思想，及其如何對「現象與本質」及「一與多」的問題提出解釋，並藉由當代宗教交談學者雷蒙・潘尼卡面對「一與多」問題所提出的「不二元論」（non-dualism），與天台佛學「諸法實相」的義理及其哲思對比思考，從而理出宗教交談「眞理觀層面」於佛法脈絡中的思維方向。以下試分三節討論之：

第一節「三諦圓融說」：本節討論諸法實相皆具的三個向度——「空諦」、「假諦」、「中諦」如何彼此圓融互即，並以三諦圓融爲基礎，討論諸法實相的具體範疇「十如是」如何貫穿「諸法」與「實相」，以建立諸法與實相彼此「互具相即」的理論基礎。

第二節「一念三千說」：基於第一節「三諦圓融」與「十如是」的基礎，討論於現象上更加具體的諸法實相之組成結構（三千諸法）及其如何互具相即，從而探知「諸法與實相」相互關係的立論基礎：「相對種相即」與「性具實相」。

第三節「諸法實相與宗教交談的關係」：以潘尼卡對於「一與多」問題的回應，引出其「不二元論」的宗教交談意識，並與天台佛學「諸法實相」的義理及其哲思做對比思考，但不做潘尼卡思想與天台佛學「諸法實相」義理之間的異同比較；僅藉由潘尼卡的思維導引，單純從天台「諸法實相」的角度對宗教交談「一與多」的處境提出看法與建議。

第一節　三諦圓融說

天台「三諦圓融」的理論是智顗承襲龍樹（約 150～250）《中論》四諦品的「三是偈」〔註3〕與慧文〔註4〕「一心三觀」的思想而來。〔註5〕「諦」於

〔註3〕 龍樹（約 150～250）被尊爲天台初祖，其《中論》之三是偈「因緣所生法，我說即是空，亦名爲假名，亦名中道義。」爲智顗三諦圓融說的基礎。參見：《法華玄義》卷二（T33, no. 1716, p. 695, c15-16）因本論文目的是由佛教天台宗義理中讀出其宗教交談的意識，因此無意討論天台三諦圓融說是否違背龍樹三是偈原意等問題，而只單純著重於天台三諦圓融之義理及其哲思研究，並進一步討論宗教交談相關議題。
〔註4〕 慧文，俗姓高，生卒年不詳，依據《佛祖統紀》記載，其活動時間約在東魏

佛教當中的意義，即是「眞理」。三諦即是「空諦」、「假諦」以及「中諦」，為天台佛學談論眞理時所切入的三個面向，彼此「圓融相即」卻又「互不妨礙」，因此說「三諦圓融」。本節所討論的「三諦圓融說」爲天台佛學「眞理觀」的理論基礎，本章第二節「一念三千說」乃至於本論文第二章及第三章，皆根據「三諦圓融」的義理思維來作延伸發展。本節將分爲兩個部分：一、從諸法實相三個向度「空」、「假」、「中」三諦的內涵，論述這三向度爲何彼此「圓融相即」卻又「不相妨礙」；二、以三諦圓融思想的基礎，討論諸法實相的十個範疇「十如是」，並進一步說明「諸法」與「實相」的相互關係。

一、諸法實相的三個向度：空、假、中三諦

「諸法實相」簡稱「實相」，可由「空」、「假」、「中」三個不同向度切入討論，是宇宙萬物實相的三種型態；三向度彼此圓融互即，不能獨存於其他兩個向度之外，卻又各各不相妨礙。一切的現象，若從「空諦」的向度切入，所展現的是「平等」原則，因一切現象皆是各種條件組合而成，本身並沒有永恆不變的自存實性，既然沒有實性，那麼現象界所顯出的千差萬別皆是一時因緣聚合才能存在，終究歸於空寂；若從「假諦」的向度切入，所展現的是「差別」原則，雖然一切現象終究歸於空寂，但卻無時不依著各種條件的聚合，並由之造就了千差萬別的現象事物；然而，「空」與「假」皆爲方便權巧之說，說「空」是破除對假的執取，說「假」是破除執取空爲虛無，一切現象既不是空也不是假，不能有所偏廢，此種「非空非假」、「亦空亦假」的性質，是從「即差別即平等」的「中諦」向度來說的。「中諦」融攝了空諦的「平等」及假諦的「差別」；更重要的是，「中諦」同時也不能離開「空諦」與「假諦」來單獨論說；「假諦」也融攝「空諦」與「中諦」；「空諦」也同樣地融攝「假諦」與「中諦」。三諦之間「非一非異、亦一亦異」，顯出了實相「即空、即假、即中」的「不二中道」原則。〔註6〕

然而，諸法實相「空」、「假」、「中」三向度彼此「圓融互即」卻「不相妨礙」的狀態卻經常被誤解，以下分爲四點來漸次說明三諦間彼此的關係：

孝靜帝至北齊文宣帝時（約 534～559），詳見：《佛祖統紀》卷六（T49, no. 2035, p. 178, b11-12）

〔註5〕劉貴傑，《天台學概論》，（台北：文津，2005），頁 109。

〔註6〕劉貴傑，《天台學概論》，頁 109～112。

（一）依「假諦」而顯出的現象不是「實存」的，也就是說「空諦」並不是相對於「實有」現象而設立的；現象不是先存在、自性存有的，也不是滅盡方成空。智顗針對此點做如下分析：

> 若言因緣所生法，我說即是空者，既言因緣所生，那得即空？須析因緣盡，方乃會空，呼方空爲即空。亦名假名者，有爲虛弱，勢不獨立，假眾緣成，賴緣故假，非施權之假。亦名中道義者。離斷常名中道，非佛性中道。若作如此解者，雖三句皆空，尚不成即空，況復即假即中？此生滅四諦義也。〔註7〕

我們可以看得出來，智顗認爲若是需要先分析「產生現象的種種條件」，才體會緣起性空的道理，這樣是「析後而空」，並非「即空」；若因爲現象是依著因緣和合而生，所以才說現象是「假」，這樣並非「即假」；若因爲捨離「有」與「無」、「斷」與「常」這兩種極端的見解而體悟「中道」，如此仍不是佛性中道，也不是「即中」；如此一來，並不契合「三諦圓融」的道理。

（二）若瞭解依「假諦」向度有了種種虛幻暫時存在的現象，並且知道現象幻有、當體即空，如此一來依然偏重於空，對實相的認知仍是片面的。智顗這樣分析「幻有空」的見解：

> 若因緣所生法不須破滅，體即是空而不得即假即中，設作假中皆順入空。何者？諸法皆即空無主我故。假亦即空，假施設故；中亦即空，離斷常二邊故。此三番語雖異，俱順入空，退非二乘析法，進非別非圓，乃是三獸渡河，共空之意耳。〔註8〕

雖然不需要透過分析滅盡現象，即能體認因緣和合之現象「當體即空」，但這樣仍然不是「即空」，因爲「假」與「中」皆只是方便權設，都只是爲了要表達「空」，更不是三諦圓融當中所說的「即空、即假、即中」。

（三）若針對各自獨立的眞理而設立三諦，「空諦」、「假諦」、「中諦」彼此互成次第、各爲眞理，仍不是智顗所說的三諦圓融。智顗如此地分析：

> 若謂即空即假即中者，三種邐迤各各有異。三語皆空者，無主故空，虛設故空，無邊故空；三種皆假者，同有名字故假；三語皆中者，中眞、中機、中實故俱中。此得別失圓。〔註9〕

〔註7〕 《摩訶止觀》卷一（T46, no. 1911, p. 7, a24-b2）
〔註8〕 《摩訶止觀》卷一（T46, no. 1911, p. 7, b2-8）
〔註9〕 《摩訶止觀》卷一（T46, no. 1911, p. 7, b8-12）

若將「即空」、「即假」、「即中」分別來看：沒有主體所以是空、方便施設所以是空、不落兩邊所以是空；「空」「假」「中」都只是假名方便，因此是「假」；因為三者皆契合中道的「了無自性」、「隨緣」及「真如實性」，所以是「中」。然而，因為三者皆針對各自的特性而設立、互有次第，所以仍不是三諦圓融。

（四）智顗認為：「空諦」、「假諦」、「真諦」體現同一現象之中，也同時具足於一心之中，他這樣子分析：

> 若謂即空即假即中者，雖三而一，雖一而三。不相妨礙。三種皆空者，言思道斷故；三種皆假者，但有名字故；三種皆中者，即是實相故。但以空為名，即具假中，悟空即悟假中，餘亦如是。〔註10〕

更清楚地來說，「空諦」的向度不能夠與「假諦」和「中諦」分開來論，「假諦」與「中諦」就是「空諦」；「假諦」的向度不能夠與「空諦」和「中諦」分開來論，「空諦」與「中諦」就是「假諦」；「中諦」的向度不能夠與「假諦」和「空諦」分開來論，「假諦」與「空諦」就是「中諦」。從「空諦」、「假諦」、「中諦」任一向度切入，即是具足了另外兩諦的向度，舉一空則一切空、舉一假則一切假、舉一中則一切中，這樣才符合智顗「即空即假即中」的不二中道原則，三向度彼此「圓融互即」卻「不相妨礙」，體現諸法實相的精義，茲以下圖〔註11〕表示：

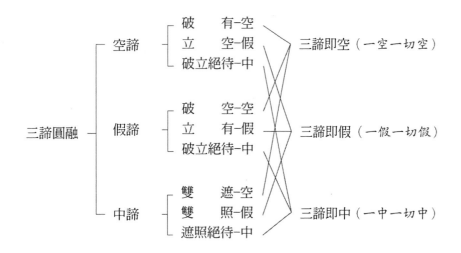

〔註10〕《摩訶止觀》卷一（T46, no. 1911, p. 7, b12-16）
〔註11〕劉貴傑，《天台學概論》，頁110。

　　以上是從智顗對「藏」、「通」、「別」、「圓」四教不同根器眾生對中道實相的不同認知爲基礎，來次第說明三諦圓融的意涵。另外，天台宗人還有從梵文十二母韻之一「ॐ」字（與「伊」同音），具體地解釋何謂「三諦圓融」。以下將以「伊」（即ॐ）字，來說明智顗的三諦圓融。

　　「ॐ」字因相似於「∵」，又被稱爲「伊字三點」。此「伊字三點」因與當代西方心理學「格式塔三角形」雷同，曾有學者以格式塔原則（Gestalt）來解釋三諦之間的關係。〔註 12〕「格式塔」的基本原則即是「整體大於部分的簡單相加，或整體大於部分之合」，用以闡述「整體」與「部分」之間的關係。從幾何學上來看，「∵」當中的三點，因爲沒有作爲三角形之邊的線段，因此無法構成一個三角形；然而這三點並不是完全孤立的，他們藉由彼此的相互關係，直接向我們透露出一個三角形的意涵，也就是所謂的「格式塔三角形」。這個「格式塔三角形」並非這三點，卻離不開這三點；這三點當中少掉了任何一點，「格式塔三角形」又無法成立。〔註 13〕智顗所引的「伊」（ॐ）字也是如此，他在《摩訶止觀》卷三談到「三德」時說：「即一而三故不橫，即三而一故不縱，不三而三故不一，不一而一故不異，此約字用釋也，眞伊字義爲若此。」〔註 14〕這個「伊」（ॐ）字當中有三個部分「ﾟ」、「ﾟ」、「ﾑ」，猶如是三個點相互分離、各自獨立，但這三點卻構成了整體的「ॐ」字；這個「ॐ」字，若離開或缺少任何一點即不成字；因此，天台門人懷則（1264～1294）便將三諦之間的關係這樣解釋：「〔三諦〕如三點伊，一不相混，三不相離，名大涅槃。」〔註 15〕智顗在《法華玄義》卷五中說明如下：

> 圓教點實相，爲第一義空，名空爲縱；第一義空即是實相，實相不縱，此空豈縱？點實相爲如來藏，名之爲橫；如來藏即實相，實相不橫，此藏豈橫？故不可以縱思，不可以橫思，故名不可思議法，即是妙也。秖點空藏爲實相，空縱藏橫，實相那不縱橫？秖點空爲如來藏，空既不橫，藏那得橫？點如來藏爲空，藏既不縱，空那得縱？點實相爲空藏，實相非縱非橫，空藏亦非縱非橫，宛轉相即，

〔註 12〕　陳堅，《煩惱即菩提——天台「性惡」思想研究》，（北京：宗教文化，2007），頁 60～61。

〔註 13〕　Wolfgang Köhler, *Gestalt Psychology*,（New York: Liveright, 1929），pp. 191-192.

〔註 14〕　《摩訶止觀》卷三（T46, no. 1911, p. 23, b23-26）

〔註 15〕　《天台傳佛心印記》卷一（T46, no. 1938, p. 935, a13-14）

不可思議，故名爲妙。〔註16〕

所謂「點實相爲如來藏實相」是指「諸法假相」，或稱「假諦」；「點實相爲空藏實相」是指「空藏實相」，或稱「空諦」；「點實相爲第一義空實相」即是「中諦」；智顗所要表達的即是「空」、「假」、「中」三諦彼此之間非縱非橫、宛轉相即的狀態。

我們可以從智顗分析三諦的不同方式，看出他的「三諦圓融說」與素樸辯證法不同，「中諦」與「正—反—合」思維方式的「合」有所不同；三諦圓融之「中諦」，並不是對「空諦」、「假諦」兩邊的揚棄與綜合，「空諦」與「假諦」更不是達到「中諦」的環節爾爾；在智顗看來，不僅僅是「合」具「正」與「反」，而且「正」也具「反」與「合」，「反」同樣也具「正」與「合」。〔註17〕智顗的種種譬喻，無一不是要闡發「空諦」、「假諦」、「中諦」之間「即空即假即中」，彼此「圓融互即」卻「不相妨礙」的關係。接下來，將以「三諦圓融」的不二中道思想爲基礎，繼續論述諸法實相的十個範疇：「十如是」。

二、諸法實相的十個範疇：十如是

智顗由鳩摩羅什（344～413）所譯《法華經・方便品》中的「十如是」來分析宇宙現象，並以三諦圓融思想爲理論基礎，呈現出諸法實相基本範疇及其相互關係，他說：「今經用十法攝一切法，所謂諸法：如是相、如是性、如是體、如是力、如是作、如是因、如是緣、如是果、如是報、如是本末究竟等。」智顗以「十如」這十個範疇來統括一切諸法現象，而諸法現象也據此而有種種分別，智顗所援引的《法華經・方便品》云：

> 佛所成就第一希有難解之法，唯佛與佛乃能究盡諸法實相。所謂諸
> 法：如是相、如是性、如是體、如是力、如是作、如是因、如是緣、
> 如是果、如是報、如是本末究竟等。〔註18〕

智顗的師父慧思（515～577）非常重視此段經文，並將引文中的十個範疇稱爲「十如」。〔註19〕慧思融入龍樹《大智度論》中對「諸法如」的解釋並加以

〔註16〕《法華玄義》卷五（T33, no. 1716, p. 743, a17-26）

〔註17〕張風雷，《智顗佛教哲學述評》（中國人民大學哲學系博士學位論文，1994），收入《中國佛教學術論典《法藏文庫》碩博士學位論文》冊五，（高雄：佛光山文教基金會，2001），頁178～179。

〔註18〕《妙法蓮華經》卷一（T9, no. 262, p. 5, c10-13）

〔註19〕「今經用十法攝一切法，所謂諸法：如是相、如是性、如是體、如是力、如

闡發，認爲經文於「相」、「性」、「體」、「力」、「作」、「因」、「緣」、「果」、「報」、「本末究竟等」十個方面之前安上「如是」兩字，是有特別用意的，代表著這十個方面皆具有「如」的性質，就是「如實」、「眞實」，無一不與「實相」相即；這十個方面，就是作爲實相具體內容的「十如」，後人因而把慧思的「實相」稱爲「十如實相」。慧思的「十如實相」，以「如是」表達了「眞實性」，直接指出「相」、「性」、「體」、「力」、「作」、「因」、「緣」、「果」、「報」、「本末究竟等」這十個範疇，具有「實相」的性質，因此諸法現象不是各各分別、有所缺減的，而是處處皆具平等圓滿的性質。

　　然而何謂「十如」？智顗於《法華玄義》解釋說：

> 相以據外，覽而可別，名爲「相」；性以據內，自分不改，名爲「性」。
> 主質名爲「體」；功能爲「力」；構造爲「作」；習因爲「因」；助因
> 爲「緣」；習果爲「果」；報果爲「報」；初相爲「本」；後報爲「末」；
> 所歸趣處爲「究竟等」。〔註20〕

將智顗的解釋轉換爲現代的哲學語言即：「相」爲「相狀」，指的是宇宙存在的相貌、形象；「性」爲「性質」指的是宇宙現象內不變的本性；「體」爲「實體」，一切事物皆以精神（心）與物質（色）爲體質；「力」爲「功能」，指的是事物的力用及功能；「作」爲「作用」，指的是依其功用而有的作爲；「因」爲「習因」，即是能夠招致結果的主要原因；「緣」爲「助緣」，即是能夠招致結果的間接原因；「果」爲「結果」，即是從所習的因所得到相應的果；「報」爲「業報」，即是前世的善惡業因所招致的苦樂果報；「本末究竟」則爲「自『相』至『報』終究平等如一」，即是從一開始的「相」一直到末後的「報」，皆歸於中道實相，平等不二。〔註21〕

　　智顗不但詳盡解釋「十如」的意義，更重要的是將其師慧思的「十如」作了更進一步的發揮。智顗結合「即空」、「即假」、「即中」的「三諦圓融」思想，將一個「十如」翻轉成了三個「十如」，他是這樣轉讀的：

是作、如是因、如是緣、如是果、如是報、如是本末究竟等，南岳師讀此文，皆云如，故呼爲『十如』也。」參見：《法華玄義》卷二（T33, no. 1716, p. 693, b9-13）

〔註20〕　《法華玄義》卷二（T33, no. 1716, p. 694, a11-15）

〔註21〕　劉貴傑，《天台學概論》，頁112；釋慧嶽編，《天台教學史》，（台北：中華佛教文獻編撰社，1995），頁161～162；張風雷，《智顗佛教哲學述評》，收入《中國佛教學術論典》冊五，頁143。

天台師云：依義讀文，凡有三轉。一云：「是相如」、「是性如」，乃
至「是報如」。二云：「如是相」、「如是性」，乃至「如是報」。三云：
「相如是」、「性如是」，乃至「報如是」。若皆稱「如」者，「如」名
不異，即空義也；若作「如是相」、「如是性」者，點空相、性，名
字施設，邐迤不同，即假義也；若作「相如是」者，如於中道實相
之是，即中義也。〔註22〕

　　第一種是依著「空諦」的向度來轉讀的：是相「如」、是性「如」、是體「如」、是力「如」、是作「如」、是因「如」、是緣「如」、是果「如」、是報「如」、是本末究竟「如」；表示著「十如」的「平等性」，因緣聚合的現象畢竟空寂。

　　第二種是依著「假諦」的向度來轉讀的：如是「相」、如是「性」、如是「體」、如是「力」、如是「作」、如是「因」、如是「緣」、如是「果」、如是「報」、如是「本末究竟」；表示著「十如」的「差別性」，現象於各自因緣下，具有各式各樣的表現。

　　第三種是依著「中諦」的向度來轉讀的：相如「是」、性如「是」、體如「是」、力如「是」、作如「是」、因如「是」、緣如「是」、果如「是」、報如「是」、本末究竟如「是」；表示著「十如」的「中道不二」，一切皆歸於中道實相。

　　此三種轉讀，爲的是表明此「空」、「假」、「中」三諦不是三種實相或三種真理，而是從三種不同的向度切入分析諸法實相的意涵，此如智顗所說：

分別令易解故，明空假中，得意爲言，空即假中。約「如」明空，
一空一切空；點「如」明相，一假一切假；就「是」論中，一中一
切中。非一二三而一二三，不縱不橫，名爲實相。唯佛與佛究竟此
法，是十法攝一切法。若依義，便作三意分別；若依讀，便當依偈
文云：如是大果報種種性、相義云云。〔註23〕

從「如」切入，一空一切空；從「相」切入，一假一切假；從「是」切入，一中一切中。智顗再次以轉讀「十如」的方式，來說明三諦圓融「非一二三而一二三」的精義，彼此之間「圓融互即」卻又「不相妨礙」。另外，智顗又於「十如是」中的「本末究竟等」的思想，更進一步來闡釋三諦圓融：

若作「如」義，初後皆空爲「等」；若作「性」、「相」義，初後相在
爲「等」；若作「中」義，初後皆實相爲「等」。今不依此「等」，三

〔註22〕《法華玄義》卷二（T33, no. 1716, p. 693, b13-19）
〔註23〕《法華玄義》卷二（T33, no. 1716, p. 693, b19-26）

法具足為「究竟等」。〔註24〕

智顗在此將「等」的意涵分成兩個主要部分來論述：第一種是於「空」、「假」、「中」三個不同向度來分別論述「等」的意涵，三向度各自於本末初後「空等」、「假等」及「中等」；另一種則是三諦具足、圓融互即的「等」，不僅於三向度各各「空等」、「假等」、「中等」，更重要的是「空」、「假」、「中」亦等，同為實相而「究竟等」；諸法現象同時「即空即假即中」，於不二的中道第一義諦上即差別即平等，彼此互不隔歷、圓融相即。

本節無論從智顗藉由「藏」「通」「別」「圓」四教不同根器眾生對諸法實相的體悟來討論、或天台宗人對「伊字三點」的分析、或從慧思的「十如實相」所讀出的「諸法」與「實相」相即不離的內涵、抑或智顗的「三轉十如是」及「本末究竟等」思想，在在意欲闡明諸法實相「空」、「假」、「中」三諦彼此「圓融相即」，卻又各各「不相妨礙」的精義；三諦之間「即一而三」、「不縱不橫」、「平等相即」。舉實相一「空」非單指空，而同時具足「假」與「中」；舉實相一「假」非單指假，而同時具足「空」與「中」；舉實相一「中」非單指中，而同時具足「空」與「假」。除此之外，智顗還以「十如是」為基礎，為「生佛互具」的「眾生平等觀」鋪路，他說：「法雖無量，數不出十。一一界中，雖復多派，不出十如。如地獄界，當地自具相、性、本末，亦具畜生界相、性、本末，乃至具佛法界相、性、本末，無有缺減。」〔註25〕說明了從地獄至佛十法界皆具十如是。如此一來「三諦圓融」的真理觀不是玄外之物，智顗藉由轉讀諸法實相的基本範疇「十如是」，進一步為「一切眾生皆能成佛」平等思想的闡揚鋪路。此與宗教交談脈絡下「人學層面」所注重的平等性有所呼應，在此不詳細論述，將於本論文第三章進一步討論。本節就三諦圓融為主軸，論證諸法實相「圓融相即」的面向，接下來將以三諦圓融相即的基礎，繼續探究智顗的「一念三千」說，以說明諸法實相如何於彼此圓融地「相即互具」。

第二節　一念三千說

「一念三千」是智顗基於「三諦圓融」的基本理論來表達「諸法實相」不可思議境界的命題。「一念三千」更加具體地描繪出「諸法實相」的組成結

〔註24〕《法華玄義》卷二（T33, no. 1716, p. 694, a15-18）
〔註25〕《妙法蓮華經文句》（後簡稱《法華文句》）卷三（T34, no. 1718, p. 43, a1-5）

構及其相互關係。本節將分為兩個部分：一、諸法實相的組成結構：論述智顗如何根據佛教經典的概念，發展出一念三千的思想；二、諸法實相的相互關係：將以三諦圓融義理為基礎，分析一念三千學說中「相對種相即」及「性具實相」的哲學意涵，進而闡發諸法與實相間的關係。本節將特別著重以三諦圓融的基礎貫穿一念三千說，並討論「諸法與實相」、「現象與本質」以及「一與多」等議題，作為本章第三節研究「諸法實相與宗教交談的關係」的基礎理論。

一、諸法實相的組成結構：一念三千諸法

　　智顗結合了《華嚴經・十地品》中「十法界」的概念、《法華經・方便品》「十如是」的概念以及《大智度論》卷四十七所提到的「三世間」，創發性建構成了宇宙間的三千諸法，此「三千」為一約數，泛指無量無邊的現象，宇宙間的一切精神（心）、物質（色）現象，森羅萬象皆不出此三千諸法。智顗據此推估三千諸法，目的是為了更深刻地指出「諸法」與「實相」彼此圓融「相即」、「互具」的性質與狀態。智顗是如此來推算出三千諸法的：

> 夫一心具十法界，一法界又具十法界、百法界；一界具三十種世間，
> 百法界即具三千種世間；此三千在一念心。若無心而已，介爾有心，
> 即具三千。〔註26〕

若簡單來說，三千的形成，可以分成三個步驟：（一）宇宙萬象可以概括為「十法界」，雖然十法界各有因果而不相混淆，但是「十法界」之間可以相互轉入，十界彼此互具，十乘以十，變成百法界；（二）百法界當中的每一界又具有三十種世間（因三世間各具有十如是，「三世間」乘以「十如是」，故得「三十世間」）；（三）「三十世間」乘以「百法界」，最後得「三千世間」。這「三千世間」包含了一切染淨、善惡諸法，而為當下一念所含攝，所以說「一念三千」。〔註27〕接下來，我們繼續討論於「三千世間」或「三千諸法」當中的哲學意涵：

　　首先，討論構成三千諸法的第一步「十界互具」。「十界」意即「十法界」，依《華嚴經・十地品》，一切法可分為地獄、餓鬼、畜生、阿修羅、人、天等六凡，以及聲聞、緣覺、菩薩、佛等四聖，合稱「十法界」。智顗在《法華玄義》卷二解釋「十法界」時云：

〔註26〕《摩訶止觀》卷五（T46, no. 1911, p. 54, a5-9）
〔註27〕劉貴傑，《天台學概論》，頁118～119。

> 以十如是約十法界，謂六道、四聖也，皆稱法界者，其意有三：十
> 數皆依法界，法界外更無復法，能所合稱故言十法界也；二、此十
> 種法，分齊不同，因果隔別，凡聖有異，故加之以界也；三、此十
> 皆即法界，攝一切法，一切法趣地獄，是趣不過，當體即理，更無
> 所依，故名法界，乃至佛法界亦復如是。〔註28〕

智顗認爲十法界有三重意義：（一）六凡四聖都能用法界來言詮，概括世間、出世間的一切諸法，故說：「法界外更無復法」；（二）六凡四聖彼此各各有因有果、有所隔別、不能混淆，所以稱爲「界」；（三）六凡四聖當體即理，因此平等不二，「十法界」雖異，但無不包含實相理體，故一界可攝一切界。第三重意義爲「十法界」能夠相互轉入的理論根據。天台哲學中，「十法界」是在區別「世間法」與「出世間法」的別相，而「十如是」則是區分一切法的別相。如果以「十如是」來解釋「十法界」，那麼無論是十法界當中的有情、無情眾生，統統都具足了「相」、「性」、「體」、「力」、「作」、「因」、「緣」、「果」、「報」、「本末究竟等」等十個範疇；如此一來，十界中的每一界都具有「十如是」，都是實相的顯現。智顗又接著說：「若十數依法界者，能依從所依，即入『空』界也；十界界隔者，即『假』界也；十數皆法界者，即『中』界也。」〔註29〕另一方面，智顗又以三諦圓融思想爲基礎，以「空」、「假」、「中」個別地去分析說明十法界，其目的只不過是「欲令易解，如此分別。得意爲言，空即假中，無一二三。」〔註30〕這麼一來，「十法界」如同「十如是」一般「即空即假即中」圓融相即，而且十法界彼此互具，這就是「十界互具」。當代學者潘桂明精簡地將「十界互具」的內在哲學意涵做出如下詮釋：

> 以十如是約十法界，十法界的任何一類眾生都必然具有自身的性、
> 相、體、用等十如是的因素，十如是的任何一類性也必然會貫徹在十
> 法界中。十如是是有性、相、體、用等別，但都屬一實相所顯示；每
> 一如雖各有權實分齊，但理體未曾有異。十法界雖因果隔別，凡聖有
> 異，但一一法界「當體即理」。從不同角度認識十法界，可以有空、
> 假、中之別；空、假、中是權，中道實相是實。權即是實，實即是權，
> 無一二三，即一二三。以十如約十法界，一如是具十法界，一法界具

〔註28〕《法華玄義》卷二（T33, no. 1716, p. 693, c6-12）
〔註29〕《法華玄義》卷二（T33, no. 1716, p. 693, c13-15）
〔註30〕《法華玄義》卷二（T33, no. 1716, p. 693, c15-16）

十如是；即一法界具足十如是，則百法界具足千如是。〔註31〕

十法界所具的「十如是」性質都是實相的性質，十法界因爲都具有實相「十如是」的性質，所以他們「究竟等」，因此他們可以相互包含、相互滲透、相互轉入，智顗說：「一法界具九法界，名體廣；九法界即佛法界，名位高；十法界即空即假即中，名用長。即一而論三，即三而論一，非各異，亦非橫亦非一，故稱妙也。」〔註32〕地獄界蘊含具備佛界及其他各界，而佛界相同地也蘊含具備地獄界及其他九界，九界屬「權」，唯有佛界才是「實」，然而智顗認爲權與實之間並非是斷裂性地對立，開權即是在顯實，隱實即是在顯權，故說：「雖實而權，雖權而實，實權相即，不相妨礙。」〔註33〕這就是智顗所說的「圓妙」。更進一步，「十界互具」便形成「百法界」。

接著，「眾生世間」（假五蘊和合而成的眾生，即眾生之正報。）、「國土世間」（一切眾生所依止之住處，即眾生之依報。）及「五陰世間」（構成正報和依報的色心二法要素：「色」、「受」、「想」、「行」、「識」）各各也都具有「十如是」；因此「三世間」乘以「十如是」，故得「三十世間」。百法界眾生（十法界相互轉入）具有各各相異的「三十世間」，因此「三十世間」與「百法界」再相乘，最後得出「三千世間」或「三千諸法」。

這三千諸法完全收攝在一心當中，智顗說：「夫一心具十法界，一法界又具十法界、百法界；一界具三十種世間，百法界即具三千種世間；此三千在一念心。若無心而已，介爾有心，即具三千。」〔註34〕又說：「凡心一念即皆具十法界。」〔註35〕以及「一念心起，於十界中必屬一界。若屬一界，即具百界千法。」〔註36〕因此說一念即具三千。

「一念三千」的哲學命題，會讓人不禁往唯心論聯想，是否「一念」比「三千諸法」具有順序的優先性呢？智顗也針對此問題做出了處理：

此三千在一念心，若無心而已，介爾有心即具三千。亦不言一心在前，一切法在後；亦不言一切法在前，一心在後。例如八相遷物，物在相前，物不被遷；相在物前，亦不被遷。前亦不可、後亦不可；

〔註31〕潘桂明，《智顗評傳》，（南京：南京大學，1996），頁244。
〔註32〕《法華玄義》卷二（T33, no. 1716, p. 692, c11-14）
〔註33〕《法華玄義》卷二（T33, no. 1716, p. 694, a6-7）
〔註34〕《摩訶止觀》卷五（T46, no. 1911, p. 54, a5-9）
〔註35〕《法華玄義》卷五（T33, no. 1716, p. 743, c19-20）
〔註36〕《法華玄義》卷二（T33, no. 1716, p. 696, a23-24）

祇物論相邊，祇相邊論物。今心亦如是，若從一心生一切法者，此
則是縱；若心一時含一切法者，此即是橫。縱亦不可，橫亦不可。
祇心是一切法，一切法是心故。非縱非橫，非一非異，玄妙深絕，
非識所識，非言所言，所以稱爲不可思議境，意在於此云云。〔註37〕

智顗指出「一心」（一念）與「三千諸法」之間，並不是斷裂而對待的，而是
一種「互具相即」的關係。如果捨離了三千諸法，那麼就無心可言；同樣地，
如果捨離了心，也沒有三千諸法可說。因此，並不是一心派生出了三千諸法，
也不是一心包括了三千諸法，「一念」與「三千諸法」彼此之間沒有任何一端
具有「時空上」或「順序上」的優先性，當前一念就是三千諸法，三千諸法
就是當前一念，因此才說「一念三千」。「一念三千」基於「三諦圓融」的思
想，將「諸法與諸法」、「眾生與佛」、「色與心」、「無情眾生與有情眾生」、「一
與多」、「諸法與實相」等看似隔異但卻彼此圓融互具相即的關係，更加具體
地描繪出來，這種同時保持各自差異的特色，卻彼此於實相十如的性質上完
全平等，即與當代宗教交談議題中，同時弔詭地要求「平等性」與「差異性」
共存的狀況相應。接下來，將在本節第二部分集中討論「諸法實相的相互關
係」及其哲學意涵，爲第三節「諸法實相與宗教交談的關係」紮下論述基礎。

二、諸法實相的相互關係：諸法「即具」實相

無論是本章一開始所談的「空」「假」「中」三諦間彼此圓融互即，或是
以三轉「十如是」的分析來指出諸法現象皆具實相的性質，抑或是接著提到
的「一念十界」、「十界互具」及所推衍出的「一念三千說」，雖然從不同角度
切入、從不同類別分析來論述「現象」與「本質」（「諸法」與「實相」）的關
係，無論說「圓融」、「相即」或「互具」等等，其實都立基於「相對種相即」
與「性具實相」兩個主要哲學思維。〔註38〕以下將繼續對這兩個思維進行探
討，並說明諸法與實相彼此相即互具的關係：

（一）相對種相即

整個宇宙間的現象甚至是實相本身，皆同時具有「對立性」與「統一性」；
對立性當中有統一，統一性當中有對立。智顗提出了「相對種」的概念，直

〔註37〕《摩訶止觀》卷五（T46, no. 1911, p. 54, a7-18）
〔註38〕張風雷，《智顗佛教哲學述評》，收入《中國佛教學術論典》冊五，頁147～166。

接切入討論相互「對立」事物之間的因果關係，這是法華圓教所講的究竟之理；然而，其餘藏、通、別三教所談的則是說明「同類」事物之間因果聯繫的「同類種」。「種」就是「種子」，取其能生之意，在智顗的《法華文句》中特別是指煩惱道、業道、苦道等「三道」染惡妄惑之法，「三道」雖與法身、般若、解脫等「三德」淨善眞實之法截然相對，卻如種子一般能夠生出「三德」，「三德」蘊含於「三道」之中，在這部分我們將引用智顗「相對種」的闡釋，幫助我們分析「實相」與「諸法」的關係。

　　我們較容易瞭解「同類種」是順著邏輯發展來談論同類事物間因果聯繫的「相即」概念，如：一顆桃樹的種子，只要順勢成長，必然長成桃樹；一顆李樹的種子，只要順勢成長，也必然成長爲李樹。那麼對於概念或現象上截然「相對」的事物，如何能「相即」？智顗認爲此「相對種相即」爲「眾生不知，如來能知」的圓妙之理，他說：

　　　　諸種差別，如來能知；一切種祇是一種，即是無差別，如來亦能知；

　　　　差別即無差別，無差別即差別，如來亦能知。〔註39〕

智顗意指若要如實把握「諸法與實相」、「現象與本質」之間的關係，須同時當體觀照「對立性」、「統一性」以及「對立統一、統一對立性」三方面。「諸種差別」指的是現象與現象之間的差別與對立；「無差別」指的是現象之間的平等統一；「差別即無差別」、「無差別即差別」指的是差別對立中具有平等統一、平等統一中具有差別對立，彼此間圓融相即。〔註40〕這三個方面不是截然三分的，而是一實相的三個方面；也不是純粹簡單的一，三方面各自互不妨礙。智顗舉「草木與土地」來譬喻「現象與本質」的關係，首先他說明「現象與本質」並不是簡單純粹的「一」：

　　　　能依草木，雖依土地等，土地等非即草木。〔註41〕

智顗將「諸法」（現象）譬喻爲「草木」、將「實相」（本質）譬喻爲「土地」，現象與本質之間，就如草木與土地一般，雖然草木依著土地生長，但並不代表草木就是純粹簡單與土地完全等同，現象與本質之間仍存在著對立差異；然而，這種對立差異，卻也離不開一實相；也就是說，「一」與「多」、「現象」與「本質」皆不能截然二分，彼此之間「互依互存」。智顗繼續以「草木」與

〔註39〕《法華文句》卷七（T34, no. 1718, p. 94, c5-7）

〔註40〕張風雷，《智顗佛教哲學述評》，收入《中國佛教學術論典》冊五，頁 148～149。

〔註41〕《法華文句》卷七（T34, no. 1718, p. 92, a23-24）

「土地」來譬喻解釋：

> 唯有實相，故名一相；一相即無住本，立一切法。無住、無相，即無差別也；立一切法，即有差別。差別如卉木，無差別如一地。地雖無差別，而能生桃梅卉木差別等異；桃李卉木雖差，而同是一堅相。若知地具桃李，即識實中有權，解無差別即是差別；若知桃李堅相，即識權中有實，解差別即是無差別。〔註42〕

一切諸法即是實相，因此說是「一」；但因「無住」、「無相」、「無差別」，不阻滯於任何一相上，能夠於具體的宇宙現象上展演出千差萬別的諸法，所以當體又是「多」。一切的現象因種子不同，而有種種差異，如桃樹有桃樹的種子、李樹有李樹的種子，草木現象呈現出千差萬別。然而，千差萬別草木的種子卻皆是依著一地而存在，也就是現象皆依著實相而存在。「一地」雖無差別，但卻能有桃梅等諸多植物「現象的差異」；諸多植物「現象的差異」，因種子生長於大地上，卻都體現了同一「地性」。草木的種子不能離開大地而生存，而大地的性質不藉著草木也無以顯發。如果我們面對草木現象或所依的土地，只看到其差異性及對立性，或者單單看到其平等性與統一性，都是不全面的；草木與土地，皆各各同時當體「具有統一性」、「具有對立性」、「具有對立中的統一性」、「具有統一中的對立性」。現象與本質、諸法與實相之間，不能截然二分、也不能貿然等同為「一」，因為他們彼此的關係是權實相即、一多相即的。千差萬別的現象中，不是絕對的「多」，因為現象當中皆具有一實相的本質；一實相也不是純粹簡單的「一」，因為實相的本質也藉著諸多差異的現象來顯發。以上是由「相對種」的概念來談「諸法現象」與「實相本質」彼此當體圓融相即，智顗還有「性具實相」一哲學命題，更清楚地為現象與本質的圓融互即，提供有力的理論基礎。

（二）性具實相

「性具實相」的命題，可由先前提到慧思的「十如實相」思想看出端倪，一切諸法皆具十如，且無不內含實相的本質。智顗「性具」的思想，是針對佛教「緣起說」更清楚的闡明，也就是對「現象的生成」與「實相」之間的關係，藉由批判與他同時代的「相州南道地論師」與「攝論師」各執一邊的緣起學說，來闡釋「性具實相」的意涵。當時的相州南道地論師認為，清淨

〔註42〕《法華文句》卷七（T34, no. 1718, p. 94, a21-28）

的法性是一切淨染善惡現象依之而生的本源，萬法現象皆由清淨的法性生成
（相州南道地論師認爲阿黎耶爲淨識，與法性同義）；然而攝論師則認爲清淨
的法性，是恆常不變、本自清淨的，不爲「惑」染、不爲「眞」淨，那麼清
淨的法性，如何能生成雜染的現象呢？如此一來，法性不能成爲現象的本源，
因此攝論師認爲第八識「阿黎耶」能含藏萬法種子，並且生起前七識造作的
一切雜染現象，而另立了第九識「菴摩羅」爲淨識。因此，我們可以看得出
來，相州南道地論師主張「眞淨緣起」，而攝論師則主張「雜染緣起」。智顗
在這邊做出了批判，認爲相州南道地論師是偏向「心生一切法」，攝論師則是
偏向「緣生一切法」，兩者都是各據一邊的片面理解，他說：

> 若從地師，則心具一切法；若從攝師，則緣具一切法。此兩師各據
> 一邊。若法性生一切法者，法性非心非緣。非心故，而心生一切法
> 者；非緣故，亦應緣生一切法，何得獨言法性是眞妄依持耶？若言
> 法性非依持，黎耶是依持，離法性外別有黎耶依持，則不關法性。
> 若法性不離黎耶，黎耶依持即是法性依持，何得獨言黎耶是依持？
> 〔註43〕

以上引文當中，智顗批判了攝論師對於「阿黎耶識」的見解，如果將「阿黎耶
識」（染識）獨立爲「法性」之外爲諸法現象的本源而存在，那麼如此一來，就
捨離了諸法的本性「法性」，這樣便自相矛盾，因此不是「阿黎耶生法」。然而，
如果承認「阿黎耶識」不能夠捨離「法性」而存在，「阿黎耶識」是依著具有本
源意義的「法性」而存，那麼就回到了攝論師自己批判相州南道地論師的「法
性生法」這一命題。只要是觸碰到具有先存本源的「生法」問題，智顗都加以
駁斥，他根據龍樹「諸法不自生，亦不從他生，不共不無因」，〔註44〕認爲四種
「自生」、「他生」、「合生」、「離生」的生法見解都是錯誤的，他在《摩訶止觀》
中以夢的生成來譬喻：

> 更就譬檢：爲當依心故有夢？依眠故有夢？眠法合心故有夢？離心
> 離眠故有夢？若依心有夢者，不眠應有夢；若依眠有夢者，死人如
> 眠應有夢；若眠、心兩合而有夢者，眠人那有不夢時；又眠、心各
> 有夢，合可有夢，各既無夢，合不應有；若離心離眠而有夢者，虛
> 空離二，應常有夢。四句求夢尚不得，云何於眠夢見一切事？心喻

〔註43〕《摩訶止觀》卷五（T46, no. 1911, p. 54, a27-b6）
〔註44〕《中論》卷一（T30, no. 1564, p. 2, b6-7）

　　法性，夢喻黎耶，云何偏據法性、黎耶生一切法？當知四句求心不
可得，求三千法亦不可得。〔註45〕

總的來說，宇宙諸法既不是「自生」也不是「他生」、既不是「合生」也不是
「離生」。如智顗所譬喻的，如果說因爲有心而有夢，那麼若在不入眠的狀況
下，應該也有夢；如果因爲入眠而有夢，那麼死人如睡著一般，也應該有夢；
如果是因爲同時有心並且入眠才有夢，那麼睡著的人就不會有沒作夢的時
候；前已提及入眠與有心各自皆不能有夢，自然也不可能因爲合在一起而有
夢；如果離開心、離開睡眠而有夢，那麼虛空應該就能夠作夢。由此比擬三
千諸法不是從「自生」也不是從「他生」，當然更不是「合生」或「離生」。
智顗藉由批判攝論師主張的「黎耶生法」是「執他性生邪見」，也同時批判相
州南道地論師主張的「法性生法」爲「計自性邪見」，〔註46〕來說明若執取任
何一生法、或執取任何一本源爲實，都有可能誤入佛法所駁斥的古印度婆羅
門數論師「冥初生覺、從覺生我心」〔註47〕的謬誤見解，將「諸法」與「實
相」分割開來、將「現象」與「本質」對立起來。

　　以上援引智顗對相州南道地論師及攝論師「生法」的批判，爲的是要突顯
在天台義理當中，諸法並不是依恃具有順序優先性的某種實存而生的。諸法與
實相之間的關係，是當體相即的，亦即現象即本質、本質即現象，因此才說「性

〔註45〕《摩訶止觀》卷五（T46, no. 1911, p. 54, b8-19）
〔註46〕「夫四見爲諸見本，自、他，復爲共、無因本。故龍樹破自、他竟，
　　　　點共有二過，無因則不可。自、他既不實，況無因耶？本破末傾，其意在此。若立自、
　　　　他，共、無因例立。今大小乘四門僻執成見，但明自、他意竟餘者可知。若三
　　　　藏明大生生小生，皆從無明生，不由眞起，若無明滅，諸行滅，不關眞滅，執
　　　　此見者，即成自性邪見也。通教明眞是不生，不生故生，生一切惑，若滅此惑，
　　　　還由不生，如此執者，是他性邪見也。界內以惑爲自、眞爲他，故作此說也。
　　　　界外以法性爲自、無明爲他。別教計阿梨耶生一切惑，緣修智慧，滅此無明，
　　　　能生能滅，不關法性，此執他性生邪見也。圓教論法性生一切法，法性滅一切
　　　　法，此則計自性邪見。」見：《摩訶止觀》卷十（T46, no. 1911, p. 134, a5-19）
〔註47〕「冥初生覺，從覺生我心。」是古印度婆羅門數論師的看法，他們立二十五
　　　　諦，其最初一諦爲「冥諦」或「覺諦」，可視爲一種精神實體，產生於冥漠之
　　　　初，是常住不變的本體，宇宙一切的物質與現象，皆從此實體變現出來，被
　　　　佛教駁斥爲「冥初外道」。智顗批評相州南道地論師與攝論師都有落入冥初外
　　　　道的危險：「諸論明心出一切法不同，或言阿黎耶是眞識，出一切法；或言阿
　　　　黎耶是無沒識，無記、無明出一切法，若定執性實，墮冥初生覺，從覺生我
　　　　心過，尚不成界內思議因緣，豈得成界外不思議因緣？」參見：《法華玄義》
　　　　卷二（T33, no. 1716, p. 699, c14-18）；張風雷，《智顗佛教哲學述評》，收入《中
　　　　國佛教學術論典》冊五，頁154～159。

具」；一一諸法皆具實相，諸法與實相彼此相即不二，諸法與諸法之間也同是互具互收。智顗在《法華玄義》這樣來描述「諸法」與「實相」的關係：

> 祇動出即不動出，即不動出是動出。即用而論體，動出是不動出；
>
> 即體而論用，即不動出是動出。體用不二而二耳。〔註48〕

如前面討論一念三千說時，三千諸法互具互攝，諸法與實相之間相即不離，此處智顗更清楚地以實相爲體、諸法爲用，來說明一念三千：若從三千諸法的角度來看實相，實相不是轉變生成了三千諸法，而是實相本身即具三千諸法，因此而說「動出是不動出」；若從實相的角度來看三千諸法，三千諸法並不是單純被抽象爲共相的一，而是三千諸法皆具實相，因此而說「不動出是動出」。「實相」不是單純的「一」，因爲實相即具三千諸法；「三千諸法」也不是絕對的「多」，因爲千差萬別的現象皆性具實相。如此說來，只要一舉實相，即具三千諸法；同樣任舉一現象，也即具實相；換言之，一即是多，多即是一。智顗的「性具」學說，可稱爲「性具實相」抑或「性具三千」，只是切入的向度有所不同而已；諸法即是實相、實相即是諸法；「現象」與「本質」之間圓融無礙地彼此「相即互具」。

第三節　諸法實相與宗教交談的關係

　　藉由前兩節對天台佛學「諸法實相」義理的闡明，可以看出天台佛學認爲「現象」與「本質」是一種「相即互具」的關係、不能截然二分，既不是「純粹的一」更不是「絕對的多」；而「一」與「多」的問題正好碰觸到了宗教交談的核心問題，每個信仰者的宗教都代表了他們所秉持的眞理，具有「獨一」的傾向，然而，我們生活的處境，卻有不同宗教環繞著我們，這是「多」的現實。當代宗教交談學者潘尼卡，提出一種「不二元論」的態度來處理「一與多」的問題，並認爲偏向獨一的一元論，以及向差異靠攏的二元論，都可能是造成宗教交談無法成立的態度。本節將以潘尼卡對於「一與多」問題引出的不二元宗教交談意識，來與天台佛學「諸法實相」的義理及其哲思做對比思考，但不做潘尼卡思想與天台佛學諸法實相義理之間符應式的異同比較；僅藉由潘尼卡的思維導引，單純從天台「諸法實相」的角度對宗教交談「一與多」的處境提出看法與建議。本節將分爲兩個部分：一、「不二元論」

〔註48〕《法華玄義》卷五（T33, no. 1716, p. 742, c27-29）

的宗教交談意識：此部分將會討論潘尼卡如何以「不二元論」面對一與多的問題，並說明由此立基發展的宗教交談意識；二、從「諸法實相」義理綱維看宗教交談：本部分基於前兩節對天台佛學「諸法實相」義理及其哲思的闡明，從天台「諸法實相」義理中導出可供參考的宗教交談意識。

一、「不二元論」的宗教交談意識

潘尼卡這位具有多重身份及文化背景的宗教交談學者，〔註 49〕與許多當代宗教交談理論學者相同，認爲宗教多元論（religious pluralism）在當代已經是一個不可迴避的問題；然而，他的多元論採取一條「不二元」（non-dualism）的中道進路，更對當前宗教歧異與衝突的問題，提出核心問題意識——我們該怎麼處理「一」與「多」的問題？

（一）潘尼卡的「不二元論」

潘尼卡的「不二元論」主張，我們不能將眞理在不同宗教情境下所產生的多元意義還原爲單純的「一」，但各個宗教間也不是完全的隔離而形成毫不相關的「多」；眞理同時具有「一」與「多」這兩極（polar），更直接地說，眞理是具有「極性」（polarity）的，不是絕對的「多」、也不是單純的「一」。

首先潘尼卡指出了在宗教上五種一元論的不同表達方式：第一、認爲自己的宗教是眞的，並且擁有眞理的壟斷權，自己擁有普遍性；第二、認爲所有的宗教最終都是眞實的，如：希克（John Hick, 1922～）以認識論的進路設定了一個終極實體（Ultimate Reality）；第三、所有的宗教都是假的，如：弗洛伊德（Sigmund Frued, 1856～1939）的泛性論、費爾巴哈（Ludwig Feuerbach, 1804～1872）認爲宗教皆是人的投射；第四、宗教是私人的事情，嘗試保持尊重和寬容，但這可能會陷於主觀意識，自己創造出新的宗教，宗教被轉換爲滿足個人需求的工具；第五、只將宗教視爲一種文化歷史的構造物。〔註 50〕我們可以看得出來，潘尼卡認爲無論視眞理是壟斷的一、對所有人的一、或是對單獨個體的一，統統都視爲一元論，都是普遍主義（universalism）的作祟，而這正是他所要抵制的，他說：

〔註 49〕關於潘尼卡的生平簡述，請參考本論文〈緒論〉註釋 26。

〔註 50〕Raimon Panikkar, "Religious Pluralism: The Metaphysical Challenge," *Religious Pluralism*, Vol.5,（1984）: 97-115.轉引自：王志成，《和平的渴望：當代宗教對話理論》，（北京：宗教文化，2003），頁 146～148。

這種〔一元論〕的心態的典型例子就是全球綜合症。這種意圖是崇高的,但對我來說,〔它〕似乎單單只是殖民主義心態的另一相稱的後繼者。殖民主義相信單一型態的文化:最終只有一種文明。〔註51〕

潘尼卡認為多元論者也不一定會意識到他們普世主義的內裡,其實是想要以「一」去統攝「多」,有意識或無意識地建構了一種具有普遍價值的超級體系。〔註52〕雖然,面對一與多這種終極歧異性的問題,有人採用的是二元的辯證方式,但二元仍然是將問題置放在「同一性」的思維架構底下來處理的;面對「多」的挑戰,根本不屑一顧,因為「一」將是最後的勝利者。他們對於「多」的問題,只不過是在線性的時間觀之下,採取著等待勝利的姿態——「多」將銷融為「一」,多元充其量來說,只不過是暫時性的顯現而已。當未能消滅對方之前,則採取一種容忍的態度,在最大公約數下合作,但到底還是盼望著那最終的合一;更正確地來說,二元容忍的外表下,潛伏著一種以「同一」殲滅「多元」的企盼。〔註53〕潘尼卡認為人總是有一種趨向終極「同一」的內在性,總想要建立巴別塔,〔註54〕有一種對統一性的渴望,但卻又發現周遭的一切是散落的。因此,他又說無論是「老大哥獨裁的同一」或「極端無政府的散落」都已過時,不再能滿足當前的我們。〔註55〕然而,他認為這個「一與多」(*hén kaí polá*)問題並不出在「一」(*hén*)、「多」(*polá*)這兩極上,而是出在相互連結的地方,即是「與」(*kai*)的問題。人經常思索著如何將「統一性」與「多樣性」連貫起來,而採取了不同的方式——不是片面的統一,就是完全的一元論,抑或二元論的暫時容忍。

潘尼卡認為現在來到了恰當的時機,他提出的是一種不二元論、三位一體式的觀看方法,或者稱為一種「直覺」或「開放的視域」更恰當,也就是

〔註51〕雷蒙‧潘尼卡(Raimon Panikkar)著,王志成、思竹譯,《看不見的和諧》(Invisible Harmony: Essays on Contemplation & Responsibility),(南京:江蘇人民,2001),頁139。

〔註52〕同上著作,頁215。

〔註53〕同上著作,頁101。

〔註54〕巴別塔的神話出自於《聖經》創世紀11:1-9,潘尼卡用詼諧的口吻重新詮釋:「那時,一遍又一遍地重複;巴比倫人、亞述人、羅馬人、希臘人、亞歷山大大帝們、西班牙人、法國人、英國人、美國人、現代的技術統治者,他們全都認為唯有自己所主張的才是絕對標準。」見:同上著作,頁88~89。

〔註55〕雷蒙‧潘尼卡(Raimon Panikkar)著,思竹譯,《宇宙—神—人共融的經驗:正在湧現的宗教意識》(The Cosmotheandric Experience: Emerging Religious Consciousness),(北京:宗教文化,2005),頁11。

用「宇宙—神—人」觀（cosmotheandric）來處理一與多的問題。〔註56〕「宇宙」、「神」、「人」是構成實在的三個不可還原的向度、三重結構（三位一體的、不二元論的）。他最經典的譬喻，就是將「宇宙—神—人」譬喻爲一個圓：沒有圓心、圓周就沒有這個圓；圓若消失，另外兩者就消失；圓心不取決於另外兩者，但另外兩者不存在的話，圓心就不能爲圓心。宇宙、神、人三者互滲互存，甚至所存在的每一樣事物，任何實際存在的存在物，都具有這三重的結構。〔註57〕潘尼卡不否認想要提出一個具有開放性的統攝典範，但他強調「宇宙—神—人」並不是一個劃一和封閉的系統；換句話說，他不是要提出一個超級體系，而是要提供「一種保持開放的綜合」，〔註58〕並允許、甚至主動要求在其中要有不同的見解。潘尼卡說這種不二元論的思維：

> 不是指混亂的普遍主義或無差別的混合主義；也不是指一種狹隘的、粗魯的排外論或無益的、狂熱的個人主義。具有構成性的相對性之意識，需要通過承認相對性，來克服相對主義的誘惑，並非一切都歸於一種不可知論的或無差別的相對主義，相反地，一切都完全相互依賴、包裹在一種絕對地相對性當中。〔註59〕

潘尼卡企圖以本體論取代認識論，完成一種對普遍性和個殊性拉扯的調和，直接指出真理是具極性的，即是一種不二元的相對性（relativity），而不是會落入不可知論的相對主義（relativism），他強調每一個真理都是在關係當中、

〔註56〕 這是潘尼卡於《宇宙—神—人共融的經驗》一書中，所提到的三個凱邏斯階段（kairological moment）的第三個階段。三個凱邏斯階段分別爲：一、普世階段（宇宙中心的意識）：原初的或普世的階段，也就是前反思的意識階段，在這種意識中，自然、人和神仍然無定型地混合在一起，只有模糊的區分；二、經濟階段（人類中心的意識）：人文主義或經濟的階段，也就是歷史態度階段，個別化的區分進程，從宏觀的領域進行到微觀的領域；三、大公階段（宇宙—神—人的意識）：大公的或宇宙—神—人共融的階段，在此階段保持了第二階段的區分，但又沒有喪失第一階段的統一性。他特別強調，這三個階段不是線性的進化過程，這三個階段的每一個都臨在於另外兩個之中。參見：雷蒙‧潘尼卡著，思竹譯，《宇宙—神—人共融的經驗：正在湧現的宗教意識》，頁 26～67。

〔註57〕 Raimon Panikkar, *The Cosmotheandric Experience: Emerging Religious Consciousness*,（Maryknoll, New York: Orbis Books, 1993）, p. 75.

〔註58〕 雷蒙‧潘尼卡著，思竹譯，《宇宙—神—人共融的經驗：正在湧現的宗教意識》，頁 16。

〔註59〕 雷蒙‧潘尼卡（Raimon Panikkar）著，王志成、思竹譯，《宗教內對話》（Intrareligious Dialogue），（北京：宗教文化，2001），頁 58～59。

且是生存論的，可分辨但不能分離。更重要的是，他不要我們忘記當下的理由和目的同是生活，他嚴厲地批判落入一元論或二元論的宗教主義者與科學主義者：

> 宗教的嚴重異化在於相信真實生活是未來生活以及尋求未來不朽的生命……但一種更爲深層的墮落乃是科學描繪的漫畫，它將我們的生活描述成爲了未來的簡單的方案，我們的生活永遠不停止地運轉，任何事物都是通向一個不可抵達的烏托邦手段，而我們自己也單單是進化鎖鍊上的一個個環節而已。〔註60〕

在他眼中，宗教也是如此，無論一元論或二元論都會造成危機，一元論引導我們落入絕對主義，二元論引導我們落入相對主義，「不二元論」才是當前宗教應該重新發掘的，如此一來才會如他所說：宗教是「拯救之道、解脫的手段；宗教是自由的解放行爲；宗教是創造性的自由」，〔註61〕他提醒我們應該要意識到「生命不是爲了競賽，而是爲了生活」，〔註62〕即一種當下、不二元的生活。

（二）「不二元論」的宗教交談意識

潘尼卡對於宗教交談，也有基於不二元論的一番見解，他認爲進行宗教交談前需要有一個真正的預備，這就是他所說的「宗教內交談」（intra-religious dialogue）。宗教內交談，並不是一般人望文生義所想的那樣，它並不是同一個宗教系統內小團體的交談。宗教內交談會卸除我們的面具，是「爲了『你』所激起的內在交談，『你』對『我』來說並不是可有可沒有的」，它是一種宗教行動，是一種朝向四面八方的開放。〔註63〕這種交談必須進入內在當中，爲他者預留一個位置，潘尼卡在一次訪問中說宗教交談是「在我自己裡面——在我的心裡、理智、生活中——找到一塊給印度教徒、穆斯林、猶太教徒和無神論者的位置」。〔註64〕潘尼卡認爲這是宗教交談的基礎。這種「宗教內交談」超越宗

〔註60〕雷蒙·潘尼卡（Raimon Panikkar）著，思竹、王志成譯，《文化裁軍——邁向和平之路》（Culture Disarmament: The Way to Peace），（成都：四川人民，1999），頁 32。

〔註61〕Raimon Panikkar, *Myth, Faith, and Hermeneutics: Cross-Cultural Studies,* （New York: Paulist Press, 1979）, pp. 420-455.

〔註62〕雷蒙·潘尼卡著，思竹、王志成譯，《文化裁軍——邁向和平之路》，頁 32。

〔註63〕雷蒙·潘尼卡著，王志成、思竹譯，《宗教內對話》，頁 3～11。

〔註64〕Henri Tincq, "Eruption of Truth: An interview with Raimon Panikkar," *The Christian Century*, Vol. 117, Issue 23, （2000.8）: 835.

教教義及宗教文化的辯證比較，因爲它不在這裡停下來；它不只是「辯證的交談」（dialectical dialogue），更要穿越（dia-）邏各斯（logos），邁向一種「交談的交談」（dialogical dialogue）。

　　有了這樣的認知，那麼潘尼卡是否就否認了辯證性交談的價值呢？我們可以猜想得到，秉持不二元論的他，不可能如此處理這個問題。不過在討論「辯證的交談」的價值之前，他先批判了一元論的、普遍主義的態度；雖然一元論者也會進行所謂的交談，但他們認爲自己擁有絕對的眞理，即是對具有相對性多義的眞理進行了單義的解讀，自己壟斷了所有的知識權，因此，在一元論的看法，實在是一、存在是單義的、多元性是次級的，終究歸於一，是「一種弱肉強食的法則：學術界可能稱之爲歷史規律、科學中稱之爲自然法則、哲學上稱爲權力法則」，〔註65〕是一種帝國主義與殖民主義的復甦。但他也沒有完全否定一元論思維的價值，潘尼卡說：

　　　我並沒有說一元論提供了一個糟糕的解決方案。倘若得到充分的理
　　　解，很可能是：它保持了極性，可以在人和存在處於流變激盪狀態
　　　之時，幫助人仍爲終極統一而鬥爭，並暫時忍受多元性。〔註66〕

潘尼卡提醒一元論思維可能落入殖民主義的危險之後，他接著提到二元論的交談態度。這種二元論的交談態度是辯證式的，需要處在雙方力量平衡下才能做得到以理智去處理一與多的聯繫問題。它雖然標榜著不同聲音可以有自由的、辯證的互動，看似可以相互共存，〔註67〕但如果其中的一方在角力比賽中失敗了，它將會喪失生存權。因此，如果二元論的交談力量不均衡，潛伏於內裡的一元論便會翻身而上，併吞所有其他的弱小者，於是二元陷入一元。潘尼卡說：

　　　二元論存在的前提，往往是一方對另外一方的存在不提出異議、不
　　　構成威脅。有些人眞誠地妥協，因爲他們不願消除你；有些人不眞
　　　誠地妥協，只是因爲他們目前不能消除你。〔註68〕

同樣地，他也不完全否定二元論式辯證的交談在很多領域是需要的，否則根本不可能有所謂的交談發生。如果人是理性的存有者，卻「否定理性……我們就會使得任何類型的〔交談〕〔註69〕都不可能。……辯證的〔交談〕在人

〔註65〕雷蒙‧潘尼卡著，王志成、思竹譯，《看不見的和諧》，頁99。
〔註66〕同上著作，頁100。
〔註67〕同上著作，頁101。
〔註68〕同上註。
〔註69〕王志成將潘尼卡的「dialogue」翻譯爲「對話」，同時也將「dialogical dialogue」

與人之間的交流，是一個必要的中介」。〔註70〕那麼，如何在二元論的交談當中，盡量地去達到一種平衡的狀態，能夠讓辯證充分地發揮、而不是受到意識型態的宰制呢？潘尼卡提出了一個相當重要的概念，就是從語言文化架構當中，嘗試找出「形式相似的等價物」（homeomorphic equivalent）。「形式相似的等價物」並不是我們在兩種文化、兩種宗教之間尋求可以相互替代的東西，如果我們硬要去找，將會把多義的眞理化約爲單義，便會落入獨裁主義；我們應該是進入其他文化脈絡當中，去發現可能發揮相應作用的、有同等地位的「形式相似的等價物」，並且嘗試「互置」不同文化的形式相似的等價物，而不是單方面的搜尋，這樣才能夠保持相互之間的辯證平衡。〔註71〕

如同前面所提，潘尼卡並不會在辯證的交談就停了下來，因爲邏各斯是不能窮盡眞理的，眞理具有深淵性而永遠有一塊不透明之處。〔註72〕潘尼卡要穿越邏各斯（dia-logue），把我們推進「交談的交談」。這種「交談的交談」是一種主體間的交談，是一場「我與你」的邂逅，不單單是兩種意見在交流，而是兩個主體相互開放，潘尼卡說：

> 就意見、教義、觀點進行〔交談〕，辯證的〔交談〕是一定不可少的。在〔交談的交談〕中，〔交談〕的伙伴不是一個對象，也不是一個主體單單提出一些客觀思想來討論，而是一個你、眞實的你，不是一個它。〔註73〕

「交談的交談」與「辯證的交談」並不能分離，兩者互爲表裡：「交談的交談」因著「辯證的交談」而有可能；「辯證的交談」因著「交談的交談」不致落入單單是解決困境的妥協，而是一種爲了生命本身的交談。「交談的交

翻譯成「對話的對話」、「dialectical dialogue」翻譯成「辯證的對話」；然而，因配合本文之立論，除書名保持原本翻譯之外，所引之文都以「交談」來作爲「dialogue」之翻譯。因此，原本王志成所翻譯之「對話的對話」及「辯證的對話」，本文將分別以「交談的交談」及「辯證的交談」取代，詳細論述請參見本論文〈第二章〉第三節的第二部分「交談當體即是圓頓止觀的實現」。

〔註70〕雷蒙・潘尼卡著，王志成、思竹譯，《宗教內對話》，頁38～39。
〔註71〕Raimon Panikkar, "Satapathaprajna: Should We Speak of Philosophy in Classical India? A Case of Homeomorphic Equivalents," *Contemporary Philosophy*: **A New Survey**, Vol.7,（1993）: 21.
〔註72〕雷蒙・潘尼卡（Raimon Panikkar）著，王志成、思竹譯，《智慧的居所》（A Dwelling Place for Wisdom），（南京：江蘇人民，2000），頁206。
〔註73〕雷蒙・潘尼卡著，王志成、思竹譯，《宗教內對話》，頁39。

談」使交談不支配而持續開放;「辯證的交談」使交談有基礎而不致落空。潘尼卡急切地將我們推向目前仍無人的「文化間性」(interculturality)〔註74〕之地,這「文化間性」擺脫了文化的一元論與二元論,是宗教交談的起點,我們無法外求,只能在每個宗教實踐者的內裡去尋找它,在「極性」當中嘗試不被邏各斯所困而落入單一文化的限制當中,因此我們能有一個更開放的「宇宙—神—人」視域。

潘尼卡藉由不二元論的思維,嘗試打破一元與二元論的窠臼,以「相對性」取代「相對主義」,以極性突破一元的宰制與多元的散落,要我們能夠有一種「宇宙—神—人」的開放視域。

二、從「諸法實相」義理綱維看宗教交談

梗概式地瞭解潘尼卡「不二元論的宗教交談意識」之後,再與本章前兩節所談「三諦圓融」與「一念三千」思想當中的哲學思維做對比思考,我們可以看出在中國佛教天台宗「諸法實相」此部分對「現象與本質」和「一與多」等問題的思考與詮釋,與潘尼卡的不二元宗教交談意識具有許多「結構上」的雷同之處。此部分將透過潘尼卡的問題意識,如:「不二元論」、「相對性」、「宇宙—神—人的視域」、「辯證的交談」、「交談的交談」等作橋樑,從「諸法實相」的義理綱維及其哲思看「宗教交談」。以下分爲兩個部分來論述:第一部份,「一」與「多」圓融相即;第二部分,相即互具爲交談「對」「等」基礎。

(一)「一」與「多」圓融無礙

「一」與「多」的問題,經常在談論到「現象與本質」的問題時被突顯出來,本質經常被認爲是絕對的「一」,千差萬別的現象則經常被認爲是「多」。西方哲學自柏拉圖(Plato, 427～347 B.C.)與亞里士多德(Aristotle,

---

〔註74〕 「文化間性」存在於文化當中,並內在於人類,是整個人類文化的完整形式,沒有「文化間性」就沒有文化,如同圓周與半徑不能彼此通約、彼此並不限制,但卻也不分離。潘尼卡認爲,要與「文化間性」(interculturality)相遇,必須要擺脫「一元論」的「單一文化主義」(mono-culturalism)與「二元論」的「多元文化主義」(multi-culturalism)的誘惑;因此,「文化間性」固守著「文化的不二元論」。若能與「文化間性」相遇,交談才有可能性。(「單一文化主義」將會壓迫其他文化,而「多元文化主義」則因爲「技術統治」(technocracy)在當今不可能出現。)參見:王志成,《和平的渴望:當代宗教對話理論》,頁 129～133。

384～332 B.C.）以來，以「先驗」與「經驗」不同的角度切入討論「現象與本質」的問題，到了康德（Immanuel Kant, 1724～1804）則認為人的理性能力只能認識現象而無法碰觸到「物自身」（thing-in-itself），而後胡賽爾（Edmund Husserl, 1859～1983）的現象學主張以意向性從主體自身走向客體，到了海德格（Martin Heidegger, 1889～1976）提醒人不要忘了存有本身，以上皆是在嘗試處理「現象」與「本質」隔歷為二的問題，也就是嘗試去合理解釋「一」和「多」的關係。

在潘尼卡來看，「一」就是「一元論」的表現，「多」則是「二元論」的呈顯。如果認為「本質」是「絕對的一」，那便是單純的一元論。單純的一元論會造成一種帝國主義、唯我獨尊的心態，完全蔑視差異。另外一方面，假使認為「本質即是多」或因為無法觸碰「本質」或「物自身」，就將「現象」與「本質」分隔開來，只在能經驗的現象中加以描述，而說是「多」，則會造成「絕對的二元論」或終將歸於一的「過程性二元論」。「絕對的二元論」是一種漠不關心的散落狀態，彼此間毫無相關，會造成生活世界的疏離。披著「二元論」但骨子裡是「一元論」的「過程性二元論」，在因緣不具足時容忍差異，然而一旦時機成熟，內裡的「一元論」翻身而上，將一切非我族類吞噬，仍是潛伏著帝國殖民主義強權獨霸的意識型態。如前面所提，潘尼卡認為一元論和二元論，都將造成宗教交談上的失敗，他提倡的是一種非一非多、亦一亦多的「不二元論」，前已論及，於此不再贅述。

天台佛學對於「諸法實相」——現象與本質間的討論，碰觸到了潘尼卡所關注的議題，即如何將「一」與「多」整合起來並同時保持其差異性，這與潘尼卡「不二元論」思維結構頗為相似。天台佛學認為「諸法」與「實相」，是一種「不二」的關係，也就是說「現象即是本質、本質即是現象」、「一即是多、多即是一」。例如之前所舉的譬喻，將土地譬喻為實相、草木譬喻為現象，土地能生一切差異草木，但若無一切草木，「地性」也無法顯發出來。除了土地與草木的譬喻，智顗也從「理事不二」的角度來看「一」與「多」的關係：

> 從無住本立一切法。無住者，理也；一切法者，事也。……若非理，無以立事，非事不能顯理。事有顯理之功，是故殷勤稱歎方便。〔註75〕

沒有「理」無以立「事」，此時「理」是「能立」、「事」是「所立」；反過來

〔註75〕《法華文句》卷三（T34, no. 1718, p. 37, c5-15）

說，沒有「事」也無從顯「理」，此時「事」是「能顯」、理是「所顯」。因此，若想要與「實相」相契，離開了「現象」也是不可能的，正如草木離開了土地便無以生存一樣，亦如離波覓水了不可得。

智顗在《法華玄義》更清楚而直接地指出「諸法既是實相之異名……又實相亦是諸法之異名」，〔註76〕認為諸法即是實相、實相即是諸法。但同時也說「無量義者，從一法生，其一法者，所謂無相。無相不相，名為實相。從此實相生無量法。」〔註77〕實相與諸法不二，並不是由實相派生出諸法，「一」不具有優先性；「多」離不開「一」，但「多」並不能單純整合為絕對的「一」。此部分在前面討論「相對種相即」時已有較詳細的分析。就此而言，我們可以看得出來天台佛學在說明「現象」與「本質」之間的關係時，非常強調彼此的相即關係，現象與本質不是完全隔歷、絕對切割的。在天台佛學的諸法實相思維中，實相並不具有時空與順序的優先性，因此它不是「單純的一元論」；更不是只注重差異的「絕對二元論」，因為諸法無不相即於實相，猶如草木不能離開土地而生一樣；也不是「過程性的二元論」，因為諸法即實相、實相即諸法，只是互為異名而已，實相不會將諸法吞噬，諸法也不會整合為具有實存性的、絕對的「一」。在天台佛學的「諸法實相」義理中，現象與本質彼此圓融相即，因此在面對當前諸多宗教的分歧問題時，不會輕易地將差異等同為「一」，成為獨霸絕對的帝國主義；同時也不會落入彼此漠不關心的「多」，讓彼此的生活世界隔異疏離、不相往來。由此見得，天台佛學「諸法實相」的義理及其哲學思維，或能從不二中道的進路，為宗教交談的場域提供同時保有各種宗教間「平等性」與「差異性」的真理平台。

（二）相即互具為「對」「等」交談基礎

本論文的主要問題意識，即是宗教交談同時必須兼具「平等性」與「差異性」的基本要求如何可能？若是彼此「絕對平等」，各方面皆完全一致等同，何用交談？然而，若是彼此「全然相異」，因為沒有任何交集，也無從交談。天台佛學「相即互具」的思維，同時具足了「平等性」與「差異性」；我們藉由潘尼卡「宇宙—神—人」的思維，來說明為何「相即互具」為對等交談的基礎。

潘尼卡除了提出「不二元」的進路來駁斥「一元論」與「二元論」在一

〔註76〕《法華玄義》卷八（T33, no. 1716, p. 783, b14-15）
〔註77〕《法華文句》卷二（T34, no. 1718, p. 27, c17-19）

與多之間擺盪的限制與迷思外，他更強調的是一種「宇宙─神─人」的視域，潘尼卡認為「宇宙─神─人」是構成「實在」三重不可還原的向度。如同一個圓，若沒有圓周、圓心，這個圓就不存在，彼此之間互滲互存；而且每一個存在物都具有這樣的三重結構。真理本身也具有極性，是一種在關係當中、不二元的「相對性」（非相對主義），如「圓心」、「圓周」、「圓」彼此之間具有差異，但離開了彼此又非一個圓，甚至喪失自己──圓心不再是圓心、圓周也不再是圓周。

天台佛學在論述實相的三個向度「空諦」、「假諦」、「中諦」圓融互即的狀態時，也有近似潘尼卡圓的譬喻，即伊字三點。這個「伊」（𑀲）字當中有三個部分「ᐧ」、「ᐧ」、「𑁦」，這三個點相互分離、各自獨立，但這三點卻構成了整體的「𑀲」字；這個「𑀲」字，若離開或缺少任何一點即不成字，這就如同三諦作為實相的三個向度，彼此「不相混濫」，卻也「不能相離」。

前所論及「諸法即實相」、「實相即諸法」，彼此互為異名，因此一切諸法現象也皆具有三諦。又一切現象皆具各自的「相」、「性」、「體」、「力」、「作」、「因」、「緣」、「果」、「報」、「本末究竟等」等十如而「彼此相異」，但卻也同時當體於中道實相「相即互具」；這在在說明了現象「彼此相異」的當下，當體就彼此「相即互具」。本章所謂「相對種相即」的概念，不只「現象」與「現象」相即互具，同時「現象」也與「實相」相即互具，彼此間「圓融無礙」卻「不相混濫」。

換句話說，「各個宗教」就如「各個法界」具有自己的「十如」特質，彼此不相混濫、具有差異性；然而，正如「十界互具」的原理一樣，各種宗教在各自的法界都具「十如是」；同時，因為實相「十如是」的性質貫通各法界，因此不同宗教（不同法界）如「十界互具」般，彼此間亦「相即互具」。

對比思考以上所述，無論是潘尼卡「圓的譬喻」或天台門人「𑀲字的譬喻」，他們都不只想呈顯出「現象與現象」或「現象與本質」之間皆同時具備「相對性」（差異）與「關係性」（同一）；他們更直接指出每一現象當中，甚至實相（真理、本質）本身，也都具有這種「相對性」與「關係性」。「現象與現象」以及「現象與實相」因而更順理成章地彼此「相對」卻又「相即」，甚至彼此「互具」。

因此，佛教天台「相即互具」的思維，同時兼具了交談要求的「平等性」與「差異性」：不同的宗教（法界），都具有各自的「十如」，這是從宗教間的

「差異性」來切入的；然而各法界皆具實相十如的性質，並且當體皆是實相，此即展現出宗教間的「平等性」。「相即互具」使得各種宗教能夠處在一種「即差別即平等」、「差別平等不二」的「關係性」下進行交談，同時不只單純地提供宗教間交談具有「平等性」的基礎，並同時保持彼此之間的「差異性」。

事實上宗教交談不只是「對」還要「等」；「對」表現的是「差異性」，如潘尼卡的「相對性」與天台佛學的「相對種」；「等」則是「平等性」，如潘尼卡所倡，在每一個存在物都具有的、互滲互存的「宇宙—神—人」的三重結構，以及天台佛學中的「諸法」、「實相」、「諸法」與「諸法」、「諸法」與「實相」彼此之間依著三諦圓融而成，且沒有任何時空優先順序的「即具」關係。「對」與「等」彼此實是互爲表裡。天台佛學諸法實相「相即互具」的義理，因兼具「差異性」與「平等性」，具中道的意涵，因此也被稱爲「中道實相」，應可在眞理觀層面提供宗教交談一個既「對」且「等」的基礎。

第二章　圓頓止觀與宗教交談

　　上一章，我們從天台佛學「諸法實相」的義理綱維中，理出其對「現象與本質」及「一與多」等問題的解釋，並瞭解到宗教交談的核心同樣也是圍繞在「一與多」問題上。諸法與實相彼此相即互具的關係，不是單純的「一」，也不是絕對的「多」，其可奠定宗教交談既「對」且「等」的基礎。諸法實相既然可以作爲天台佛學所設立的眞理，這一章中我們則要探討是否有任何能夠認識此眞理的方法？是否能夠同時如實認出諸法實相的精義？而此認識的方法，是否又能夠如同諸法實相的哲學思維一般，提供宗教交談具體建議？

　　佛教認識論是從己身的立場，研究「認識能力」、「認識成立的條件」以及「認識範圍」的一門學問，目的是要與實相相契，並以解脫煩惱爲目標，因此有了對「客觀世界」及「主觀世界」兩種認識的進路。〔註1〕天台佛學也不例外，而其「止觀學說」最足以代表天台宗的認識論，〔註2〕此認識論能夠幫助與「諸法實相」直接相契。智顗曾說：「夫入泥洹之法，入乃多途，論其急要，不出止、觀二法。」〔註3〕又說：「止觀諸佛之師」〔註4〕及「道由止觀」。〔註5〕智顗諸多「止觀」的分類當中，又以「圓頓止觀」最爲重要。瞭解圓頓止觀，可由「止觀相即」和「一心三觀」兩個重要的子命題著手，接著再論述其與宗教交談之間的關係，試分三節討論之：

〔註1〕　劉貴傑，《佛教哲學》，（台北：五南，2006），頁261。
〔註2〕　同上著作，頁276。
〔註3〕　《修習止觀坐禪法要》卷一（T46, no. 1915, p. 462, b7-8）
〔註4〕　《摩訶止觀》卷一（T46, no. 1911, p. 3, a2）
〔註5〕　《摩訶止觀》卷二（T46, no. 1911, p. 20, a17-18）

　　第一節「止觀相即」：本節討論智顗基於傳統佛學對於「止觀」的解釋，並創發性地提出「止觀相即」的命題，接著依三諦圓融的基礎，將素樸的「止觀」概念發展成更契合諸法實相的「三止三觀」。

　　第二節「一心三觀」：基於第一節「止觀相即」的討論，將「圓頓止觀」落實到具體的認識方法，即是「一心三觀」。〔註6〕因此，本節將進一步說明「一心三觀」中，三觀彼此圓融互即的關係，以及如何彰顯「止觀相即」的命題。另外，並點出「一心」在「一心三觀」此認識方法上的重要性，以及釐清唯心論傾向的顧慮。

　　第三節「圓頓止觀與宗教交談的關係」：探討「圓頓止觀」作爲認識「諸法實相」的方法，應能從認識論的角度，論述如何全面觀照「平等性」與「差異性」，並且與「西方哲學的認識論」及其所引發的「交談模式」對比思考，進一步讀出天台佛學「圓頓止觀」義理所能夠提供宗教交談的哲學思維。

第一節　止觀相即

　　「止」，梵文爲 samatha，音譯爲「奢摩他」，意義爲止息一切外境與妄念，而令心貫注於特定之對象上，即是「禪定」；「觀」，梵文爲 vipaśyanā，音譯爲「毗婆舍那」，意義爲觀照諸法畢竟空寂，即是「智慧」。〔註7〕南北朝時期，南朝的佛教受到玄學的影響，比較偏重理論上的思辯，北朝的佛教則偏向禪定的修持，因此有所謂「南義北禪」的說法。智顗處於南北朝與隋朝更替之際，由於當時政治分裂及地理分佈等因素，產生了僧團成員流動頻繁的狀況，也因此致使南北的佛教學風開始趨向融合。〔註8〕智顗對於「止」與「觀」的見解，也是採取一種融合的立場，他認爲「止」與「觀」必須「並重」，並且在根本上是「相即」的，因此「止觀雙修」及「定慧等持」成爲智顗不斷強調的概念。更重要的是，智顗不只認爲「止」與「觀」爲一體兩面，他的止觀系統更是與「實相」（或稱「法性」）直接聯繫的。本節將分爲兩個部分：一、止觀涵意的創發：論述智顗在傳統佛學對「止」「觀」詮釋的基礎上，強調二者須「並重」，

〔註6〕　李四龍，《智顗「三諦」思想研究》（北京大學哲學系碩士學位論文，1996），收入《中國佛教學術論典《法藏文庫》碩博士學位論文》冊十四，（高雄：佛光山文教基金會，2001），頁69。

〔註7〕　參見：劉貴傑，《天台學概論》，（台北：文津，2005），頁145。

〔註8〕　潘桂明，《智顗評傳》，（南京：南京大學，1996），頁18～24。

甚至創發性地提出「止」「觀」在根本上「相即」的命題；二、三止即是三觀：智顗「止觀相即」的命題，在諸法實相皆具「三諦」且彼此「圓融」的脈絡下，發展成「三止」及「三觀」，更加彰顯出「相即」的意涵。

一、止觀涵意的創發

「止觀」與「定慧」在中國佛教傳統定義中，經常當成同義語使用：「止」即是「定」；「觀」即是「慧」。智顗在《修習止觀坐禪法要》（又名《童蒙止觀》或《小止觀》）中，對「止」和「觀」做如下定義：「止乃伏結之初門，觀是斷惑之正要；止則愛養心識之善資，觀則策發神解之妙術；止是禪定之勝因，觀是智慧之由藉。」〔註9〕另外，與智顗同時代的僧人慧遠（523～592），也提及「止心不亂，故復名定」與「觀達稱慧」。〔註10〕由二人所述得知，「止」與「觀」在當時似有分作二法的傾向。

智顗除了延續傳統分別定義「止」與「觀」，他又承襲著其師慧思「止觀雙修」與「定慧並重」的原則，〔註11〕指出「止」與「觀」彼此的關係，就像是「車之雙輪」及「鳥之雙翼」，如果偏重任何一方、捐棄任何一端，都不能夠契悟實相，他說：

> 當知此之二法，如：「車之雙輪」、「鳥之兩翼」，若偏修習即墮邪倒。
> 故經云：若偏修禪定福德，不學智慧，名之曰愚；偏學〔智〕慧，
> 不修禪定福德，名之曰狂。〔註12〕

然而，智顗並不在「止」與「觀」二法皆須並重的思維上停滯下來；對智顗來說，將「止」與「觀」分別為二法，比作「車之雙輪」與「鳥之雙翼」，只是方便權巧的譬喻，因此他提醒：「非禪不慧，非慧不禪。禪、慧不二，不二而二。分門別說，作定、慧二解。」〔註13〕既然只是方便權巧之說，

〔註9〕《修習止觀坐禪法要》卷一（T46, no. 1915, p. 462, b8-11）

〔註10〕慧遠解釋說：「止者，外國名奢摩他，此翻名止。守心住緣，離於散動，故名為止；止心不亂，故復名定。觀者，外國名毘婆舍那，此翻名觀。於法推求簡擇名觀，觀達稱慧。」見：《大乘義章》卷十（T44, no. 1851, p. 665, c2-6）

〔註11〕湯用彤認為：北朝末葉，衡嶽慧思、天台智顗極言定慧之必雙修，或亦意在糾正北朝一般禪僧之失歟。參見：湯用彤，《漢魏兩晉南北朝佛教史》，（上海：上海出版社，1993），頁561；曾其海，《天台宗佛學導論》，（北京：今日中國，1993），頁58～62。

〔註12〕《修習止觀坐禪法要》卷一（T46, no. 1915, p. 462, b13-16）

〔註13〕《觀音玄義》卷一（T34, no. 1726, p. 882, a19-20）

智顗又更進一步創造性地提出「止觀相即」的命題——止觀於法性當體相即。

　　首先，智顗在《摩訶止觀》認爲「止」、「觀」各有三義。他先於前兩義分別說明何爲「止」、「觀」，再於第三義點出兩者實爲不二，當體皆是實相、皆是法性：

　　　　〔「止」有三義〕：「息義」、「停義」、「對不止止義」。息義者，諸惡覺觀，妄念思想，寂然休息。……此就所破得名，是止息義。停義者，緣心諦理，繫念現前，停住不動。……此就能止得名，即是停止義。對不止以明止者。……無明即法性，法性即無明。無明亦非止非不止，而喚無明爲不止，法性亦非止非不止，而喚法性爲止。此待無明之不止，喚法性而爲止……是爲對不止而明止也。

　　　　「觀」亦三義：「貫穿義」、「觀達義」、「對不觀觀義」。貫穿義者，智慧利用，穿滅煩惱。……此就所破得名，立貫穿觀也。觀達義者，觀智通達，契會真如。……此就能觀得名，故立觀達觀也。對不觀觀者，……無明即法性，法性即無明。無明非觀非不觀，而喚無明爲不觀；法性亦非觀非不觀，而喚法性爲觀。……是爲對不觀而明觀也。〔註14〕

從以上智顗詮釋「止」與「觀」的前兩義，我們可以看出：「止」是摒除一切虛妄的心念，而緣心諦理，具有「息義」及「停義」；「觀」是以智慧破除煩惱，而契會實相，具有「貫穿義」及「觀達義」。然而，智顗詮釋「止」與「觀」的第三義時，則皆依著「無明法性不二」的道理，說明對「不止」而明「止」的「對不止止義」，以及對「不觀」而明「觀」的「對不觀觀義」。

　　從智顗對止觀的第三義詮釋中，可以清楚地看到，「止」與「觀」雖於前兩義各有作用，然而究竟來說，皆繫於法性之上。雖然，法性原應是「非止非不止」及「非觀非不觀」不可思、不可議的，但爲了分析言說的方便，故稱無明爲「不止」及「不觀」，法性則相對權稱爲「止」及「觀」。如此一來，智顗在論述「止」與「觀」時，於前兩義保持各自的特色及功用，但從第三義的角度來看，「止」與「觀」皆是方便權巧之說，法性與無明的體性本是同一。因此，「止」與「觀」當體皆是法性，兩者實際上是二而不二、彼此相即。

〔註14〕《摩訶止觀》卷三（T46, no. 1911, p. 21, b18-c21）

智顗於《摩訶止觀》卷三，更清楚地指出「止」、「觀」、「法性」三者的關係是彼此相即的：

> 豈可禪無般若，般若無禪？特是不二而二，二則不二，不二即法身，
>
> 二即定慧，如此三法未曾相離。〔註15〕

智顗認為「止」與「觀」不是截然二分的兩種修行方法。若稱「止」「觀」為「雙輪」、「雙翼」，也只說到了一半，兩者彼此關係實是不二而二。雖然有所謂的「定」、「慧」二說，但實際上「不離法性，言定即有慧、言慧即有定」，〔註16〕「定」與「慧」不能夠斷裂地分作二法來理解。捨離了「定」即無「慧」可言，同樣，捨離了「慧」亦無「定」可說。「止」「觀」如同「定」「慧」，於「實相」彼此相即、圓融不二、相輔相成。因此，「止」「觀」對於智顗來說，並非兩種不同的修行方法，實際上是與法性不二、與實相相契的入道要門，因此他說：「法性寂然名止，寂而常照名觀。」〔註17〕又說：「止觀自相會者，止亦名觀，亦名不止；觀亦名止，亦名不觀。」〔註18〕止即是觀、觀即是止；「止」與「觀」於方便權巧之中是「雙翼」、是「雙輪」，於實相究竟義上卻是與「法性」相即不二。

智顗從「止觀二法」到「止觀雙修」與「定慧並重」，甚至再到「止觀相即」的哲學思維，具有方法論上的積極意義。修「止」可以說是一種實踐活動，慧「觀」則可視為一種理論學習，「止觀相即」的哲學思維提供了「理論」與「實踐」彼此相即不二的原則。實踐的當下，理論就已經內含其中，實踐即是貫徹理論、修正理論的活動；理論的學習，不能離開實踐活動，理論的完整建構與體悟，即是一種實踐。若以智顗的話來說，離開實踐活動的理論學習，即是「狂」，只是空口說白話；沒有理論指導的實踐活動，即是「愚」，只是盲目亂闖。〔註19〕另外，「止」與「觀」，其實皆是對「不止」與「不觀」所施設的方便，這種不滯於任何概念的態度，可說是與宗教交談不斷嘗試擺脫僵化意識型態的初衷是一致的；「交談」若當作一種對自身信仰與他人信仰

〔註15〕《摩訶止觀》卷三（T46, no. 1911, p. 22, c19-21）

〔註16〕《觀音義疏》卷二（T34, no. 1728, p. 931, a9-10）

〔註17〕《摩訶止觀》卷一（T46, no. 1911, p. 1, c29-p. 2, a1）

〔註18〕《摩訶止觀》卷三（T46, no. 1911, p. 22, c3-5）

〔註19〕張風雷，《智顗佛教哲學述評》（中國人民大學哲學系博士學位論文，1994），收入《中國佛教學術論典《法藏文庫》碩博士學位論文》冊五，（高雄：佛光山文教基金會，2001），頁 230～231。

的認識活動，自然也應被視爲對治「不交談」的方便法門之一。當然，如果宗教交談本身成爲僵化的意識型態，自然也該予以對治。

接著，智顗更本著「止觀相即」的命題，對應諸法實相「三諦圓融」的原則，提出「三止三觀」的認識方法，此種認識方法與諸法實相的內涵相契相即。

二、三止即是三觀

智顗最典型的「相即」理論，乃建立在「三諦圓融」的理論基礎之上。諸法實相皆具「空」、「假」、「中」三諦，「諸法」與「實相」彼此圓融相即。智顗「止觀相即」的命題，若置放在諸法實相皆具「三諦」且彼此「圓融」的脈絡下，更能彰顯「相即」的意涵。智顗依著三諦圓融的基礎，將「止」與「觀」發展成更細緻的「體眞止」、「方便隨緣止」與「息兩邊分別止」等三止，以及「從假入空觀」、「從空入假觀」、「中道第一義諦觀」等三觀。前已提及，智顗認爲「止」與「觀」並非二法，實際上只是因爲面對不可言說的法性，而施設的方便權巧之說。因此，智顗便「映望三觀〔而〕隨義立〔三止之〕名」，〔註20〕「三止」與「三觀」皆各自相契於「空」、「假」、「中」三諦，更因著三諦本是相即不離，「三止」理所當然即是「三觀」，「止」與「觀」彼此圓融互即。以下將從「空諦」、「假諦」與「中諦」等三個不同面向，來說明三止與三觀的具體內涵。

首先，從「空諦」的角度切入討論。「止」若對應三諦中的「空諦」，即成「體眞止」；爲了要與空諦相應，智顗認爲要能了知諸法皆是因緣和合而生，當體即空，因此有「體眞止」的認識方法：

> 體眞止者，諸法從緣生，因緣空無主，息心達本源，故號爲沙門。
> 知因緣假合，幻化、性虛，故名爲體。攀緣妄想得空即息，空即是
> 眞，故言體眞止。〔註21〕

同樣地，「觀」若對應三諦中的「空諦」，也必須要能從一切現象（空前假）當中進行「從假入空」的觀照認識，進而與「空諦」相應，因而有所謂的「從假入空觀」；

> 若從假入空，空慧相應，即能破見思惑，成一切智。智能得體，得

〔註20〕《摩訶止觀》卷三（T46, no. 1911, p. 24, a16）
〔註21〕《摩訶止觀》卷三（T46, no. 1911, p. 24, a3-6）

真體也。〔註22〕

此時「能了知一切諸法皆由心生，因緣虛假不實故空。」〔註23〕無論是「體真止」或是「從假入空觀」，皆是依著三諦中的「空諦」來說的。將隨因緣而立的種種虛假認識，安於洞澈諸法畢竟空寂的認識方法之上，了達一切的現象皆是條件相聚而成、空無自性；於是，藉由「體真止」及「從假入空觀」的認識方法與「空諦」相應，摒除了追逐虛妄假相的認識活動，得到把握一切事物共相（空諦）的智慧，成就「一切智」。

接著，再從「假諦」的角度切入討論。「止」若對應三諦中的「假諦」，即成「方便隨緣止」；為了要與假諦相應，不能夠單單停滯於對空性（但空）的認識而已，還要能夠體知條件具足能生萬法，因此有「方便隨緣止」的認識方法：

> 方便隨緣止者，若三乘同以無言說道斷煩惱入真，真則不異。但言煩惱與習有盡不盡。若二乘體真不須方便止，菩薩入假正應行用，知空非空，故言方便，分別藥病，故言隨緣，心安俗諦，故名為止。
> 〔註24〕

同樣地，「觀」若對應三諦中的「假諦」，也必須能夠不滯於但空，還要能夠在認識空性的基礎上，同時肯定事物的假名、幻象（空後假），以進行「從空入假」的觀照認識，進而與「假諦」相應，因而有所謂「從空入假觀」：

> 若從空入假，分別藥病，種種法門，即破無知，成道種智。智能得體，得俗體也。〔註25〕

此時能「諦觀心性雖空，緣對之時，亦能出生一切諸法，猶如幻化，雖無定實。……雖知一切諸法畢竟空寂，能於空中修種種行。」〔註26〕無論是「方便隨緣止」或是「從空入假觀」，皆是依著三諦中的「假諦」來說的。站在了達一切諸法畢竟空寂的基礎上，進而體知當條件具足時，於空中能生萬法，修種種利益眾生之事；於是，藉由「方便隨緣止」及「從空入假觀」的認識方法與「假諦」相應，以現象宛然破除對「但空」的偏執，得到認識一切事物差別相狀的智慧，成就「道種智」。

〔註22〕《摩訶止觀》卷三（T46, no. 1911, p. 26, a1-2）
〔註23〕《修習止觀坐禪法要》卷一（T46, no. 1915, p. 472, b15-16）
〔註24〕《摩訶止觀》卷三（T46, no. 1911, p. 24, a7-11）
〔註25〕《摩訶止觀》卷三（T46, no. 1911, p. 26, a2-4）
〔註26〕《修習止觀坐禪法要》卷一（T46, no. 1915, p. 472, b28-c2）

最後，從「中諦」的角度切入討論。「止」若對應三諦中的「中諦」，即成「息兩邊分別止」；爲了要與中諦相應，既不偏執於「體眞止」，也不固著於「方便隨緣止」，而能夠認識到一切現象「非空非假」、「亦空亦假」，因此有「息兩邊分別止」的認識方法：

> 息二邊分別止者，生死流動涅槃保證，皆是偏行偏用，不會中道。
>
> 今知俗非俗俗邊寂然，亦不得非俗空邊寂然，名息二邊止。〔註 27〕

同樣地，「觀」若對應三諦中的「中諦」，也必須要能不偏「空」、也不偏「假」，同時否定前兩觀各執一邊的偏頗，卻又同時肯定前兩觀所洞澈的眞理，進行「中道」的觀照認識，進而與「中諦」相應，因而有所謂的「中道第一義諦觀」：

> 若雙遮二邊，爲入中方便，能破無明，成一切種智。智能得體，得中道體也。〔註 28〕

此時能「諦觀心性非空非假，而不壞空假之法。」〔註 29〕無論是「從假入空觀」或是「從空入假觀」，皆是依著三諦中的「中諦」來說的。在前兩觀的基礎上，卻又不執取任何一觀的極端，瞭解萬法「非空非有」、「亦空亦有」；在認知事物共相的基礎上，又能夠把握事物的差別相，進而完整地認識到事物眞相的智慧，成就「一切種智」。

「止觀相即」的命題，在智顗三止三觀的呈現下，更加清楚地將「相即」的意涵彰顯出來。「體眞止」與「從假入空觀」相即於「空諦」；「方便隨緣止」與「從空入假觀」相即於「假諦」；「息兩邊分別止」與「中道第一義諦觀」相即於「中諦」。「止」與「觀」實際是一體兩面，在「空」、「假」、「中」不同的面向，各自相即。然而，以上是因著詮釋的方便，而分成「空諦」、「假諦」、「中諦」三個不同面向來次第論說「三止」與「三觀」，事實上「三止」與「三觀」是舉一即三、圓融互具的，任何一止、一觀皆是中道正觀，這部分將在下一節「一心三觀」當中進一步討論。

第二節　一心三觀

「一心三觀」即是在一心當中觀照「諸法實相」即空即假即中。前已說

〔註 27〕《摩訶止觀》卷三（T46, no. 1911, p. 24, a12-15）
〔註 28〕《摩訶止觀》卷三（T46, no. 1911, p. 26, a4-6）
〔註 29〕《修習止觀坐禪法要》卷一（T46, no. 1915, p. 472, c14）

明「止」與「觀」當體相即，「止」即是「觀」、「觀」即是「止」，談「觀」即是談「止」，「一心三觀」也就含攝了「一心三止」。因此，本節將從「三觀」的圓融互具談起，以彰顯「三觀三止」中任何一觀一止皆是中道正觀的意涵。本節將分為兩個部分：一、三觀圓融互具：論述智顗如何以「三諦圓融」為基礎，在「一心」中融攝「三觀」，納「三智」於「一心」；二、觀心即具實相：將討論「一心」在「一心三觀」此認識方法中的重要性，並點出在「心即實相」的前提下，「無明」與「法性」不二的關係。最後，釐清其唯心論傾向的顧慮。

一、三觀圓融互具

　　前已提及智顗的「三觀」是對應實相（法性）而方便施設的，將「三觀」依著「空諦」、「假諦」與「中諦」，施設了「空觀」、「假觀」與「中觀」。當一切現象歸於畢竟空寂的一法時，是「空觀」的成就；當一法隨著條件具足而成立一切法時，是「假觀」的成就；若能了達諸法實相「非一非一切」，則是「中觀」的成就，他說：

　　　若一法一切法，即是因緣所生法，是為假名，假觀也；若一切法即
　　一法，我說即是空，空觀也；若非一非一切者，即是中道觀。〔註30〕

智顗稱此「三觀」為「次第三觀」或「隔歷三觀」。「次第三觀」雖然能夠認識到諸法實相，但認識活動卻是次第進行的，所悟之三諦也各自獨立不融。諸法實相具有「三諦圓融」及「舉一即三」的特性，因此以「次第」的進路來觀實相，並不能夠真正與「三諦圓融」的精義契合。於是，智顗直接點明「圓頓止觀」才是他實際上要呈顯的觀法，說「次第三觀」只為藉著次第以權顯實：

　　　諸佛即一大事出世，元為圓頓一實止觀，而施三權止觀也。權非本
　　意，意亦不在權外，祇開三權止觀，而顯圓頓一實止觀也。〔註31〕

　　智顗依著慧文「三智一心」及「一心三觀」的思想為基礎，〔註32〕建立

〔註30〕《摩訶止觀》卷五（T46, no. 1911, p. 55, b13-15）
〔註31〕《摩訶止觀》卷三（T46, no. 1911, p. 34, a21-24）
〔註32〕智顗依據《菩薩瓔珞本業經・賢聖學觀品》「其正觀者，初地已上有三觀心入
　　　　一切地，三觀者：從假名入空二諦觀，從空入假名平等觀，是二觀方便道，
　　　　因是二空觀得入中道第一義諦觀，雙照二諦、心心寂滅，進入初地法流水中，
　　　　名摩訶薩聖種性，無相法中，行於中道而無二故。」（T24, no. 1485, p1014,

了具有圓頓意涵的「一心三觀」。既然諸法實相的「空諦」、「假諦」、「中諦」三諦圓融互具，那麼「空觀」、「假觀」、「中觀」三觀順理自然也應是圓融互具，因此智顗說：

> 一空一切空，無假、中而不空，總空觀也；一假一切假，無空、中
> 而不假，總假觀也。一中一切中，無空、假而不中，總中觀也。即
> 《中論》所說不可思議一心三觀。〔註33〕

他在「空觀」、「假觀」及「中觀」前安上「總」這一字眼，是在表明一心三觀並不是隔歷分別的：在「空觀」之中即包含了「假觀」與「中觀」；在「假觀」之中即包含了「空觀」與「中觀」；在「中觀」之中即包含了「空觀」與「假觀」。「總空觀」的認識活動，不能離開「假觀」與「中觀」，「總假觀」與「總中觀」也都是同樣的狀況。諸法實相具有「空諦」、「假諦」、「中諦」三個向度，認識諸法實相的「三觀」就如同「三諦」一樣，不是三個分別的獨立認識活動，而是從三種不同向度切入的同一認識方法，但這一個認識方法，卻也不能離開這三種不同向度的認識進路，智顗在《佛說觀無量壽佛經疏》中說：

> 論云：三智實在一心中，得祇一觀而三觀，觀於一諦而三諦，故名
> 一心三觀。……此觀微妙，即一而三，即三而一；一觀一切觀，一
> 切觀一觀；非一非一切。如此之觀，攝一切觀也。〔註34〕

以上智顗運用了與描述「三諦圓融」一樣的用詞，說明「三觀」是「即一而三、即三而一」的，並在「一心」中彼此圓融互具。接著，智顗除了將「三觀」與「三諦」連結在一起外，更指出「三觀」所成就的結果「一切智」、「道種智」、與「一切種智」等「三智」，也同是圓融互具：

> 佛智照「空」，如二乘所見，名「一切智」；佛智照「假」，如菩薩所
> 見，名「道種智」；佛智照「空」「假」「中」皆見實相，名「一切種
> 智」。故言，三智一心中得。〔註35〕

他將《大智度論》具有次第義的「一切智」、「道種智」與「一切種智」，拉到

---

b18-23）此段經文，確立三觀的基礎。但智顗認為這還只是「次第三觀」，他便延續慧文以《大智度論》「三智一心中得」及《中論‧觀四諦品》「三是偈」所提出的「一心三觀」，進一步將「一心三觀」與「圓融三諦」及「三智一心」統合起來，「一心三觀」便成為認識「諸法實相」的圓頓進路。參見：劉貴傑，《天台學概論》，頁104～108。

〔註33〕《摩訶止觀》卷五（T46, no. 1911, p. 55, b15-19）
〔註34〕《佛說觀無量壽佛經疏》卷一（T37, no. 1750, p. 187, c15-24）
〔註35〕《摩訶止觀》卷三（T46, no. 1911, p. 26, b10-13）

了同一高度，統統皆是「佛智」。〔註36〕「三智」並非是不能融通的三法，也不是次第的三法，而是同一「佛智」的三個面向。智顗在《法華玄義》中，更清楚地指出「一智」即是「三智」，同時「三智」也即是「一智」：

　　圓三智者：有漏即是因緣生法，即空即假即中；無漏亦即假即中；
　　非漏非無漏亦即空即假。一法即三法，三法即一法；一智即三智，
　　三智即一智。〔註37〕

智顗在諸法實相的三個向度：「空」、「假」、「中」的架構上，成功地將「三諦」、「三觀」及「三智」的圓融性呈顯出來。但智顗認為不只「三諦」、「三觀」、「三智」在各自的架構中相即互具，他在《金光明經文句》中進一步說：「境智相冥，無二之法，如如不異者，境如智，智如境，故言如如不異也。」〔註38〕因此，「諦」、「觀」、「智」的關係也是「一即三、三即一」的，三者在「一心」當中被統合起來，所以說：「三智實在一心中，得秖一觀而三觀，觀於一諦而三諦。」〔註39〕這樣一來，便顯出了另一個論題：無論「一心三觀」或是「三智一心」均涉及「一心」，可見「一心」的重要性，以下將論述有關「一心」的含義。

二、觀心即具實相

　　智顗在《摩訶止觀》中提到：「三諦具足，秖在一心。分別相貌，如次第說；若論道理，秖在一心，即空即假即中。」〔註40〕從認識方法上來看，三智於一心中得，三觀於一心中發，三諦於一心中照。「一心」是能認識的主體，能夠發起「三觀」的觀照活動，所觀的對象是具足「空」、「假」、「中」的「諸法實相」；「一心」又是諸法當中的一法，因諸法即具實相，「一心」即「實相」，因此「一心」又是所認識的對象。換句話說，「一心」同時是「能觀」又是「所觀」；「一心」是能認識的「主體」，同時又是所認識的「對象」。由此可見，「一心」實是整個天台認識論的樞紐。

〔註36〕智顗說：「《釋論》明一切智是聲聞智，道種智是菩薩智，一切種智是佛智，此是歷別一切種智，非三智在一心中。」見：《法華文句》卷四（T34, no. 1718, p. 50, b27-c1）
〔註37〕《法華玄義》卷三（T33, no. 1716, p. 714, a 24-27）
〔註38〕《金光明經文句》卷三（T39, no. 1785, p. 59, c6-7）
〔註39〕《佛說觀無量壽佛經疏》卷一（T37, no. 1750, p. 187, c15-16）
〔註40〕《摩訶止觀》卷六（T46, no. 1911, p. 84, c29-p. 85, a2）

　　智顗認爲，這種既是主體又是對象的「心」，一方面是當下對境能別、聞聲能辨而異乎草木的「介爾一念」，另一方面又是觀心實踐的對象。然而，既然一切事物本來就具足實相，隨觀一法皆能與實相相契，智顗卻將此「介爾一念」放在極重要的位置，其原因如同他在《法華玄義》所說：

　　　　眾生法太廣，佛法太高，於初學爲難；然「心」、「佛」及「眾生」
　　　　是三無差別者，但自觀己心則爲易。〔註41〕

就實踐層面上的難易角度來說，眾生法千差萬別不容易把握，佛法對於眾生又太過玄妙深奧，然每個眾生皆有「心」，是最爲便利的切入點。雖一切現象皆具實相，但觀「心」不只能夠和觀其他諸法一樣契入實相，更因爲觀照認識的方便性，而具有殊勝的地位。

　　智顗除了從觀照認識的方便性來談「心」的重要之外，他還提到人所秉有的這一念靈知之心和草木不同，是具有認識能力的「本」。「心」雖具有認識能力，但因妄想執著而錯認實相，而有了種種煩惱分別，心就成了「惑本」；但若能夠「一心三觀」認識「諸法實相」即空即假即中，此心就成了「解本」。智顗在《摩訶止觀》說：「祇觀根塵一念心起，心起即假，假名之心爲迷、解本。」〔註42〕修行的主體因著此同是「迷本」又是「解本」的一念心，在十法界中上上下下、載浮載沈，智顗說：

　　　　心如工畫師，造種種色，心構六道，分別校記無量種別。謂如是見愛
　　　　是界內輕重集相、界外輕重集相，如是生死是分段輕重苦相、界外輕
　　　　重苦相，還翻此心而生於解，譬如畫師洗蕩諸色塗以墡彩。〔註43〕

心就好像是畫匠，能夠畫出各式各樣的五蘊世間相，造就了六凡（地獄、餓鬼、畜生、阿修羅、人、天），也成就了四聖（聲聞、緣覺、菩薩、佛）。他在《法華玄義》又說：

　　　　遊心法界者，觀根塵相對一念心起，於十界中必屬一界，若屬一界
　　　　即具百界千法，於一念中悉皆備足。此心幻師於一日夜，常造種種
　　　　眾生、種種五陰、種種國土，所謂地獄假實國土，乃至佛界假實國
　　　　土，行人當自選擇何道可從。〔註44〕

〔註41〕《法華玄義》卷二（T33, no. 1716, p. 696, a15-17）
〔註42〕《摩訶止觀》卷一（T46, no. 1911, p. 8, b21-22）
〔註43〕《摩訶止觀》卷一（T46, no. 1911, p. 8, a24-28）
〔註44〕《法華玄義》卷二（T33, no. 1716, p. 696, a22-27）

他認為觀心需從一念心下手，若要「治妄除惑」並「契悟得解」，具有一種「如炙病得穴」〔註45〕的功效，完全關乎自己這一念心是善是惡。前已提及，依著「十界互具」及「三千互具」的原則，眾生能夠在十法界當中相互轉入，然其關鍵就在這一念心，眾生趣入何界就取決於自己心念的流向。

　　這一念如畫師的心，是「治妄除惑」並「契悟得解」的樞紐，智顗稱這個樞紐為「一念無明法性心」，這樣的說法見於智顗的《四念處》：

> 此之觀慧，只觀眾生一念無明心，此心即是法性，為因緣所生，即空即假即中，一心三心、三心一心。此觀亦名一切種智，此境亦名一圓諦，一諦三諦、三諦一諦。……今雖說色、心兩名，其實只一念無明法性，十法界即是不可思議一心，具一切因緣所生法。一句名為一念無明法性心。若廣說四句成一偈，即因緣所生心，即空即假即中。〔註46〕

這段話有兩個主要概念：一、「無明」與「法性」當體相即；二、眾生這「一念無明法性心」即空即假即中，而此這「一念心」即是「實相」。「無明」與「法性」是相對的兩個概念，未破「無明」之時，眾生處於昏昧的狀態，也就是前所提及的「迷」，此時「法性」自然不顯。若破「無明」即可彰顯「法性」，然而「法性」會成為一個自存的實體或概念嗎？智顗對於這個問題，回答如下：

> 無明癡惑本是法性，以癡迷故，法性變作無明，起諸顛倒善、不善等，如：寒來結水，變作堅冰；又如眠來變心，有種種夢。今當體諸顛倒即是法性，不一不異。……祇指妄想，悉是法性。以法性繫法性，以法性念法性，常是法性。無不法性時，體達既成，不得妄想，亦不得法性，還源反本，法界俱寂。〔註47〕

「法性」和「無明」的關係，就像是水遇寒而稱冰，在體上本是相即的。當一切契於「法性」而「無明」泯滅時，相對於「無明」的「法性」自然也蕩然無存。猶如「水」的概念是相對於「冰」（非水）的概念而成立，若冰消融為水，「水」的概念也不復存在。「一念心」即是法性、即是「實相」，因此「一念無明法性心」成為智顗認識論中觀照實相的絕佳選擇。在此，特別再次強

〔註45〕《摩訶止觀》卷五（T46, no. 1911, p. 52, a28-29）
〔註46〕《四念處》卷四（T46, no. 1918, p. 578, a28-c26）
〔註47〕《摩訶止觀》卷五（T46, no. 1911, p. 56, b16-25）

調「一念無明法性心」並不是一個具有獨立實存意義的主體，而是因著根塵相對、因緣和合存在，所以他說「心不孤生」〔註48〕以及「離色無心、離心無色」〔註49〕，色、心之間，並無任何一造優先存在，故無唯心論或唯物論的顧慮。

智顗所謂「一心」即當下介爾一念的「一念無明法性心」，此心即具實相。因此，此「一心」非但因人人皆有而便於修行，更重要是此心即是「實相」，以「法性」緣「法性」，以「心」觀「心」，故成爲「一心三觀」認識方法的關鍵。然而，此心並不具優先實存的意義，這部分將於下一節在宗教交談認識論層面的脈絡下繼續討論。

第三節　圓頓止觀與宗教交談的關係

「圓頓止觀」是天台佛學認識「諸法實相」的方法。「諸法實相」能同時保有現象的「差異性」，並強調一切現象當體相即於「實相」而展現其「平等性」。「圓頓止觀」作爲能夠與「諸法實相」相契的「認識方法」，必然也能夠在進行認識活動時，同時全面觀照「差異性」與「平等性」。前章已經藉由「一」與「多」問題的討論，理出天台佛學「諸法實相」能夠提供宗教交談的具體內涵。本節也將延續「一」與「多」問題的探討，並以「圓頓止觀」的「止觀相即」與「一心三觀」兩個子命題爲基礎，來與西方哲學「符應」（correspondence）、「連關」（coherence）、「開顯」（alétheia）與「後現代」（post-modern）等不同認識方法對比思考，並進一步討論「圓頓止觀」豐富宗教交談內涵的可能性。本節將分爲兩個部分：一、從認識論到交談模式：探討西方哲學不同的認識方法所可能產生的交談模式；二、從「圓頓止觀」義理綱維看宗教交談：基於前兩節對「圓頓止觀」義理的討論，對比西方哲學不同的認識方法，進一步突顯出天台佛學「圓頓止觀」的義理，能夠提供「宗教交談」可能的哲學思維。

一、從認識論到交談模式

宗教交談本身便是對「自身宗教」與「他人宗教」的一種認識活動，而

〔註48〕《摩訶止觀》卷一（T46, no. 1911, p. 8, a14）
〔註49〕《四念處》卷四（T46, no. 1918, p. 578, c6）

不同的認識態度與方法，自然會形成不同的交談模式。宗教的終極目標之一即是追求真理，因此「如何認識真理？」與「真理到底為何？」等問題，是宗教交談與一般的認識活動差別最大的地方。〔註 50〕在西洋哲學中，典型的真理認識方法大致可以分成「符應的認識」、「連關的認識」與「開顯的認識」三種進路，恰巧能與愛倫・萊思所提出的「排外主義」（exclusivsm）、「包容主義」（inclusivism）〔註 51〕與「多元主義」（pluralism）等三種不同態度相互對照。〔註 52〕當今研究宗教交談模式的學者所發展出的其他分類，幾乎都是依循萊思所提出的三種態度做或開或合的論辯，如：保羅・尼特的「置換模式」（replacement model）具有排他的意味，「成全模式」（fulfillment model）具有包容的傾向，「互益模式」（mutuality model）則是具有多元的內涵，因此能與萊思的分類相互呼應。除此之外，尼特又從「後現代」（post-modern）的認識進路，再添加了「接受模式」（acceptance model），此模式因為受到後現代「去中心化」（de-centralized）思維的影響，所以具有平行的結構。〔註 53〕以下將會從認識論的角度，針對「符應」、「連關」、「開顯」與「後現代」等四種不同認識方法，及其可能引發的交談模式，做進一步討論：

第一、符應的真理認識方法：此認識方法所得到的真理稱為「符應的真理」（truth as correspondence），其可能發展的交談模式，是具有「排他」（exclusive）

〔註 50〕 武金正，〈宗教交談──基本面向〉，黃懷秋等著，《宗教交談：理論與實踐》，（台北：五南圖書，2000），頁 26～29。

〔註 51〕 inclusivism 有多種不同中文翻譯，每種翻譯已經代表了譯者的預設立場，例如：「包容主義」的翻譯持的是肯定態度；「併吞主義」的翻譯則是否定的態度；「包含主義」的翻譯則是較為中立的態度。在宗教交談中，主體性的參與有其積極的意義，同時又反對併吞別人信仰，所以「包容主義」的翻譯應優於中性的「包含主義」和持否定態度的「併吞主義」。參見：陳德光，〈宗教交談基礎反省〉，黃懷秋等著，《宗教交談：理論與實踐》，（台北：五南圖書，2000），頁 172，註 4。

〔註 52〕 參見：Alan Race, *Christians and Religious Pluralism: Patterns in the Christian Theology of Religions*,（Maryknoll, New York: Orbis Books, 1983）；陳德光，〈宗教交談基礎反省〉，黃懷秋等著，《宗教交談：理論與實踐》，頁 157。萊思的分類，主要是針對不同宗教神學所做出的歸類，並不是在交談脈絡下來談論的，然而，兩者之間顯然有些關連。請參見本論文〈緒論〉註釋 10。

〔註 53〕 參見：Paul F. Knitter, *Introducing Theologies of Religions*, Maryknoll, New York: Orbis Books, 2002；中文譯本：保羅・尼特（Paul F. Knitter）著，王志成譯，《宗教對話模式》（Introducing Theologies of Religions），北京：中國人民大學，2004。

意味的「置換模式」（replacement model）；根據西方中古哲學的說法，即是強調「事物與理智之間的相稱」（*veritas est adaequatio rei et intellectus*）。〔註54〕西方的中古時代，不同學派對客觀的成立條件看法有所不同，但大致上來說，都以「與『客觀事實』相稱符應」爲眞理的驗證標準。「事實」才是主要強調的重點，而不是所表達的命題，一旦任何命題與事實不符合，此命題即成爲僞命題，不能夠被相信爲眞。因此，除了自身確信爲眞的客觀眞理，以及符合此客觀眞理的命題之外，一切都是非眞；〔註55〕如此一來，若秉持著符應的認識方法，在交談活動中，便很容易會產生「排他性」較高的交談模式，甚至以自身認知爲「眞」的客觀眞理及相稱符應的命題，去置換、排斥其他任何「非眞」的命題，因此，這種交談模式稱爲「置換模式」。

「置換模式」在交談中具有濃厚的排他意味，如：德國新正統派（Neo-Orthodoxy）卡爾‧巴特（Karl Barth, 1886～1968）的辯證神學。巴特相當著名的一句話是：「宗教就是不信」（religion is unbelief），〔註56〕他主張讓上帝成爲上帝，將神與人做了一個絕對的分界，甚至包括做爲一個「宗教」的基督宗教，所有的世俗力量與精神都不是屬於上帝的，因此說「宗教就是不信」。然而，基督宗教卻因著「基督」而成爲所謂的眞宗教，耶穌基督被認識且定位爲「唯一的救主」，巴特曾這樣比喻：「在所有不眞實的、虛假的宗教中，基督宗教是唯一爲耶穌基督這個太陽所照耀的假宗教，基督徒所能做的就是充滿愛心並恭敬地傳播福音，讓基督的光取代沒有基督而存在的黑暗」。〔註57〕在這種「唯一」的相稱眞理認識下，任何其他宗教的命題，就成爲非眞，毫無價值可言，一言以蔽之「基督宗教外沒有救恩」。〔註58〕如此的眞理認識方法，由於極度著重客觀的對等關係，因而過於靜態、客觀、外在，無法創造出宗教交談應有的彈性與流動性，甚至容易受到意識型態影響，使

〔註54〕 J. T. Muckle, "Isaac Israel's Definition of Truth," *Archives d'histoire doctrinale et littéraire du Moyen Âge* VIII,（1993）: 5-8. 轉引自：武金正，〈宗教交談與眞理觀〉，房志榮等著，輔仁大學宗教學系編，《輔大宗教系二〇〇〇年宗教交談研討會論文集》，（台北：輔仁大學，2002），頁 27。

〔註55〕 武金正，〈宗教交談與眞理觀〉，《輔大宗教系二〇〇〇年宗教交談研討會論文集》，頁 27～30。

〔註56〕 Karl Barth, *Church Dogmatics Vol. 1/2*,（Edinburgh: Clark, 1956），pp. 299-300.

〔註57〕 *Ibid.*, Paragraph 17.

〔註58〕 武金正，〈宗教交談與眞理觀〉，《輔大宗教系二〇〇〇年宗教交談研討會論文集》，頁 36。

真理成爲權力鬥爭的工具，落入民族主義與宗教狂熱的窠臼。〔註59〕

　　第二、連關的真理認識方法：此認識方法所得到的真理稱爲「連關的真理」（truth as coherence），其可能發展出的交談模式，是具有「包容（兼併）」（inclusive）傾向的「成全模式」（fulfillment model）。此認識方法著重「意向性」（intentionality）和「語言行動」（speech-act）的配合，將認識對象的不同層面藉由意向性而相互連結，並於交談當中不斷整合與開放。自康德（Immanuel Kant, 1724～1804）以來，人們開始發現到自己的認識有其侷限。〔註60〕於是，胡賽爾（Edmund Husserl, 1859～1938）在其現象學（Phenomenology）的研究中提出，人的認識首先有「建構自我的主體」與「視野中的客體」（noesis-noema 的認識結構）兩個不可或缺的因素，主體的認識藉由「意向性」邁向視野中的客體並「關注事物自身」（Zu den Sachen selbst）。主體的認識活動中，能夠將觀察到的資料收集並組織整合成爲一個系統，也就是說人的認識藉由「意向性」主觀地在認識客體的情境中，連貫所認識的對象，並且爲了要讓事物自身更完整地顯現，必須同時將所認識的現象暫時「置入括弧」（epoché）存而不論，讓對象的不同層面向主體盡可能地顯現，因此此種認識方法能夠保持「認識主體」與「認識對象」彼此關係的開放性。〔註61〕若與符應的認識相較，連關的認識能夠認識真理更多不同的層面，因爲一開始意向性本身並不會造成真偽之分，只有在經過意向性的主觀連結後，才會有區分真偽的狀況發生。然而，我們可以看得出來，連關的認識方法雖從相稱認識的靜態隔閡走出，能夠將所認識對象的不同層面，先「置入括弧」存而不論而維持其開放性，但其「意向性」因爲繫於認識的主體之上，經過意向性的主觀連結後，尚有獨斷封閉的危險。因此，在連關的認識活動中，可以藉由哈伯瑪斯（Jürgen Habermas, 1929～）的「語言行動」將所觀察到的現象，使用語言盡可能地表達清楚，使其與其他認識主體建立具有互爲主體性（inter-subjectivity）的基本認同基礎，驅使更多不同層面的真理顯發出來。〔註62〕「語言行動」是指在交談的氛圍中，透過其中一方提出論題，另一方提出反論題，然後雙方彼此透過事實和論證尋找論據，以便在更高層、共同可接受的命題中尋求共識，因而能夠使得連關認識所獲致的真

〔註59〕保羅・尼特著，王志成譯，《宗教對話模式》，頁13～15。

〔註60〕沈清松，《物理之後：形上學的發展》，（台北：牛頓，1986），頁164。

〔註61〕武金正，〈宗教交談與真理觀〉，《輔大宗教系二〇〇〇年宗教交談研討會論文集》，頁31。

〔註62〕同上著作，頁30～33。

理不致封閉。另外，哈伯瑪斯規定了任何交談活動皆須注重的四個要素：首先是「語言可理解性」（*Geltungsanspruch der Verstäendlichkeit*），交談中必須要盡其所能地表達清楚，使交談對象能夠明白；其次是「真理的有效性」（*Geltungsanspruch der Wahrheit*）的確認，交談中必須要確認對方理論思考中的論域；再者是「對真理的誠懇」（*Geltungsanspruch der Wahrhaftigkeit*），不斷地追問對方是否對於共同擁有的暫時共識信實；最後「實踐的正當性」（*Geltungsanspruch der Richtigkeit*），端詳在社會界的實踐層面中是否言行一致。〔註 63〕故而，連關的認識方法若能聯合哈伯瑪斯的語言行動，並且不斷確認以上四種範疇的有效性，主體的「意向性」便能夠藉由交談，不斷持續探究不同層面所顯發的真理，一方面在「意向性」的連結中具有「一致性」（包容兼併的傾向），並以此能夠區分命題的真偽，但另一方面則藉由「語言行動」保持了「開放性」，不斷為了趨向真理而信實地交談。

「成全模式」在交談中具有包容兼併的傾向，如：卡爾‧拉內（Karl Rahner, 1904～1984）的「匿名的基督徒」（anonymous Christians）。在「匿名的基督徒」此概念中，其他宗教可能是救贖的道路，亦可接受上主的恩寵，也可能早已經歷了基督徒的神聖經驗。然而，他們所接受的福音是「預備」的福音，最後的救贖還是必須透過耶穌基督。〔註 64〕對於其他宗教信仰者來說，因為他們不知道自己蒙獲恩寵，所以稱為「匿名的基督徒」；對於基督徒來說，天主也在其他的宗教作工，所以基督徒應該致力於發掘天主的旨意，並以此作為交談的基礎。我們若單純由「匿名的基督徒」一詞來看，其他宗教的價值，是在基督宗教的脈絡下來理解的；然而，「匿名的基督徒」並不是一個全然封閉的概念。雖然一方面它是以自身文化脈絡與宗教信仰為主體，將其他宗教的價值做一連關的連結，此連關的意向的確具有兼併包容的傾向，且要求其他宗教必須在自身宗教當中「成全」。但是，另外一方面，也提醒基督信仰者反過頭來思考基督徒的真正意義，並以此作為交談的基礎，懷著尊重與批判的態度來與其他宗教進行交談，更進一步向真理開放、邁向真理本身。〔註 65〕

〔註 63〕 武金正，《解放神學》，（台北：光啓，1993），頁 326～330。
〔註 64〕 保羅‧尼特著，王志成譯，《宗教對話模式》，頁 65～78。
〔註 65〕 武金正，〈宗教交談與真理觀〉，《輔大宗教系二○○○年宗教交談研討會論文集》，頁 40～43。

　　第三、開顯的真理認識方法：此認識方法所把握的真理稱為「開顯的真理」（truth as *alétheia*），其可能發展出的交談模式是具有「多元」（plural）內涵的「互益模式」（mutuality model）。前所提及的連關認識方法中，注重從「人」這個認識主體出發去認識客體，而德國哲學家海德格（Martin Heidegger, 1889～1976）則是提醒我們，不要忽略了人的認識是有所侷限的。海德格認為胡塞爾的意向性所發現的世界，是由人出發去認識，所認識到的只有真理的一部份，並沒有意識到「真理本身」還具有開顯（*alétheia*）與超驗的特性；真理的另一部分，需要等待真理的自身揭露。換句話說，人做為「在此存有」（*Da-sein*）雖然能夠認識真理，但受限於需要藉由具體的經驗和事物來瞭解真理，一旦真理在不同狀況下有不同的顯現，認識也可能同時受到蒙蔽，且因人經常忘記真理本身具有超驗的特質，所以人所瞭解的只是部分的真理。〔註66〕另外，在人的「認識發現」與真理本身的「揭露光照」之間，海德格則認為「語言」是能夠連結這兩邊的可能性。因此，海德格哲學的前期，語言即是主動追求現象的表達，由「在此存有」出發，主動關心現象及其本質；到了海德格哲學的後期，語言則是等待真理的顯示，因為每個真理在此所顯現的都是有限的真理，提醒我們必須要等待真理自身的顯現與光照。〔註67〕此種認識方法面對真理時，抱持著一種更謙遜的態度，因為真理在此的顯現只是部分的，人的認識當然也就不可能整全，尚須等待圓滿真理在各時各處的顯現。但是，從另一個角度來看，真理（存有本身）具有「全體」的意涵，而顯現出來的及所能認識的只是「部分」真理，如此的思維是在「同一性」下才得以成立。若放在宗教交談的脈絡中，開顯的認識則可能會產生出一種具有多元內涵的交談模式，確信每一種宗教都是絕對真理的一部分，所以容易接納各種宗教是平等的；不同宗教之間的多元差異，源自他們只認識了不同面向的真理，因此做了不同的表達。另外，從宗教信仰者這一端出發，則是肯定了不同宗教的信仰者皆在等待完全他者——「絕對真理」的光照。

　　「互益模式」在交談中具有多元的內涵，如：約翰・希克（John Hick, 1922～）對終極實在（Ultimate Reality）的理解，以及他在神學上所進行的「哥

<hr />

〔註66〕Martin Heidegger, ***Sein und Zeit***,（Tübingen: Niemeyer, 1967），p. 223. 轉引自：武金正，〈宗教交談與真理觀〉，《輔大宗教系二〇〇〇年宗教交談研討會論文集》，頁 35。

〔註67〕武金正，〈宗教交談與真理觀〉，《輔大宗教系二〇〇〇年宗教交談研討會論文集》，頁 34～36。

白尼式的革命」。希克神學中「哥白尼式的革命」是指：將基督宗教信理「以
基督爲中心」的概念轉移到「以認識天主爲中心」，如同哥白尼（Mikołaj
Kopernik, 1473～1543）將「以地球爲中心」的天文學概念轉移到「以太陽爲
中心」一般。〔註 68〕希克從他研究宗教歷史的過程中，發覺所有的宗教傳統
都有一種既古老又普遍的現象，它們都對兩種神性做出了區分：一種是人類
從有限經驗當中體驗到的神性，也就是在各種不同宗教當中的表達；另外一
種則是超越人類經驗所能夠理解的，具有無限深淵性的神性。換句話說，各
宗教除了能夠經驗和可以具體表述的神性之外，也同時承認它們所經驗到的
終極實在，始終超越它們所能理解、表述的內容，此終極實在就是希克所假
設「造成所有不同宗教的同一眞實」。〔註 69〕雖然希克從各宗教的歷史脈絡
中，盡力地解釋此終極實在的可能性，然而在這種交談模式當中，仍有兩個
潛藏的問題：（一）「潛藏帝國主義」：在同一性的思維基礎下，有一個隱含的
超越眞理存在著，雖然視所有宗教爲平等的，然而卻同時也是次於那個超越
的眞理，因此雖然表面看似尊重各宗教的差異，但是實際上卻更在意促進彼
此的互益性，而忽略了差異的存在，也就是說，用來連結差異的「統一原則」
具有更優先的順位。〔註 70〕在此不禁提問，若如希克假設，不同宗教指向同
一終極實在，此終極實在是如何成立的？當中是否隱含著一種全新面貌的宗
教？〔註 71〕（二）「落入相對主義」：首先，若如希克從超越的神性的角度所
假設的同一終極實在來看，這個「終極實在」被設定時，可能就已經被相對

〔註 68〕 同上著作，頁 38。尼特在互益模式中，以希克「哲學—歷史之橋」、潘尼卡「宗
　　　　 教—神秘之橋」及他自己「理論—實踐之橋」等三種不同的進路爲例子。因本
　　　　 部分是以認識論爲主的討論，因此以希克作爲代表，其他部分請參考：保羅·
　　　　 尼特著，王志成譯，《宗教對話模式》，頁 141～218。另外，還有學者是以最低
　　　　 限度的「全球倫理」（global ethic）來發展宗教交談模式，如：孔漢斯（Hans Küng,
　　　　 1928～）的全球倫理，以及劉述先（1934～）從新儒家的角度提出「理一而分
　　　　 殊」的概念所做的回應。雖然，他們皆不以眞理的眞僞爲討論中心，而是從「形
　　　　 而上的論辯」轉向「實用性」爲出發點，期待爲全人類的共同福祉創造一共同
　　　　 倫理，但也與互益模式的結構有相當的雷同。參見：劉述先，《全球倫理與宗
　　　　 教對話》，（台北：立緒，2001），頁 204～229。

〔註 69〕 參見：John Hick, *Problems of Religious Pluralism*,（London: Macmillan, 1985），
　　　　 pp. 28-45；John Hick, *An Interpretation of Religion: Human Responses to the
　　　　 Transcendent*,（New Haven: Yale University Press, 1989），pp. 343-389.

〔註 70〕 保羅·尼特著，王志成譯，《宗教對話模式》，頁 203。

〔註 71〕 武金正，〈宗教交談與眞理觀〉，《輔大宗教系二○○○年宗教交談研討會論文
　　　　 集》，頁 45～46。

化了，因為它仍是從人的角度所認識而設定的超越者，如此一來，便與其他
所顯現出來的宗教一樣，皆是人所認識、人所設定的。〔註 72〕另外，對於一
個宗教的信仰者，是否能夠承認自己的宗教是次於另一個終極實在之下的人
為產品？如果能夠承認，那麼自身的宗教也同時被相對化，信仰者可能宛若
流沙一般，一切都能接受而飄忽不定，活在一種朦朧的世界當中，〔註 73〕如
此一來，「改宗」（conversion）的風險，便浮上檯面來。

　　第四、後現代的認識方法：〔註 74〕此認識方法主要是反對任何的中心
（center），不承認有任何固化的真理，此去中心化（de-centralize）的立場，
其可能發展出的交談模式是具有「平行」（parallel）結構的「接受模式」
（acceptance model）。後現代思潮，基本上就是對十八世紀啓蒙運動（the
Enlightenment）的一種反動：反對任何具有現代性（modernity）的思維、不
相信理性有絕對的能力去追尋真理、認為根本沒有純粹符應的真實、反對泛
科學主義。在他們眼中，並沒有絕對的普遍性，重視差異才是後現代的態度。
〔註 75〕我們翻開後現代各派哲學的理論文獻，最顯著的一點就是「語言的問
題」取代了之前「從認識主體出發來對觀念問題的沈思」，也就是所謂的「語
言學轉向」（the linguistic turn），〔註 76〕他們盡其所能地解構具有元敘述特質

〔註 72〕同上。
〔註 73〕保羅·尼特著，王志成譯，《宗教對話模式》，頁 208～210。
〔註 74〕此認識方法的主要內涵，便是反對任何的中心，不承認任何固化的真理，故
　　　　而此部分的小標為「後現代的認識方法」，沒有「真理」的字樣，與前面三種
　　　　符應、連關與開顯的真理認識方法區分開來。另外，支持後現代觀點的學者，
　　　　大都不再以「理論」或「主義」來稱呼自己的說法，因為這些都意指一種具
　　　　囊括性的封閉系統，並使用單一觀點來詮釋所有的現象，後現代支持者比較
　　　　喜歡以「言說」（discourse）或「論述」（narrative）來指稱自己的說法，因此
　　　　本論文也會盡量避免使用「後現代主義」的稱呼方式，以符合後現代立場的
　　　　初衷。
〔註 75〕保羅·尼特著，王志成譯，《宗教對話模式》，頁 222～224。
〔註 76〕在十四、十五世紀的西方文藝復興（the Renaissance）運動之前，西方哲學界
　　　　所關心的是人經驗以外的形而上學問題，從文藝復興運動開始人文主義高
　　　　漲，以人的理性取代了絕對的形而上觀念，捨棄了過去的形而上學，作了所
　　　　謂的「認識主體的轉向」（the cognitive turn & the subjective turn），如：笛卡兒
　　　　（René Descartes, 1596～1650）的「我思故我在」（Cogito ergo sum），以及前
　　　　面所提由胡賽爾現象學為基礎的「連關認識方法」，皆是屬於此波思潮。秉持
　　　　後現代立場者，便是反對這種對人類理性心靈太過樂觀的態度，並對其衍生
　　　　出的邏各斯中心主義（logocentrism）提出批判，不認同現代主義（modernism）
　　　　過度高舉理性的態度，因而有了「語言學的轉向」（the linguistic turn），這條

（meta-narrative）的普遍眞理。秉持後現代實用觀點（post-modern pragmatics）的哲學家理查德‧羅蒂（Richard Rorty, 1931～2007）認爲，從笛卡兒（René Descartes, 1596～1650）開始，西方現代認識論的發展，被一種「一對一」的「鏡式符應」本質所決定，而提倡「普遍性」、「中心性」、「同一性」具有元敘述性質的概念：在主體認識論中，作爲「認識主體」的「心」被視爲一種能夠如實反映（reflect）或再現（represent）外在客體的鏡子；在分析哲學中，「語言」則是有其同等功用的另外一面鏡子。「心靈」與「語言」這兩面鏡子，都是羅蒂要打破的。他認爲從笛卡兒的我思（*cogito*）開始，西方便直接假定「認識主體」的實存性，然而，這僅僅是意欲迴避正面處理「認識的可能性」所衍生的推斷和假設而已。另外，爲了要如實地表達客觀眞理，分析哲學假設了語言也具有一種如鏡子一般反映客觀世界的功能。羅蒂認爲如此的假定會造成一種毫無根據的先驗統一，因而盲目落入符應眞理的同一化危機。如此看來，「客觀一致的眞」在後現代思維中並不存在，只有在交談或社群實踐中，達到協同性（coherence／非客觀一致性，而是在動態中達到的協調）的命題時，「眞」才可能暫時存在；換句話說，眞理必須在具有協同性的「語境」當中才可能成立，並且此眞理不是客觀、實存的，更不是具有本源意義的中心，而只是「可能隨時改變的命題眞」。﹝註77﹞故而，後現代主張「一切事物都是文本」，它們否定任何脫離文本或語境的客觀眞理，任何超然中立的眞理都是不可能的，命題眞僞在不同語境中不斷地自由變化。這種語境化的眞理觀，經常是在語言遊戲（language game）﹝註78﹞當中來表達，亦如利奧塔（Jean-François Lyotard, 1924～1998）所說，語言的使用並沒有客觀確定的規

歷史脈絡可以追溯至海德格後期哲學「語言是存有的家園」的觀念（海德格提醒語言是等待眞理的顯示，動搖了過去西方哲學將語言作爲對形而上客觀實在描述的傳統）。可參考：沈清松，《物理之後：形上學的發展》，台北：牛頓，1986；朱德生等著，《西方認識論史綱》，台北：谷風，1987；陳嘉映，《海德格爾哲學概論》，上海：三聯書店，1995。

﹝註77﹞ 理查德‧羅蒂（Richard Rorty）著，李幼蒸譯，《哲學和自然之鏡》（Philosophy and the Mirror of Nature），（北京：北京商務印書館，2003），頁129～140。

﹝註78﹞ 利奧塔借用維根斯坦（Ludwig Wittgenstein, 1889～1951）語言遊戲的概念，來闡述他的後現代立場。維根斯坦的「語言遊戲」是指語言的意義存在於「語詞」或稱爲「單詞」之間相互關連的網絡之中，不是來自一些基本的特徵或者所指涉的對象（the referent），意義具有脈絡性與關連性，只是依據家族相似性（family resemblances）以及實際描述狀況之下的特定言詞。參見：趙敦華，《維特根斯坦》，（台北：遠流，1988），頁109～110。

則，也沒有所謂的普遍合理性，規則僅僅是由參與語言遊戲的人所約定，而此規則並不是先驗的，而是在遊戲中自然形成的一種語言習慣，其有效性只限於參與語言遊戲的成員。〔註79〕德里達（Jacques Derrida, 1930～2004）走得更遠，採取一種更激進的態度去徹底解構（deconstruct），他甚至認為「遊戲的規則已經被遊戲本身取代了」。〔註80〕回到宗教交談的脈絡上來看，秉持後現代立場的宗教交談學者，認為各個宗教不只是路徑迥異，目的地也可能截然不同，他們接受擺在眼前的差異現象。因此，從後現代立場出發的交談模式，可視為具有平行結構的「接受模式」。

「接受模式」在交談中具有平行的結構，如：喬治‧林貝克（George A. Lindbeck, 1923～）站在後自由（post-liberal）的立場，〔註81〕提供了「文本內性」（intra-textuality）的概念，重新肯定曾經被現代性（modernity）破壞的基督徒身份，並定位了其他宗教的獨特性。林貝克認為各個宗教間有著不同的宗教語言，彼此不可互譯。因此，宗教間並不能夠找到一個完美無小數

〔註79〕Jean-François Lyotard, *The Postmodern Condition: A Report on Knowledge*, trans. Geoff Bennington and Brian Massumi,（Manchester: Manchester University Press, 1984），p. 10.

〔註80〕德里達（Jacques Derrida）著，伍蠡甫、胡經之譯，《人文科學語言中的結構、符號及遊戲》，（廣西：漓江，1991），頁150。德里達嘗試解構形上學的根基，駁斥邏各斯中心主義（logocentrism）的霸權，他立基於索緒爾（Ferdinand de Saussure, 1857～1913）對意符（signifier）與意指（signified）的分析，進一步指出意符的指涉作用，甚至所有的意指，其實都在語言的書寫替代過程中延異及添補（*différance* and supplement），他不認為有任何傳統形上學的本源性或本質性的終極超越指涉（transcendental signified）存在，也即是直接對「同一化宰制」、「符應真理」做出根本上的否定。參見：陸揚，《德里達：解構之維》，武漢：華中師範大學，1996；王岳川，《後現代主義文化研究》，北京：北京大學，1996。

〔註81〕尼特認為林貝克的神學是後現代神學，因為他主張保持絕對差異性，可以被視為徹底的多元論者。但是，希克認為林貝克的神學是一種新形式的兼併論（inclusivism），因林貝克曾說：「儘管非基督徒不像那些具有生機勃勃的基督徒，還沒有開始分享這種救贖，得救的信念不可能全然是隱蔽的，也不會完全是模糊不清的，在某種程度上必定是公開的，正如保祿所言，信是從聽而來的。」甚至，林貝克還有類似末世論的論述：「所有先前的決定，不管是贊成還是反對信仰，都只是預備。最後的死亡完全在我們的時空之外，超越經驗觀察，超越一切對好的死或壞的死的思辯，那個時候，一個人會失去他在這個世界上的根基，而進入到一種言語、形象、和思想都無法形容的超越狀態。」參見：Paul F. Knitter, *Introducing Theologies of Religions*, p. 178；王志成，《和平的渴望：當代宗教對話理論》，（北京：宗教文化，2003），頁167～169。

點的公約數。他認爲各個宗教的信仰者，因身處不同語言系統，而有了不同的宗教經驗，並反對宗教是「對同一個終極有不同闡釋」的說法。在後現代的大框架之下，他的後自由主義神學思維，在邏輯上與後現代所提倡的「不可通約性」和「找不到普遍眞理」的原則是相一致的。從根柢來說，不同語言文化系統下，即有不同的宗教語言，既然都不同，就不可能會有相同的經驗。例如，佛教的「慈悲」沒辦法在基督宗教的「愛」當中找到一個相稱的語言學定位，慈悲只能在佛教這個文本脈絡下去瞭解，愛也只能夠放在基督宗教的文本脈絡下去詮釋，若將不同文本脈絡的東西混爲一談，是沒有意義的，只會犯下範疇錯置的謬誤。〔註82〕於是，林貝克提出「文本內性」的概念，強調「語言」在所有人類經驗當中所扮演的重要角色，語言是一種溝通的符號，是經驗形成的基礎。〔註83〕對林貝克來說，語言是先於經驗的，因此非常自然地，他把宗教看做是一種「語言學框架」。〔註84〕林貝克採取的是一種文化—語言學（cultural-linguistic）〔註85〕的進路，認爲人的經驗並不

〔註82〕林貝克「〔拒絕承認〕所有的人和所有的宗教會有著共同關於上帝的內在經驗。不可能有經驗的共同核心，因爲……由宗教激發的經驗和他們所在的詮釋系統是同樣多采多姿的。不同的宗教追隨者，並不是以相同的方式去闡述相同的經驗，相反的，他們有著不同的經驗。佛教的慈悲、基督教的愛……法國大革命的博愛，他們並不是對於唯一且基本的人類意識、情緒、態度或情感所引發的不同表現，而是體驗和面對自我、鄰里和宇宙完全不同的方式。」參見：George A. Lindbeck, *The Nature of Doctrine: Religion and Theology in a Postliberal Age*,（Philadelphia: Westminster Press, 1984）, p. 40.

〔註83〕George A. Lindbeck, *The Nature of Doctrine: Religion and Theology in a Postliberal Age*, p. 34.

〔註84〕*Ibid.*, p. 33.

〔註85〕林貝克發現神學家和哲學家之間有三種理解宗教的方式：（一）命題—認知的（propositional-cognitive）進路，凡是眞的東西都可以由思想和詞來把握，具有眞理的適切性。林貝克認爲這種瞭解宗教的方式，忽略了自身的認識能力是有限的，是不可能掌握與命題相符的眞理的；（二）經驗—表現的（experiential-expressive）進路，認爲我們主要通過自己的經驗、感情或是意識到的內容來理解神聖的問題，經驗是先於表達的，也就是先有感情、經驗，才創造出詞。林貝克認爲這種瞭解宗教的方式，遺忘了甚至是沒有意識到文化語言系統並不是跟著經驗之後的，語言應該是先於經驗的，甚至建構我們的經驗；（三）文化—語言學的（cultural-linguistic）進路：這就是林貝克所提倡的方法，他認爲宗教可以被看作是一種決定全部生活和思想的語言學框架或中介，我們的宗教經驗實際上是在自身信仰語言系統的框架裡被描述出來的，與傳統宗教神學「相信符應宗教眞理」或「以宗教經驗爲核心」的思維截然不同。參見：保羅‧尼特著，王志成譯，《宗教對話模式》，頁 228～230。

是無端端地出現，而是藉由語言所建構起來的生活環境，人才能夠有一套價值觀，從而對周遭種種做出判斷。我們的判斷並不是完全自主、或直接可以經驗到；沒有人能夠憑空想像，正確的來說，我們是在不同語言、不同文化環境的薰陶下，而有了不同的價值觀。林貝克更進一步地說明：每個宗教都提供了一個整體的框架、一個規則，並且對整個世界有一種普遍的看法，特別體現在教義上。每個宗教的信仰者，都可以採用屬於他自己宗教的望遠鏡去觀看這個世界，理解這世上千奇百怪的萬事萬物，雖然在自己宗教的語言系統當中，具有同一性與普遍性，但這僅僅是在自己的系統當中才能夠成立。那麼，如果每個宗教都能夠提供一個接受一切的觀點，但又不能完全被另外一個更加終極的觀點所採納，這便是代表根本沒有一個宗教會讓自己被另外一個宗教所接受，或是被另外一個宗教所詮釋，因為那樣的詮釋在「文本內性」的概念基礎上，犯了範疇錯置的謬誤。〔註86〕林貝克更認為，對於一個高度文本化的基督宗教來說，文本內性更加重要，其宗教的連續性，其實是倚靠著不斷閱讀「聖經」此文本，並在此文本內建構信仰。〔註87〕若將文本內性此種觀點置放在宗教交談的脈絡下來看，會有什麼樣的結果呢？林貝克認為自己的後自由主義的思維可能會缺少熱情來與他人交談，因為他並不宣揚所有的宗教都有一個共同的目標，不管是形上學的、神學的、或是倫理實踐的，雖然看起來是個弱點，但從另一方面來說，可以提供給宗教交談一個基礎，讓進行交談的宗教間，不會武斷地宣稱他們自己能夠瞭解所有宗教的核心，因此同時也是一個優點。雖然林貝克的觀點並不為宗教交談帶來熱情和同情，但「並不排除為宗教間的討論與交談，提供一個強而有力的基礎。」〔註88〕林貝克實際上是技巧性地以「文本內性」維護自身「唯獨聖經」的路德宗信仰，〔註89〕若要更苛刻地從後現代的眼光來看，文本內性是不可

〔註86〕保羅・尼特著，王志成譯，《宗教對話模式》，頁232。

〔註87〕George A. Lindbeck, "Barth and Textuality, " retrieve June 12, 2006, from **Princeton Theological Seminary, Theology Today**: http://theologytoday.ptsem.edu/oct1986/v43-3-article5.htm

〔註88〕George A. Lindbeck, **The Nature of Doctrine: Religion and Theology in a Postliberal Age**, p. 55.

〔註89〕林貝克忽略了「整個基督宗教的歷史，就是一個從自身之外不斷豐富及更新的歷程。聖誕節、復活節和許多的基督教節慶，不是都有一個不屬於基督宗教的起源嗎？難道沒有希臘的傳統，基督宗教能夠有當前的信理神學嗎？一個活的有機體，難道不是和周遭環境一道生存而共同存在的嗎？」參見：Henri Tincq, "Eruption of Truth: An Interview with Raimon Panikkar," **The Christian**

能向內封閉而單獨存在，因為文本本身是在「互文性」（inter-textuality）中彼此相互參照而成。同樣被認為是後現代神學家的特雷西（David Tracy, 1939～）認為，文本（特別是宗教聖典）含有一種「他性」（otherness），即海德格所說的「開顯—遮蔽」（disclosure-concealment）的特性，吸引、要求詮釋者去注意，並且具有極度穩定（意義持久）與極度不穩定（意義過剩）的兩極。書寫出來的文本特別會有一種距離感，會主動要求詮釋者去重新詮釋它，使自己不斷暴露在持續修正的詮釋活動中，一直延續被不同時代的人接受，也不斷被更新、甚至替換。事實上，文本內性從來就沒有封閉過，文本本身內裡的「他性」不斷吸引詮釋者去重新詮釋它。〔註90〕特雷西與林貝克不同，他從詮釋學的角度，對交談抱持著較為樂觀的態度。我們可以看到，同樣秉持後現代立場，卻對宗教交談可能有不同的態度：從積極面來說，真正的宗教交談建立在真正的差異性上，因為路徑迥異，才有交談的機會，更因為目的地截然不同，才可以由此差異加深自己的信仰；然而，從消極面來看，既然完全相異、不可通約，交談似乎也變得沒有那麼必要，因此可能對宗教交談抱持被動的態度。

在前文簡略介紹西方「符應」、「連關」、「開顯」與「後現代」四種不同的認識進路及其可能發展出的交談模式時，雖然每一個認識方法皆以一個例子來做說明，然而筆者並不是要做一對一符應的對照，僅是為了使理論及其可能發生的問題更加顯明，〔註91〕並且進一步提供可供反省的基礎。〔註92〕

Century, Vol. 117, Issue 23,（2000.8）: 834.

〔註90〕特雷西（David Tracy）著，馮川譯，《詮釋學、宗教、希望——多元性與含混性》（Plurality and Ambiguity: Hermeneutics, Religion, Hope），（香港：漢語基督教文化研究所，1995），頁 23～30。

〔註91〕其實，交談模式與認識方法一樣，實際上比本論文的分類與對應更加複雜，彼此之間相互包含與補充。甚至，從不同的角度來看，同一個神哲學家的思想，也可能被歸類到不同的模式當中，如：拉內的匿名基督徒，陳德光於〈宗教交談基礎綜合反省〉一文，將其歸類為由「連關的認識」出發而造成的包容主義；然而，武金正於〈宗教交談與真理觀〉一文，則是將其歸類為由「開顯的認識」而造成的包容主義。另外，以希克為例，希克的支持者認為他是屬於多元主義，然而也有學者識其設定終極實在（Ultimate Reality），是創造另一具有帝國主義的新宗教，因此應被歸類於「包容主義」或稱「兼併主義」。參見：武金正，〈宗教交談與真理觀〉，《輔大宗教系二〇〇〇年宗教交談研討會論文集》，頁 40～43、47～49；陳德光，〈宗教交談基礎綜合反省〉，黃懷秋等著，《宗教交談：理論與實踐》，頁 159～160。

〔註92〕武金正，〈宗教交談與真理觀〉，《輔大宗教系二〇〇〇年宗教交談研討會論文

實際上，筆者認為上述的四種認識方法及其可能發生的交談模式，彼此之間雖必須區分，卻又不是斷裂互斥的。

首先，雖然因為一對一的「鏡式」認識，符應的認識方法容易導致封閉排他的思維，甚至在宗教交談的實境中，產生置換他人宗教的狀況；然而，另從詮釋學的角度來看，符應認識的結果卻不盡然是負面的，因為此結果能夠為理解和詮釋主體提供「特殊」的視域，也就是理解的可能性。〔註93〕其次，反過來說，「特殊」的視域，就是意指其為「侷限」的觀點，在此時連關的認識方法，提供一種更開放的態度，進一步「關注事物自身」，並配合「語言行動」，在交談中盡力認識真理的不同面向，達到一種視域融合的共識。〔註94〕再者，視域融合的結果，是否有可能就此形成一種絕對、僵化、不動、另外一個超越絕對的視域呢？開顯的認識方法，則提醒我們真理在不同時空，可能會有不同的顯現，也就是說，現象所表達出來的僅是部分而已，即便我們能夠如實地瞭解所有的現象（更何況事實上經常受到侷限），真理本身在時空中的顯現，雖彰顯了自身，但同時也隱蔽了自身。〔註95〕因此，開顯的認識方法，提醒我們要以更謙遜的態度來面對真理，也使得連關的認識與語言行動有了前趨的動力，故而視域融合的願景才得以成立。最後，後現代認識方法，則是從語言文化的面向，更清楚地提醒交談中可能具有的侷限性，它指出認識主體甚至語言，都是鬆散無特定意指的，只是相互參照的表達而已，各個不同的語言文化系統，所具有的是「不可通約性」，於是激進地反對鏡式符應的認識與背後作祟的同一性；然而，另外一方面來說，明確地指出彼此的差異，提供了交談的可能性。

不同的認識方法在交談的脈絡中，都具有各自的侷限性，但同時也具有對其他認識方法的反省與批判。因此，為了要瞭解自己認識活動所可能具有的侷限性，我們必須加以區隔這四種認識方法，保持其批判的態度；然而，在交談的實境中，四種認識方法，實際上又相互包含與相互補充。

二、從「圓頓止觀」義理綱維看宗教交談

前已討論，不同的「認識方法」會造成不同「交談模式」。「圓頓止觀」

　　集》，頁50。

〔註93〕同上著作，頁44。

〔註94〕同上著作，頁33。

〔註95〕同上著作，頁35。

作爲一種認識「諸法實相」的方法,也與諸法實相所具之「對」「等」基礎相呼應,面對「一」與「多」的問題,能夠在當下的認識,同時全面觀照「平等性」與「差異性」。此處將藉由前所討論之「符應」、「連關」、「開顯」與「後現代」的認識方法,突顯天台「圓頓止觀」對「一」與「多」問題的解釋,並提供宗教交談另一面向的思維。以下分爲兩個部分來討論:第一部份,說明兼顧「對」與「等」的中道認識論;第二部分,說明「交談」當體即是圓頓止觀的實現。

(一)兼顧「對」與「等」的中道認識論

前一章討論天台佛學「諸法實相」義理時,在「相對種」的討論中,確立了現象的「多」不會銷融爲簡單的「一」,卻又因著「性具實相」的原理,當體「相即」於實相,呈顯了同一實相的性質;而後因著「諸法即實相」的內涵,得到了一個適合宗教交談的平台,這個眞理平台既「對」且「等」。「對」呈現出的是千差萬別的現象,也就是「多」;「等」說明的是千差萬別的現象皆性具實相,也就是「一」。因此,從諸法實相的角度來看,不同宗教能夠在宗教交談中保有各自的差異,卻又因當體與實相相即,所以同時能夠在平等的立足點上保持其平等性。既然作爲眞理的「諸法實相」可以提供宗教交談一個「融攝一多」並「既對且等」的基礎,那麼依著「諸法實相」而施設的「圓頓止觀」又如何從認識活動當中,同時肯定「平等性」與「差異性」呢?以下試從「符應」、「連關」、「開顯」與「後現代」四個不同認識進路來與「圓頓止觀」做對比思考。

首先,與「符應的認識」來做對比。「符應的認識」,是屬於「一」對應「一」的認識方法,肯定命題與客觀事實的相應。命題若與認知中的客觀事實相違背,那就成爲一個謬誤的命題,就算事實是變化的,只要與認知相違背,那麼它還是「非眞」。天台佛學強調一切現象皆因條件具足而成立,當條件一改變,自然現象也就有變化;依著「假諦」而起的千差萬別現象是流動的,並可以在十法界、百法界當中相互轉入。明顯地,圓頓止觀不是屬於「符應」的認識方法。

其次,與「連關的認識」來做對比。「連關的認識」,是屬於將「多」納爲「一」的認識方法。它是因著主體的意向性,把不同的客觀事物連貫成一系統,此系統雖兼具了一致性與開放性,但認識的主體仍具有其超驗優先的地位;客觀現象的「多」還是納進主體意識的「一」。天台佛學「三智一心中

得」或「三觀一心中照」的命題，將一切現象全收攝於「一心」，看似屬於「連關的認識」，不禁讓人懷疑「一心」是否佔有優先的地位？其實那只是就「修行便利的層面」來論，而與「連關認識」中主體具有「存在的優先性」不同。雖然「心」即「實相」，其實「三千諸法」任舉一法也皆具「實相」。若更進一步澄清，天台佛學特別強調「色心不二」，若沒有「認識的對象」，「認識的主體」與「認識的活動」俱不存在，三者之間的關係同時並存，並沒有任何一造具有時空、順序的優先性。因此，圓頓止觀也不是屬於「連關」的認識方法。

再者，與「開顯的認識」來做對比。「開顯的認識」，也是隱含著於「同一性」中，將「多」納為「一」的認識方法。開顯的認識方法看到符應與連關兩種認識的限制，認為做為「在世存有」的人，雖藉由世界、歷史中的具體經驗和事物來認識真理，但同時也被侷限其中，認識真理但也同時被蒙蔽，不能完全把握真理。雖然，開顯的認識瞭解到現象與本質不能夠拆開來看，兩者是互依互存的關係，然而似乎優先預設了與真理的「同一性」，最終也可能傾向獨霸的一元論。圓頓止觀若如實認識三千諸法任一法，皆可當體直接與實相相契，因此任一差別現象當體全是真理，並不只是部分的真理而已；但從另外一個角度來看，各個法界又各具自己的「十如是」而有千差萬別，本質與現象之間的「同一性」並不凌駕於「差異性」之上。因此，若細緻來分析，圓頓止觀並不是屬於「開顯」的認識方法。

最後，與「後現代的認識」來做對比。「後現代的認識」即是對「鏡式符應的認識」與背後作祟的「同一性」的嚴厲批判，因此它轉向專注於「差異性」的彰顯，盡其所能地鬆動過去因「同一性」而建立起的種種結構。真理在後現代的詮釋下，具有更多元化的呈現，但卻有著可能落入相對主義的危機。圓頓止觀依著假諦，有了千差萬別的現象呈現，具有絕對的差異性，然而並不是因此就形成散落的多，各差異現象又當體相即於實相，內在的同一性並不被抹滅。從圓頓止觀的脈絡下來看，只有現時全體觀照「同一」與「差異」，真正的「平等性」才能被彰顯出來。因此，圓頓止觀亦不是屬於「後現代」的認識方法。

無論是「符應的認識」、「連關的認識」、「開顯的認識」或「後現代的認識」，皆在「一」與「多」之間擺盪：「符應的認識」所形成的不是「絕對的一」就是「絕對的多」；「連關的認識」雖然比靜態的「符應認識」開放，但

是，最後主體仍是「同一」佔據優先的位置，「多」在「一」當中被統合，且「一」具有優先性；「開顯的認識」將「眞理」放在優先位置，次於眞理的「經驗現象」能夠顯出眞理，但同時也遮蔽眞理。因此眞理的「一」優先於現象的「多」；「後現代的認識」致力於呈現絕對的「多」。

所以，「符應的認識」可能造成「一元論」的帝國主義，或與「後現代的認識」一樣傾向彼此互不相干的「絕對的二元論」；而「連關的認識」與「開顯的認識」均造成「過程性的二元論」，「多」可能終將被吞噬爲「一」。是故，以上四種認識方法，在不同程度上，皆與「交談」所要求的「對」「等」基礎有所扞挌。然而，如果從「空」、「假」皆方便的角度來看（空觀是爲了對治錯認假有爲實有；假觀是爲了對治錯認眞空爲頑空），四種認識方法便如同前所提及，彼此之間相互包容、相互補充，在此可以理解爲「相互對治」；換句話說，雖然這四種交談模式皆不完全具有對等的交談基礎，然而卻可以彼此相互補足，趨向更能夠兼容「相對差異」與「平等立基」的認識方法。

回到圓頓止觀的內在思維來看，因爲「圓頓止觀」是依著「諸法實相」而起的認識方法，所以也就依著「諸法實相」的「空諦」、「假諦」與「中諦」，施設「空觀」、「假觀」與「中觀」三種不同的認識進路。「空觀」的認識，觀照諸法畢竟空寂，「多」收攝於「一」；「假觀」的認識，觀照現象於條件具足時，於「一」成立「多」；「中觀」的認識，觀照「諸法實相」非空非有、亦空亦有，「一即是多、多即是一」。如前所述，實際上，三觀即是一觀、一觀即是三觀，「圓頓止觀」藉由三個不同面向，如實「對」「等」地觀照「一多相即」的諸法實相，也因此兼具「對」與「等」的交談基礎。

（二）「交談」當體即是圓頓止觀的實現

「宗教交談」英譯爲 inter-religious dialogue，而中文「交談」這個詞就是對應英文「dialogue」這個單字。「交談」（dia-logue）根據英文字首（prefix）字根（root）的原則，可以分成字首的「dia」及字根「logue」，在中文正好可以與「交」和「談」對應起來；「dia」具有「交」、「相互」或「穿透」的內涵，「logue」（logos 邏各斯）則具有「談」、「語言」、「思想」的意義。那麼，從字詞上的分析來看，如何能「穿透語言」並「相互交流彼此的思想」，似乎便成了「交談」的重點工作了。另外，若宗教交談是一個觀察不同宗教現象，並且詮釋自身與他人信仰的活動，交談本身即兼具了胡賽爾（Edmund Husserl, 1859～1937）現象學（Phenomenology）中所著重的「中立性」（*Neutralität*）與高達美（Hans-Georg

Gadamer, 1900～2002）詮釋學（Hermeneutics）中不願抹煞的「歷史性」（*Geschichtlichkeit*）。〔註96〕回歸到天台佛學的角度來看,「圓頓止觀」既然在舉手投足間就已具足萬法,「交談」作爲三千諸法當中的一法,其義理哲思應能對於「交談」意義的探討有所回應。以下將從「空觀」、「假觀」、「中觀」三個面向的內涵詮釋「交談」,於各個面向當中,再以「交談中自我的理解」、「交談中使用的語言」與「交談中彼此的共識」〔註97〕爲基本框架做更進一步的探討。

　　「空觀」具「貫穿義」,因爲一切「活動」、「事物」、「名稱」、「意見」、「現象」等,沒有獨立存在的本質,皆因條件具足而成立,都將歸於畢竟空寂;如「dia」具有「穿透」的意涵一樣,「空觀」的目的就是要「穿透」、「貫穿」任一「物質」（色）或「精神」（心）型態的現象,如同現象學「置入括弧」的功用,強調不被意識型態左右而保持其「中立性」。因此,「空觀」於宗教交談的脈絡當中,在「交談中自我的理解」、「交談中使用的語言」與「交談中彼此的共識」等三面向具有「貫穿」的意義:其一、致力通透自身宗教信仰的內涵,但卻應抱持著一種謙遜的態度,不狂妄地宣稱自己已全然瞭解眞理,因爲宣稱自己已全然瞭解眞理時,此相稱的眞理已經被客體化、絕對化,自身宗教有可能因而成爲一種僵化的意識型態;其二、因語言本身具有遮蔽性,不一定能夠清楚詮釋彼此的含義,若交談雙方能不被語言所滯,使用語言又同時穿透語言,保持語言的開放性,那雙方便不會妄下定論,進而彼此能夠互相傾聽;其三、若交談的結果,產生了彼此對眞理的共識,並形成相互理解的共融視域,雖然這是在「我」與「你」的關係之下產生的,但若武斷地認爲藉由「我」與「你」交談而有的共識即能把握眞理,此時這個原本開放的交談又成了一個新的封閉個體,或成爲另外一種新的意識型態,所以應該要繼續貫穿,嘗試使交談繼續開放,讓「他者」參與,成爲交談中另外一個「你」。

〔註96〕參見:武金正,〈宗教交談——基本面向〉,黃懷秋等著,《宗教交談:理論與實踐》,頁 16～20;武金正,〈宗教現象學——基礎性之探討〉,《哲學與文化》28 卷 6 期（2001 年 6 月）:498;Louis Dupré, "Phenomenology of Religion: Limits and Possibilities," *Religious Mystery and Rational Reflection: Excursions in the Phenomenology and Philosophy of Religion*,（Cambridge: Wm. B. Eerdmans Publishing Co., 1998）, pp. 3-18.

〔註97〕關於「交談中自我的理解」、「交談中使用的語言」與「交談中彼此的共識」三個討論框架對於宗教交談的重要性,請參見:武金正,〈宗教交談——基本面向〉,黃懷秋等著,《宗教交談:理論與實踐》,頁 26～32。

「假觀」具「方便義」,雖然一切現象畢竟空寂,但條件具足時,「假名」還是具有切合當下因緣的意義;如「logue」具有「語言」或「意義」的內涵一樣,「假觀」的目的就是要正視其言說當下所具的方便呈顯,如同詮釋學中不抹滅自身傳統定位而強調「歷史性」一般。因此,「假觀」於宗教交談的脈絡當中,在「交談中自我的理解」、「交談中使用的語言」與「交談中彼此的共識」等三面向,具有「方便」的意義:其一、確立自身宗教信仰的內涵,在己身信仰眞理精義的基礎上,傾聽時代的訊息,依因緣轉化信仰的表達模式,找出適切當下的方便法門;其二、交談雙方應盡力學習瞭解彼此生活世界的共通基礎,在語言表達中不斷確認彼此的論域;其三、在交談中,尊重雙方的歷史脈絡並相互詮釋,進而豐富彼此固有文本,達到視域融合的效果。

「中觀」具「中道義」,吾人一舉手、一投足,無不皆具實相,即空即假即中,非空非有、亦空亦有,即是「中道」;如將「dia」與「logue」合起來看,即成「dia-logue」,也就是「交談」,意即雖如「空觀」一般隨時保持對意識型態的批判,貫穿語言、思想,但同時也像「假觀」一樣,因著時代的訊息而施設種種方便與不同的表達型式。「中觀」於宗教交談的脈絡當中,在「交談中自我的理解」、「交談中使用的語言」與「交談中彼此的共識」等三方面整合了「空」、「假」二觀的認識,而具「中道」的意義。惟此「中道」亦是方便之說,實際上是即空即假即中,舉一即三;同樣地,雖交談當下即具「貫穿義」及「方便義」的面向,「交談」其實也只是相對於「已固化而不交談的意識型態」而說,因爲若「交談」本身成爲一種強制性的規範或終極目的,「交談」便不再是「交談」,而只是一種「以交談爲名」的意識型態。

總而言之,「空觀」具有「貫穿義」,可以對治交談中僵化的意識型態,如同胡賽爾現象學「置入括弧」的作用,強調其「中立性」;「假觀」具有「方便義」,可在生活世界爲彼此找到定位,並學習能夠相互瞭解的語言,如同高達美詮釋學中不願意否定的「歷史性」,進而達到視域融合;「中觀」具有「中道義」,不偏「貫穿義」(意識型態成爲靈活運用的語言而具『方便義』),同時也不偏「方便義」(時時對意識型態做出批判而具『貫穿義』),同具現象學所注重的「中立性」與詮釋學不願抹滅的「歷史性」。因此,採取不二中道認識進路的圓頓止觀,也稱爲「中道正觀」。另外,「交談」既然是三千諸法中的一法,當體即具實相,即空即假即中,因此必與以舉手投足皆具足萬法爲

宗旨的「圓頓止觀」相互呼應；也就是說，當兼顧「中立性」與「歷史性」進行宗教交談的同時，就已經是圓頓止觀的實踐。所以，在認識論層面上，天台佛學「圓頓止觀」的義理及其哲學思維，能夠同時全面觀照「平等性」與「差異性」，應可爲宗教交談提供另一面向的思考。

第三章　性具思想與宗教交談

「我深敬汝等，不敢輕慢……」接著是常不輕菩薩深深的一拜，回應常不輕菩薩的雖是杖木瓦石撲身、眾人唾罵嘻笑，菩薩卻仍是悠悠的一拜，一起一落之間，充滿無盡的悲願。〔註1〕這段優美的翦影是《法華經》卷六〈常不輕菩薩品〉中一個動人的故事，故事的主角即是釋迦牟尼佛的本生「常不輕菩薩」，主角面對一切的眾生，皆能發起無上的恭敬心，恭敬眾生皆當作佛。佛教最基礎的理念之一，即是眾生皆當作佛；面對一切眾生，發起平等恭敬心，則是宗教交談可能性的開端。本章將焦點放在天台佛學對能認識真理的主體（亦是宗教交談脈絡下的交談主體——人）之基本結構，探究天台佛學於中國佛性理論中，具有相當特色的「性具思想」。另外，嘗試進一步詮釋天台佛學的性具思想，檢視其是否能夠與諸法實相、圓頓止觀等義理一般，對宗教交談中所重視的平等性與差異性等相關問題有所回應。

智顗在《法華玄義》卷二中提到：「如經（指法華經）爲令眾生開示悟入佛之知見。若眾生無佛知見，何所論開？當知佛之知見蘊在眾生也。」〔註2〕他直接指明了眾生的底蘊即是諸佛的知見，因此才能開示悟入，與「諸法實相」相契相應；對宗教交談來說，此觀點已提供了一個絕對的平等基礎。然而在這絕對的平等基礎上，仍尊重不同法界各自的十如，彼此不相混濫，保持其差異性。智顗的性具思想，基於「三諦圓融」與「十如是」等義理，發展成更細緻的性具善惡理論，不但於中國佛性論別樹一格，更能夠爲宗教交談理論提出觀點。以下試分三節討論之：

第一節「性具的意義」：首先回顧前兩章曾經觸及「性具」概念的討論，

〔註1〕　《妙法蓮華經》卷六（T09, no. 262, p. 50, c14-p. 51, a17）
〔註2〕　《法華玄義》卷二（T33, no. 1716, p. 693, a5-7）

瞭解所有概念皆是以性具實相爲中心基礎來發展的，接著將性具實相的概念置放在佛性本具的脈絡下，讀出當中生佛互具的意涵及其對等交談的基礎。

第二節「性具善惡說」：探討以三千諸法皆具實相爲前提而引申的性具善惡說，如何能夠將佛性本具的平等概念，更進一步發展爲善惡皆爲眾生、諸佛本具，並輔以三因佛性的基本結構，使佛性平等一如的理路更細緻深刻。

第三節「性具思想與宗教交談的關係」：基於前兩節由天台佛學「性具思想」所建立的平等基礎，與天主教神學家拉內（Karl Rahner, 1904～1984）的「超驗神學人學」（transcendental theological anthropology）對比思考，兩者在交談主體「人」的基礎結構的分析中，皆肯定人具有邁向圓滿的可能。本節將探討其於宗教交談脈絡下的重要性，並提出區分宗教信仰者「隱題」與「顯題」差異性的必要。

第一節　性具的意義

本節將先依前兩章對「諸法實相」及「圓頓止觀」內在意涵的討論爲基礎，回顧先前曾觸及「性具」思想的相關討論，再嘗試讀出其中「生佛互具」的對等意義，並爲第二節「性具善惡說」提供理論基礎。因此，本節分爲兩個部分：一、分別對「性」與「具」詮釋，並讀出「性具」的內在意涵；二、將性具思想直接置放在佛性本具的脈絡下來理解，並進一步從「十界互具」與「六即」等命題，讀出天台佛學「性具思想」所擁有的宗教交談意識。

一、性具思想的內在意涵

第一章有關諸法實相的討論中，筆者曾從宇宙生成論的角度討論「性具實相」的意義，智顗駁斥了與其同時代的「心生一切法」或「緣生一切法」等觀點，主張宇宙諸法並不是由某一個具有實存意義的實相所派生出來的，更不能夠將諸法與實相做斷裂性的分割，諸法與實相雖不能分割，但彼此卻又因著同具實相十如的性質，而保持彼此之間內在的聯繫，因此有「十界互具」或「三千互具」等命題的討論。接著，第二章則從認識論的角度切入，藉由討論圓頓止觀的認識方法，呈現若要如實認識諸法實相，必須以體認法法不離三諦且彼此圓融互具爲前提，才有可能與「中道實相」相契相應。以上天台宗人的種種論述，「性具」此概念扮演了相當重要的角色。

首先，我們必須要瞭解天台性具思想的「性」為何？「性」可以置放在不同的脈絡下來解釋：其一，若「性具」之「性」指的是「本性」、「法性」，也就是指三千諸法依著「三諦圓融」及「十如是」的基礎，法法當體皆具實相，這是從三千諸法（三千諸法中包含了色法與心法）皆具實相十如性質的基礎上來說的，也可放置在不同的脈絡下來使用，如：「色具」或「心具」。其二，若「性具」之「性」特指「佛性」，其實也是立基於一切諸法皆不離中道實相來論，但更著重其在眾生修行佛法脈絡之下的作用，因此可解釋為佛性具足一切，或一切乃佛性之本具，〔註3〕而有「性具善惡」等命題的發揮。

接著，在瞭解「性」的內在意涵及不同脈絡的意義之後，性具之「具」代表的又是什麼呢？宋代知禮（960～1028）於其《觀音玄義記》指出：「只一『具』字，彌顯今宗。」〔註4〕可見「具」的重要性。「具」可以用來指稱三千諸法與實相的相互關係，這種關係具有中道的意涵，並不代表任何一端比另一端更加重要。我們在第一章曾提及：智顗借用梵文「ꣳ」字三點的譬喻，來說明此字當中的三點雖保持各自的獨立，但若少了任何一點，此字即不成立；抑或西方宗教交談學者潘尼卡所提「圓」的譬喻中，認為「圓心」、「圓周」及「圓」三者各自保有自己的位置，卻又不能相互分離的狀況。除此之外，我們還可以借用當代幾何學，來對「具」的概念做分析：在幾何學中，可以畫出無限種可能、各式各樣的三角形，他們的面積大小、邊長比例可以極度差異，然而，這些無限樣態的三角形，卻具有某些基本的共通性質，如：三個內角的總和必定是一百八十度、任兩邊的和定大於第三邊，或是面積等於底邊乘以高的一半。〔註5〕因此，若從千差萬別的三角形（諸法）的現象這一端來看，它們都同具某些本質（實相十如），任舉一三角形都具有成為其他三角形的潛能；若從三角形的基本共通性質這一端來看，若無千差萬別、不同樣態、現實的諸多三角形，則其基本共通的性質則無以顯發。由此可見，不同三角形之間（諸法與諸法）、「實現的三角形」與「三角形的潛能本質」（諸法與實相）之間，其中彼此貫通的原則即是「具」此一概念。「具」此一概念，避免了「生法」可能造成於佛法所極力駁斥的「存在優先性」相

〔註3〕 劉貴傑，《天台學概論》，（台北：文津，2005），頁122。
〔註4〕 《觀音玄義記》卷二（T34, no. 1727, p. 905, a22-23）
〔註5〕 陳堅，《煩惱即菩提——天台「性惡」思想研究》，（北京：宗教文化，2007），頁70。

關問題，更加彰顯了具足「平等性」與「差異性」的不二中道原則。

另外，「具」若作爲一種「作用」，則有「心具」與「色具」、「理具」與「事具」等相關問題衍生。「心具三千」因依著「一念三千」命題的內在邏輯延續討論，因此受到天台宗人普遍認同。然而，知禮另外又提出「色具三千」的命題，當時曾引起山家派與山外派的爭論。知禮依著湛然（711～782）的無情有性說，進一步結合天台宗的性具實相說，發展出無情色法也本具三千世間，並且爲能造能具的總體。當時有諸多的討論，然此爭論並非本論文所著重的焦點，在此不做細緻的討論。然而，依據前所提及「色心不二」與「色心相即」的觀點，我們可以瞭解，離心當然無色，同樣離色也無心，色與心彼此的關係是不二而二、彼此互具的；若我們回到理具或事具的脈絡下來看，也可以看出理與事彼此不二而二的關係。因此，無論是心具三千諸法，或是色具三千諸法，一色一香無非中道，其實皆可統攝於「性具三千」之中。〔註6〕如前所述，無論從哪一端切入討論，「具」仍作爲核心，洞悉宇宙萬象「依報與正報」、「色法與心法」抑或「自己與他人」並非斷裂關係，當然，再次強調，同時也保有彼此的差異。

歸結以上討論，從「性具」的角度來觀看，宗教交談所重視的「平等性」與「差異性」已可同時兼顧。至於「性具」的概念如何在現象與本質的脈絡當中運作，以及如何如實地認識「性具」（瞭解如何認識諸法實相，其實就是在瞭解「性具」的概念）等問題，在前兩章「諸法實相」與「圓頓止觀」的部分，亦已分別從眞理觀與認識論的層面做過一番討論，於此不再贅述。但值得一提的是，宗教交談當中所重視的「平等性」（一）與「差異性」（多）等相關問題，「性具」能夠在眞理觀層面從不二中道的角度，提出了一即是多、多即是一的回應；另外，在認識論層面則是提出一種不二中道的認識進路，來如實地觀照諸法實相。然而，對於宗教交談的主體「人」，天台佛學如何從「性具」的角度，來面對交談主體間的「平等性」與「差異性」呢？以下，我們將繼續討論。

二、生佛互具的對等基礎

前已論及，性具之「性」，指的是法性、眞性、佛性，雖然同指「中道實

〔註6〕 劉貴傑，《天台學概論》，頁134。

相」，但在不同的脈絡之下，仍然可以有不同的稱呼。因此，若將其置放在眾生修行佛法的脈絡之下，即可稱為「佛性」，「性具」即可解釋爲佛性具足一切，或一切乃佛性之本具。〔註7〕眾生實爲學習並邁向覺悟之路的佛，佛乃是覺悟且圓滿具足福慧的眾生，所以「性具」此概念，即扮演著聯繫「眾生」與「佛」的關鍵角色。在討論天台佛學「生佛互具」的命題之前，我們要先瞭解中國佛教學者對於「眾生皆有佛性」的相關說法，其中最具代表性的，莫過於晉宋之際提倡「闡提皆能成佛」的竺道生（不明～434）。

　　佛教自漢末傳入中國之後直到晉朝，幾乎所有的中國佛教徒，都依法顯（約337～422）所翻譯的六卷《泥洹經》，認爲佛性是至妙至善，修行累劫有成、累盡自顯，但一闡提人因爲善根斷盡，不具佛性，故難成佛。然而，晉宋之際竺道生講述此六卷《泥洹經》時，卻主張人人本有佛性，因此受到當時中國佛教界的圍攻，甚至認爲竺道生所言爲邪說。竺道生主張：「夫稟質二儀，皆是涅槃正因，闡提含生之類，何得獨無佛性？蓋是此經度未盡耳。」〔註8〕雖是孤明先發之卓見，然而卻遭排擠，直到《大般涅槃經》翻譯出來後，才確認竺道生的見解沒有錯誤。此後「眾生皆有佛性、闡提皆能成佛」的觀念，開始被中國佛教廣爲接受。竺道生以「體法爲佛」和眾生「本出於佛」兩個概念爲基礎，認爲一切眾生皆當作佛。竺道生在《大般涅槃經集解》提到：「夫體法者，冥合自然；一切諸佛，莫不皆然；所以法爲佛性也。」〔註9〕這是在解釋，佛即於諸法之中，並不是另外有一個超越的目標讓修行者去攀緣，其實，法即是佛，因此如果真要談體證，就是反璞歸真與自然相契相冥。因此，竺道生所提到的法，並不是一個永恆不變的實體，而是不生不滅的實相。更重要的是，竺道生又將此「體法爲佛」的觀念運用到眾生與佛的關係，並提出「凡夫所謂我者，本出於佛。……理者是佛，乖則凡夫；於佛皆成眞實，於凡皆成俗諦也。」〔註10〕這是在說佛性是眾生之本性、本體，眾生是佛性的體現，肯定一切眾生皆有佛性。因此，竺道生更清楚地指出「闡提皆能成佛」，他認爲闡提雖然不具信、斷善根，但卻本具佛性。所以，闡提具有佛性，只是煩惱業障使其無法澈見自己的佛性而已，然而有朝一日只要藉助一定的條件，一樣能夠契入佛道。同樣地，

〔註7〕　劉貴傑，《天台學概論》，頁122。
〔註8〕　《宗鏡錄》卷八十（T48, no. 2016, p. 860, a6-8）
〔註9〕　《大般涅槃經集解》卷五十四（T37, no. 1763, p. 549, a29-b1）
〔註10〕　《大般涅槃經集解》卷二十一（T37, no. 1763, p. 464, a27-b1）

天台佛學也對眾生本具佛性的概念抱持肯定的態度，智顗在《法華玄義》說：

> 如經（指法華經）爲令眾生開示悟入佛之知見。若眾生無佛知見，
> 何所論開？當知佛之知見蘊在眾生也。〔註11〕

這是說《法華經》是爲了要讓眾生契入佛的知見，然而，如果眾生本身並沒有佛性，那麼他又如何能契悟？因此智顗與竺道生同樣認爲，在煩惱業障中的芸芸眾生，自身其實已經蘊藏了佛性。如第一章討論諸法與實相的關係時所提，智顗結合了《華嚴經・十地品》中「十法界」的概念、《法華經・方便品》「十如是」的概念以及《大智度論》所提到的「三世間」建構成宇宙間的三千諸法，宇宙間的一切精神（心）、物質（色）現象，森羅萬象皆不出此三千諸法。然而，第一章係著重在現象（諸法）與本質（實相）關係的討論，此處我們則藉由其中一個子命題「十界互具」，來瞭解智顗對「生佛互具」命題的詮釋。

首先，我們必須先瞭解「十界互具」當中所說的十法界，是用來區分世間法（六凡：地獄、餓鬼、畜生、阿修羅、人、天）與出世間法（四聖：聲聞、緣覺、菩薩、佛）的別相。六凡四聖的差異，顯示了各類眾生各有因果、不能混淆，因此稱爲「界」。然而，另外還有一個區分別相的原則「十如是」（相、性、體、力、作、因、緣、果、報、本末究竟等），它一方面是區分一切法的別相，一方面也是三千諸法互具的樞紐。各個法界都有自己不能與他界混淆的十如是，然而卻都具有實相十如是的特質，都是實相的顯現，就如同本章稍早討論的，千差萬別的三角形都具有某些相同的基本性質，各法界因著這樣的內在連繫，彼此才得以互具相即。從十法界本身來看，他們彼此之間因著同具實相十如是，所以能夠相互轉化，雖有百界甚至千如（十法界互具成百法界，又各界具有各自的十如，而成千如。）的差異性，但各界即空即假即中，當體全是與實相不二，因此智顗在《法華文句》卷三中說：

> 約十法界者，謂六道、四聖，是爲十法也。法雖無量，數不出十。
> 一一界中，雖復多派，不出十如。如地獄界，當地自具相、性、本
> 末，亦具畜生界相、性、本末，乃至具佛法界相、性、本末，無有
> 缺減。〔註12〕

接著，智顗在《法華玄義》卷二，更清楚指出「一法界具九法界，名體

〔註11〕《法華玄義》卷二（T33, no. 1716, p. 693, a5-7）
〔註12〕《法華文句》卷三（T34, no. 1718, p. 42, c29-p. 43, a5）

廣；九法界即佛法界，名位高；十法界即空即假即中，名用長。即一而論三，即三而論一，非各異，亦非橫亦非一，故稱妙也。」〔註13〕一法界即具九法界，更重要的是九法界即是佛法界，這就把其他九法界拉到了與究竟的佛法界同一高度，對執迷的眾生進行一種絕對的肯定，更彰顯了心、佛、眾生三無差別的核心價值。當然，心、佛與眾生並非是全然絕對的「一」，同時也保持了彼此的「差異性」。在《摩訶止觀》當中，智顗更對某些認為「法華十如」權實二分的觀點做出批判：

> 有師判法華十如，前五如屬凡是權，後五屬聖為實。依汝所判，則
> 凡無實，永不得成聖；聖無權，非正遍知。此乃專輒之說，誣佛慢
> 凡耳。〔註14〕

從上面的引文中，我們可以更清楚地看到，智顗認為：若權中無實，則凡無從成聖；若實中無權，則佛非究竟、不能通達一切。如果我們把佛界與其他九界切割開來，一方面錯誤認知了佛的真意，另一方面則輕慢了其他九界眾生本性當中所具有的佛性。智顗意識到，眾生可能會認為佛果遙不可及，無法發起修行的信心而「高推聖境、非己智分」，〔註15〕也可能認為既然本具佛性、當下現成，故不需修行並造下種種惡事，甚至「起增上慢、謂己均佛」。〔註16〕因此，智顗引用佛典將眾生區分為十界，以及依據十如是、十界互具的理念，將凡夫修證至佛的過程分為六個不同的階段，稱為「六即」（又稱六即菩提、六即佛）：

> 若無信，高推聖境，非己智分；若無智，起增上慢，謂己均佛；初
> 後俱非，為此事故，須知六即，謂：理即、名字即、觀行即、相似
> 即、分真即、究竟即。〔註17〕

「六即」為：（一）「理即」、指的是一切眾生於性理上無論是知或不知、修或不修，皆本具佛性，佛性在聖不增、在凡不減，是修行的基本起點，前所提及的種種論述，皆立基於理即佛進行；（二）「名字即」、雖然眾生本具佛性，但因為闇昧不明，雖日用而不自知，所以若能從善知識或佛典經論聽聞佛法，便可藉由名言來證悟菩提；（三）「觀行即」、進一步將所瞭解的佛法落實於日常生活當

〔註13〕《法華玄義》卷二（T33, no. 1716, p. 692, c11-14）
〔註14〕《摩訶止觀》卷五（T46, no. 1911, p. 53, b6-9）
〔註15〕《摩訶止觀》卷一（T46, no. 1911, p. 10, b10-11）
〔註16〕《摩訶止觀》卷一（T46, no. 1911, p. 10, b11）
〔註17〕《摩訶止觀》卷一（T46, no. 1911, p. 10, b10-13）

中，知行合一，體悟眾生本來即佛；（四）「相似即」、透過觀行，並且獲得六根清淨，斷除了見思、塵沙二惑，漸漸與實相相應，接近正覺；（五）「分證即」、真正進入聖位，自此之後無明分分破、法身分分現；（六）「究竟即」、徹底斷除無明惑，本具佛性完全開顯，契入圓滿無礙的境界。

　　雖然智顗將凡夫至佛六個階位的修行劃分得如此清楚，然而這六個階位卻又不離佛性、不離實相、彼此相即。如《大乘止觀法門釋要》卷一中所說：「平等則六而常即；差別則即而常六。」〔註 18〕我們可以用月亮來做譬喻，雖然從初一到十五，有盈有虧，然而卻只是同一月亮，由此顯出其平等性；但若從另外一個角度切入，雖是一個月亮，卻因爲因緣時節的不同，有初一到十五盈虧的差異性。智顗對於「六即」的設立以及「十界互具」命題的處理方式，雖然都是環繞著佛教修行來討論，卻也觸碰到了當代宗教交談中「平等性」與「差異性」等核心問題；事實上，「六而常即」以及「十界同具實相」確立了交談當中的「平等」基礎，另一方面「即而常六」及「十界各有十如」則是保持了交談當中的相對「差異」。本節我們先以「性具」爲基礎，而後論及「生佛互具」，且從中看到了宗教交談所需並重的「平等性」與「差異性」。據此，天台佛學「生佛互具」的思想在人（宗教交談主體）的層面，應可提供宗教交談一個既「對」且「等」的理論基礎。

第二節　性具善惡說

　　上一節已回顧前二章關於「性具」思想的論述，並從「眾生本具佛性」及「六即」的立場來說明生佛互具的對等基礎。本節將繼續討論智顗如何由《大品般若經》所提的三因佛性，與其師慧思「性具染淨」的思想，進一步闡發眾生本具三因佛性，並說明在「緣因」及「了因」層面才有善惡可言，又於「正因」層面泯除善惡，使得眾生修行成佛有本，諸佛廣開方便有理。藉此，更進一步爲宗教交談所著重的平等性，提供更穩固的理論基礎。本節分爲兩個部分：一、眾生本具三因佛性：討論智顗如何統合當時中國佛教界對於佛性「本有」及「始有」的爭論，並結合三諦圓融思想，來闡述三因佛性；二、性中即具善惡：藉由性具善惡思想的討論，進一步使得天台佛學的平等思想更加深刻。

〔註18〕《大乘止觀法門釋要》卷一（X55, no. 905, p. 598, a14）

一、眾生本具三因佛性

中國佛教界對「眾生皆有佛性」的思想，雖然絕大部分抱持著肯定的態度，然而還是有不同的詮釋和理解：有學者抱持「本有說」與「悉有性」的態度，這是從「因」的這一端來看，一切眾生本來就具有佛性，因此皆當作佛；另外，有些學者則是抱持「始有說」與「當果義」的態度，這是從「果」的這一端來看，指的是眾生迷時無佛性，悟後始有佛性。〔註19〕一如智顗在生法問題上，對地論師與攝論師的批判與融合，他在佛性的議題，依著三諦圓融的思維結構，並援引《大品般若經》的「三因佛性」說，提出了融合並創新的理論。智顗在《法華文句》卷十〈釋常不輕菩薩品〉中說：

> 佛性有五：正因佛性通亘本當；緣了佛性種子本有，非適今也；果性（菩提性）、果果性（涅槃性），定當得之，決不虛也。〔註20〕

這是說，正因佛性貫通本當、貫通因果；緣因佛性、了因佛性，是本有之因；果性、果果性，則是當有之果。這五佛性已經對「本有」或「始有」各據一邊的說法做了融攝。除此之外，智顗又以三因佛性（正因、了因、緣因）及三果佛性（法身、般若、解脫），從「本因」及「當果」兩個角度，更清楚地來論說眾生具有佛性。

首先，若從「本因」的角度來看，佛性具有三因，分別是：「正因佛性」、也就是前所提及的法性、實相，就像是土中所藏的金礦；「了因佛性」、是指能夠認識正因佛性的覺智，就像是能夠清楚知道金礦所在的智慧；「緣因佛性」、則是能夠使得了因佛性如實認識正因佛性的功德善根，就像是將雜草穢物清理、開發金礦的助緣。更重要的是，智顗指出此三因佛性皆是非常非無常，是眾生本具的：

> 云何三佛性？佛名為覺，性名不改。不改即是非常、非無常。如土內金藏，天魔外道所不能壞，名「正因佛性」；了因佛性者，覺智非常非無常，智與理相應，如人善知金藏，此智不可破壞名「了因佛性」；緣因佛性者，一切非常非無常，功德善根資助覺智，開顯正性，如耘除草穢、掘出金藏，名「緣因佛性」。〔註21〕

再者，若從「當果」的角度來看，佛性具有三果（三德），分別是：「法

〔註19〕賴永海，《中國佛性論》，（台北：佛光文化，1997），頁145～155。
〔註20〕《法華文句》卷十（T34, no. 1718, p. 140, c9-11）
〔註21〕《金光明經玄義》卷一（T39, no. 1783, p. 4, a2-9）

身德」、指的是已將本具的法性、實相完全展現出來的狀態,也就是以法性爲身、證得佛性的正果;「般若德」、指的是能夠認識正因佛性的覺智,完全澈悟通達,證得般若之德、菩提之果;「解脫德」、指的是以功德善根爲因而修行,證得解脫之德、涅槃之果(相對於菩提之果來說,涅槃之果爲果之果,因此稱果果),智顗在《觀音玄義》解釋說:

> 「法身」滿足即是非因非果「正因」滿,故云:隱名,如來藏;顯名,法身,雖非是因,而名爲正因,雖非是果,而名爲「法身」。《大經》云:非因非果名佛性者,即是此正因佛性也。又云:是因非果名爲佛性者,此據性德「緣」「了」皆名爲因也。又云:是果非因名佛性者,此據修德緣了皆滿,「了」轉名「般若」、「緣」轉名「解脫」,亦名菩提果,亦名大涅槃果果,皆稱爲果也。〔註22〕

緊接著,智顗又指出,雖然眾生所本具的佛性,可以分爲三因、三果來論述,然而實際上彼此是不縱不橫的,他說:「佛性通於因果,不縱不橫。性德時,三因不縱不橫;果滿時,名三德。故普賢觀云:大乘因者,諸法實相;大乘果者,亦諸法實相。」〔註23〕我們可以看得出來,佛性本是貫通因果,眾生修行從諸法實相出發,最後歸於諸法實相。在此我們不禁會問,既然諸法實相三諦圓融、彼此互具,佛性就是諸法實相,那麼三因、三果,是否也是同樣的狀況呢?我們可以從智顗「眞性軌」、「觀照軌」及「資成軌」等三軌(軌範)來說明,他說:「眞性軌即是正因性;觀照軌即是了因性;資成軌即是緣因性。」〔註24〕又說:「眞性軌得顯,名爲法身;觀照得顯,名爲般若;資成得顯,名爲解脫。」〔註 25〕以上是說,在「眞性軌」的部分,隱即是正因性、顯則是法身德;在「觀照軌」的部分,隱即是了因性、顯則是般若德;在「資成軌」的部分,隱即是緣因性、顯則是解脫德。因此,三因佛性又稱「性德三軌」,三德又稱「修德三軌」。智顗又直接指出「三軌」即是「空」、「假」、「中」三諦:

> 明圓教三法者:以眞性軌爲乘體,不僞名眞,不改名性,即正因常住,諸佛所師謂此法也……觀照者,祇點眞性寂而常照,便是觀照,

---

〔註22〕《觀音玄義》卷一(T34, no. 1726, p. 880, c20-27)
〔註23〕《觀音玄義》卷一(T34, no. 1726, p. 880, c27-p. 881, a1)
〔註24〕《法華玄義》卷五(T33, no. 1716, p. 744, c12-13)
〔註25〕《法華玄義》卷五(T33, no. 1716, p. 742, c15-16)

即是第一義空。資成者，祇點真性法界，含藏諸行無量眾具，即如
來藏。〔註26〕

「真性軌」即是中諦第一義諦，「觀照軌」即是空諦第一義空，「資成軌」即
是假諦如來藏。既然諸法實相之空、假、中三諦圓融互具，那麼三軌依著三
諦圓融的基礎，彼此自然也是圓融互具的，因此智顗說：

佛性者，亦一、非一、非一非非一。亦一者，一切眾生悉一乘故，
此語第一義諦；非一者，如是數法故，此語如來藏。非一非非一數
非數法不決定故，此語第一義空，而皆稱亦者鄭重也。祇是一法亦
名三耳，故不可單取不可複取，不縱不橫而三而一。〔註27〕

如果三軌彼此圓融互具，那麼三因（性德三軌）與三德（修德三軌）當然也
如同空、假、中三諦一般是圓融互具、彼此相即的，他接著說：

本末等者，性德三軌冥伏不縱不橫，修德三軌彰顯不縱不橫。冥伏
如等、數等、妙等，彰顯如等、數等、妙等，故言等也；亦是空等、
假等、中等。〔註28〕

　　總而言之，智顗在性具實相的基礎上，對於佛性從因至果、從性到修、
從隱到顯、從本到末，同時做了系統性的區分，也交代了它們雖然各個階段
有所差異，實際上卻如同空、假、中三諦一樣，彼此圓融互具。從因至果，
我們可以看到正因、了因、緣因等三因佛性，若彰顯出來後，即成法身、般
若、解脫三德；從性到修、從隱到顯，我們也可以看到三因與三德，因同與
真性軌、觀照軌與資成軌等三軌相即，隱時即是三因佛性（性德三軌），顯時
則是三德（修德三軌）；智顗更指出三軌即是三諦，三諦既是圓融互具，自然
無論因果、性修，抑或是隱顯，皆由「本」至「末」究竟等。智顗處理佛性
相關問題的方式，一方面使得修行者有所依據，不妄自菲薄，但另一方面也
讓修行人瞭解必須要經過修行體證，才能夠將本具的性德彰顯出來，不僅解
決了當時佛教界對佛性「本有」或「始有」的爭辯，也建立了一套更加清晰
的佛性理論系統。

　　若從宗教交談的脈絡來看，一切眾生若本具佛性，未修之前即有三因，
那麼無論是否為佛教信仰的實踐者，統統皆應放在與佛教信仰者同一立基來

〔註26〕《法華玄義》卷五（T33, no. 1716, p. 742, b27-c6）
〔註27〕《法華玄義》卷五（T33, no. 1716, p. 741, b17-23）
〔註28〕《法華玄義》卷五（T33, no. 1716, p. 744, a15-18）

看，這樣便展現出平等性。然而，三因佛性是所謂在「隱」的「性德三軌」，佛教信仰者不致於因爲與其他非佛教信仰者同一水平而棄佛法如敝屣，因還是必須經過修證，最後才能與諸法實相相應，成爲在「顯」的「修德三軌」。因此，佛教信仰者在面對宗教交談的處境時，因爲同具在隱的「性德三軌」，一方面可以平等尊重一切與之會晤的交談主體（如：信仰不同宗教的人）。同時，將不致對自身信仰的立場產生混淆不清、妄自菲薄，並藉由宗教交談的場域，檢討、深化自身的信仰，致力於使「性德三軌」顯發爲「修德三軌」的種種修行法門。

二、性中即具善惡

前已討論智顗如何細緻地處理「眾生皆有佛性」、「闡提皆當作佛」的命題。接著，他站在性具實相、實相即佛性的基礎，繼續在三因佛性的架構下，更進一步發展出「性具善惡」思想，意指三千諸法既然皆具實相，無論是善法或惡法都具實相，那麼反過來說，實相具善也具惡，若佛性即實相、實相即佛性，性具善惡也是理所當然的。前面的章節已經交代「三千諸法皆具實相」與「佛性即實相」等命題的論證，現在則集中討論「性中如何具善也具惡」？惡與善的關係爲何？

傳統佛學一般認爲佛性純善無惡，天台宗卻主張佛性不但具有善性，並且還具有惡性。智顗的性具善惡思想，可以源自其師慧思，慧思在《大乘止觀法門》卷二中提到；

> 所言如來藏具染淨者，有其二種：一者性染性淨；二者事染事淨。
> 如上已明也。若據性染性淨，即無始以來俱時具有；若據事染事淨
> 即有二種差別：一者，一一時中俱具染淨二事，二者始終方具染淨
> 二事。〔註29〕

智顗秉承慧思「性具染淨」的思想，並結合三因佛性，提出正因佛性非染非淨、捨離善惡，而緣因及了因佛性則具染淨、有善惡。智顗說：

> 問：緣了既有性德善，亦有性德惡否？
> 答：具。
> 問：闡提與佛斷何等善惡？

───────────────

〔註29〕《大乘止觀法門》卷二（T46, no. 1924, p. 647, c10-15）

答：闡提斷修善盡，但性善在；佛斷修惡盡，但性惡在。〔註30〕

智顗直接指出：從性德上來看，緣因佛性與了因佛性，既具善也具惡。一闡提人雖然斷盡一切的善根，也就是說不修種種的善行，拒絕修善，然而，其因地善性未曾有毀（雖斷修善，不斷理善）；對於大圓滿覺的諸佛，雖然斷絕一切惡事，但仍然本具性惡（雖斷修惡，不斷理惡）。因此，諸佛與眾生皆性具善惡，在「性具」或「性德」的層面上來看，無論是佛或他界眾生，皆平等一如，智顗以竹中有火性來譬喻：

祇惡性相，即善性相；由惡有善，離惡無善。翻於諸惡，即善資成。
如竹中有火性，未即是火事，故有而不燒，遇緣事成，即能燒物。
惡即善性，未即是事，遇緣成事，即能翻惡。如竹有火，火出還燒
竹。惡中有善，善成還破惡，故即惡性相是善性相也。〔註31〕

竹中有火性，只是因為沒有遇到能夠引燃的助緣而無法燃燒，但並不代表竹子當中沒有火性，火事即是顯火性，而火事不起也不抹滅當中的火性，就如同佛與闡提性中具善也具惡。然而，對於善惡的關係，其實也只是一個相對的假名狀態，離惡則無善，離善自然也無惡。我們可以藉由智顗下面的解釋，更加瞭解善與惡的關係為何，他說：

闡提既不達性善，以不達故，還為善所染，修善得起，廣治諸惡；
佛雖不斷性惡，而能達於惡，以達惡故，於惡自在，故不為惡所染，
修惡不得起，故佛永無復惡。以自在故，廣用諸惡法門化度眾生，
終日用之終日不染，不染故不起。〔註32〕

以上的引文除了說明「闡提不斷性善」及「諸佛不斷性惡」的命題外，當中還有兩個重要的引伸概念：「達」與「染」。「達」即通達之意，闡提因為不能通達自身本性具善，因此還能為善所染，可以用種種善法來對治惡法。然而，對諸佛來說，不只通達自身性善，也通達自身性惡，善與惡只是相對的假名而已；「染」即薰染之意，因闡提不能通達性具之理，所以不只為惡所染，也能為善所染，但對諸佛來說，不只圓滿一切善法，更因為對惡法通透澈悟，而且能夠自在地廣用諸惡法門度化眾生，雖方便善巧用一切惡法，卻不為一切惡所染。因此，智顗在處理善惡的問題上，亦如第二章提及「無明」與「法性」的譬喻一般。

〔註30〕《觀音玄義》卷一（T34, no. 1726, p. 882, c8-11）
〔註31〕《法華玄義》卷五（T33, no. 1716, p. 743, c26-p. 744, a3）
〔註32〕《觀音玄義》卷一（T34, no. 1726, p. 882, c17-22）

究竟來說，無明與法性、善與惡，皆是相對的假名概念，若無「無明」，則這個「法性」的假名自然也就不復存在了，善與惡的關係也是如此。對究竟通達的諸佛來說，也就是從正因佛性非善非惡的角度來看，善惡只是相對的假名，是度化眾生的善巧方便。然而，從緣因佛性及了因佛性的層面來看，闡提或在迷的眾生，既不通達自身善性，而廣造諸惡，但是卻因不斷性善，若遇善緣，亦能以善治惡。當然，闡提更不可能通達自身惡性，若能通達自身惡性，也就代表通達了自身善性，那就是諸佛，不是眾生、闡提了。

智顗依著性具實相的基礎，發展出性具善惡說，其目的還是為了要彰顯生佛一如的平等精神，以及強調學佛修行的必要性。闡提不斷性善，表現出眾生修行成就的可能性未曾斷絕；諸佛不斷性惡，則是超越善惡、貫通迷悟二元對立的概念，「惡」不再是消極的概念，而是諸佛不捨一眾生的慈悲表徵。若我們將性具善惡的概念置於宗教交談的脈絡下，則可顯出一個佛教信仰者，更應以平等、包容的態度去面對一切的交談對象；由此，天台佛學的性具善惡思想，又再進一步深刻地提供宗教交談平等一如、尊重差異的理論基礎。

第三節　性具思想與宗教交談的關係

「性具思想」是天台佛學對於眾生底蘊（交談脈絡下可視為「人」的底蘊）的探討，不僅在中國佛學理論上別樹一幟，對於宗教交談的理論研究，也能針對交談主體間所必須具有的「平等性」與「差異性」提出回應。本節將以性具思想的義理以及幾個重要的子命題，與一位天主教重要的哲學家拉內所建構的「超驗神學人學」做對比思考，並進一步理出性具思想對於宗教交談理論可能提供的回應。本節將分為兩個部分：一、具對等交談基礎的人學：探討拉內超驗神學人學的背景，以及能夠提供宗教交談理論建構的具體內涵；二、從「性具思想」義理綱維看宗教交談：基於前兩節對「性具思想」義理的討論，對比拉內的超驗神學人學，進一步思考宗教交談如何在「人」的基礎結構上，既可提供具平等性的基礎，又能保持不同宗教間的差異性。

一、具對等交談基礎的人學

拉內是一位新士林（Neo-Scholasticism）哲學家，也是天主教第二次梵諦岡大公會議後相當重要的神學家之一，對天主教宗教交談態度的影響極大。

拉內認為近代之前的神哲學家，不是從形上學的角度將神概念化，就是將神限制於人心靈所感受的對象，但卻鮮有從「人的整體性」（the totality of humankind）的這一面來著手，因此沒有辦法解決並開顯人與神之間互動的關係。〔註33〕因此，拉內試圖於天主教神學的脈絡中，從人出發，由下而上重新思考方法論上的問題，真正從人的整體性出發，進而思考何謂人與神之間真正的關係。拉內在《聖言的傾聽者》（*Höer des Wortes*）中提到：

> 人與神的啟示內容本來就可能有某種內在關係、某種歸依傾向，至少可以說，人對於這樣的一種啟示，本來就具有接受能力。〔註34〕

拉內回過頭來，從人的立場出發來研究，並且思考「人憑藉著自己的基本質素，為什麼對接受一種人自身所不可能達到的知識是開放著的？」〔註35〕拉內的這種方法，被稱作是「超驗方法」（transcendental method）。他以士林哲學家多瑪斯（Thomas Aquinas, 1224～1274）的知識論為基礎，輔以康德（Immanuel Kant, 1724～1804）的超驗探討、〔註36〕海德格（Martin Heidegger, 1889～1976）的存有思想以及馬雷夏（Joseph Maréchal, 1878～1944）的超驗多瑪斯主義（Transcendental Thomism）的超驗方法，建構出自己的神學人學體系。〔註37〕以下將分「超驗方法」與「形上學人學」兩個部分來介紹拉內「超驗神學人學」的背景，然後再正式進入拉內的「超驗神學人學」。

（一）拉內超驗方法的背景

　　拉內的超驗方法，可追溯到康德的「超驗哲學」與馬雷夏的「超驗多瑪

〔註33〕拉內認為天主教神學必須有一個人類學意義上的轉向，尚有其時代的背景，亦即在面對二十世紀科技與傳播迅速發達的時代背景下，人們不再重視超越界，而且人與人之間互動頻繁。在此世界新風貌下，梵二大公會議一反過去故步自封的作風，重新反省與思考教會的存在意義及如何面對世界……因此，在梵二大公會議之後，教會已更能深刻體會到：若不在世界中就不能真正實踐自己的信仰，唯有在世界中才能發現信仰的真實內容。參見：張春申，《神學簡史》，（台北：光啟，1994），頁126～136。

〔註34〕Karl Rahner, *Höer des Wortes: Zur Grundlegung einer Religionsphilosophie*, Neu bearbeitet von J.B. Metz,（München: Kösel-Verlag, 1963），p. 36；轉引自：蔡淑麗，〈卡爾・拉內形上學人類學的思想體系與方法〉，胡國禎主編，《拉內的基督論及神學人觀》，（台北：光啟，2004），頁130。

〔註35〕Karl Rahner, *Höer des Wortes: Zur Grundlegung einer Religionsphilosophie*, p. 35；轉引自：蔡淑麗，〈卡爾・拉內形上學人類學的思想體系與方法〉，《拉內的基督論及神學人觀》，頁129。

〔註36〕潘永達，〈拉內的超驗基督論〉，《拉內的基督論及神學人觀》，頁42。

〔註37〕黃錦文，〈匿名基督徒的救贖〉，《拉內的基督論及神學人觀》，頁200。

斯主義」。康德認爲人類在進行認知活動之前，必須先具備某些特定的條件，才有可能進行認知，這些條件是人類一生下來就具備的「先驗認知結構」（a priori cognitive structure），從悟性當中的先驗範疇（a priori categories）處理從客體來的「感官與料」（sense data），然後才做出判斷。認知活動當中，人因著先驗範疇，每種感官與料就像液體一樣，是無形無狀的，先驗範疇則像容器一般，本身是空的。整個認知活動，就像把液體裝進容器當中，很明顯地，液體會受到容器的限制；也就是說，人類的認知活動，會受到主體先驗認知結構的影響而有其限度，所以人只能認識現象，不能完全認識「物自身」（thing-in-itself）。〔註 38〕康德雖然處理了知識論上先驗認知結構的問題，但卻忽略了主體的存在狀況及超越活動，拉內並沒有陷入康德的窘境，他納入馬雷夏的「超驗多瑪斯主義」嘗試解決這個問題。

馬雷夏以多瑪斯的形上學知識論爲基礎，並應用康德的超驗方法，發展出「超驗多瑪斯主義」。馬雷夏認爲康德發現了認知作用的先驗條件，但卻沒有注意到多瑪斯的「形上批判」（metaphysical critique）已經能夠將康德的「超驗批判」囊括進去了。〔註 39〕多瑪斯的形上批判，先肯定存有、再反省主體；然而，康德的超驗批判，則是先反省主體、再企圖肯定存有。形上批判本身和超驗批判一樣，已經顧及到主體認知的結構，並分析其中有其先驗的條件，因此形上批判已經將超驗批判囊括進去。〔註 40〕馬雷夏認爲，康德的方法最後傾向封閉系統的原因，是因爲他沒有正面肯定理智當中「智的動力」（intellectual dynamism），若回歸到多瑪斯的用語，其實就是「主動理智」（active or agent intellect）向著存有的「超驅力」（*excessus*），主動理智因其本身內在的意向性（intentionality），會主動地向著存有，並超越有限具體的事物，把絕對存有當作是終極目標。〔註 41〕從形上學與知識論的角度來看，形上學的存有成了主體能夠認知的超驗條件，因爲主體的一切認知活動，皆以存有爲基礎。拉內循著這條脈絡繼續往下發展出「超驗神學」（transcendental theology），他認爲人的天性具有傾聽天主聖言的能力和接受恩寵的條件，換句話說，人能夠聆聽天主聖言的能力，奠基於「人」的本質結構（essential

---

〔註 38〕同上著作，頁 200～203。
〔註 39〕黃錦文，〈匿名基督徒的救贖〉，《拉內的基督論及神學人觀》，頁 203。
〔註 40〕同上著作，頁 204。
〔註 41〕同上著作，頁 206。

constitution）之上。

（二）拉內形上學人學的背景

多瑪斯的知識論形上學中，把人的理智分爲主動理智（active or agent intellect）和被動理智（passive intellect）。人的認識過程，即是主動理智藉著抽象的作用，從感官於外在事物所產生的影像中（image or phantasm）抽象出普遍的本質，並形成可理解的心象（*species intelligible*）傳遞給被動理智；在被動理智中，形成印入的心象（*species impressa*），再按著印入的心象產生表達的心象（*species expressa*）或稱爲心智的語言（*verbum mentis*）。〔註42〕人雖然經由感官去認識個別和具體的事物，但人的理智卻直接指向存有本身，因此肯定個別存有者的同時，亦隱含肯定絕對存有。此外，人被時空所限，必須經由感官經驗出發，不能夠直接認知神，但卻因著存有物與神的內在關係，當人肯定個別的、非必然的存有物時，同時也直接肯定了神的存在。〔註43〕多瑪斯認爲一切的存有物都是眞實的，凡是可能存在的東西便可能被認識。因爲每一個認知都有一個相應的對象，認知主體和被認知的客體兩者有內在的統一性（intrinsic homogeneity）；人的理智內在地與存有（認知對象）相應（*intelligibile enim et intellectum oportet proportionate esse*）。不止如此，存有和認知根本是來自同一源頭，兩者處於原初的統一之中（*cum intellectus et intelligibile in actu sint unum*），所以存有本身就是認知，認知的作用是存有者的存在自覺，而存在的自覺是主體的認知行動當中，從感性的世界完全回歸（*reditio completa subiecti in seipsum*）。在此，我們可以看出存在的自覺，與存有的結構同時產生，認知作用就是存有的自我反省，而存有者擁有的存有程度（the degree of possessing being），與回歸自我的程度相呼應。因此，拉內認爲存有學的首要命題是「存有便是認知與被認知的原初統一，我們稱之爲存有的自我呈現，存有的自我照明」。〔註44〕

〔註42〕 Frederick Copleston, *A History of Philosophy,* Vol. II,（台北：雙葉書店，1967），pp. 389-390.

〔註43〕 黃錦文，〈匿名基督徒的救贖〉，《拉內的基督論及神學人觀》，頁213。

〔註44〕 "The essence of being is to know and to be known, in an original unity which we have called the self-presence of being, the luminosity of being for itself." 參見：Karl Rahner, *Hearer of the Word*, ed. Andrew Tallon, trans. Joseph Donceel（New York: The Continuum Publishing Company, 1994），p. 33；轉引自黃錦文，〈匿名基督徒的救贖〉，《拉內的基督論及神學人觀》，頁214。

進一步來說，人生而爲人，是因爲具有如此的存有認知結構，所以能夠成爲神啓示的對象。

另外，在「人」的部分，海德格是啓發拉內很深的哲學家。康德和馬雷夏在知識論的層面對拉內有所啓發，海德格則迫使拉內思考如何將哲學落實於具體生活和實踐當中。海德格在《存有與時間》（*Sein und Zeit*）中，試圖以「存在分析」的方法，探討存有如何找尋一個確實的起點，並且由此來談存有的超越性。海德格認爲人是被拋擲入這個世界的「在此存有」（*Da-sein*），沒有任何選擇的權利，但人應該爲自己的存在選擇目的和意義，這就是超越的歷程，其終點是人死亡之時。另外，海德格的存在分析，訴說著人按其存有結構的原有特性，在時間中不斷地向前開放、自我超越。拉內將之用於具體生命與存在的層面，他在《聖言的傾聽者》所使用的「超性的存在體驗」（*übernaturliche Existential*）概念，即與海德格「存在分析」有所關連。〔註45〕

（三）拉內的超驗神學人學

瞭解拉內思想的背景之後，我們回歸到拉內超驗神學人學的方法。拉內的超驗神學人學，企圖在變動經驗中，找出恆久不變的支持因素，也就是人不變的本質結構。〔註46〕拉內認爲人是「在世的精神」（*Geist in Welt*），精神本身具有超越性，所以人具備有超越的能力，這種能力是先驗的，是內在於人存有結構中的能力，並不是在經驗當中習得。另外，拉內和傳統偏向強調精神或是肉體其中一端的方法不同，他認爲人是一整體，人既是具有肉體的精神，也是具有精神的肉體。基於人的此一整體性，人的物質部分，也就是肉體，同時參與了精神的超越活動，人的整個存有，不斷地進行超越的行動。拉內也認爲人在超越的歷程當中，無論是對某一存有者或某一行動的肯定，都只能獲得暫時的滿足感，人精神內在的超越性，不可能滿足於這種有限的肯定，因此會不斷地向上追求更圓滿的存在意義。此外，當人肯定有限存有者，或是追求有限的存有意義時，已經隱含對「絕對存有」的肯定，只有絕對的存有才能夠滿足人內在的超越活動，並達到圓滿的實現。〔註47〕

另一方面，因人的理智本有其極限，憑著理智的能力，仍然無法從類比、

〔註45〕黃錦文，〈匿名基督徒的救贖〉，《拉內的基督論及神學人觀》，頁215～216。
〔註46〕韓德瑞（George S. Hendry）著，武金正、李秀華譯，〈超驗方法：由康德到拉內〉（Transcendental Method），《拉內的基督論及神學人觀》，頁7。
〔註47〕黃錦文，〈匿名基督徒的救贖〉，《拉內的基督論及神學人觀》，頁217。

間接不完整的知識掌握到絕對存有，所以神主動向人「自我通傳」，啓示自己的「奧秘」。人在歷史時空中，只能認識神願意向人自我通傳的內容，而不是神的全部奧秘。在此，拉內從哲學的領域進入了神學的領域，結合「超驗哲學」與「神學」，在超驗人學的基礎上，用神學的角度詮釋人的超越活動。拉內認爲，歷史的人性是「已受到恩寵塑造的本性」（graced nature）。基於天主普遍的拯救意願（universal salvific will），拉內認爲所有的人已經生活在「恩寵秩序」（order of grace）當中。換句話說，人的結構即是一恩寵的結構，超性的恩寵賦予人超性的本質結構，使人能夠成爲聖言的傾聽者。因此，拉內不認爲恩寵是外加於人的「純本性」之上的，人不是被神外在的聖意所規定才趨向恩寵，如果恩寵是外加的，人本性之內就沒有對神的旨意之嚮往，若人故意拒絕恩寵或者單純缺乏恩寵，就不是一種背離、欠缺或損失了。拉內認爲，人的存有結構在人自由抉擇之前，已受到了恩寵的塑造，「恩寵」與「純本性」兩者在實存（existentially）的層面不可分割。人在歷史中的人性從來就不是「純本性」，人的存有結構於受造之時就已經受到了恩寵的塑造，本身就是一個「已受到恩寵塑造的本性」，拉內稱這種存在的狀況爲「超性存在的基本狀況」。這種超性的潛能，恆常地存於每一個人之中，無論人的自由行動（free act）或先驗的超性存在結構是處於衝突或和諧，都身處於永生天主「開放的超越視域」（open horizon of transcendence）當中。〔註48〕

　　由上可見，拉內的超驗神學人學，已經隱含了宗教交談的可能性。在拉內神學人學的脈絡之下，人之爲人，已經於其存在的底蘊蒙受恩寵，也就是人的本性是「已受到恩寵的本性」，也是一種能向神開放的超性潛能；人生來就具備這種基礎的能力，能向存有自身不斷發問，神也因此能夠向人自我通傳。換句話說，無論是信仰任何宗教、生長在任何文化之下，在拉內的超驗神學人學當中，人都具備「已受到恩寵塑造的本性」，且有傾聽天主聖言的先驗能力與傾向。因此，不管人是否認識基督，只要能夠不斷地向自身的存有發問、接受自身的存有，並且依循良心而生活，無論是明顯地（explicitly）成爲一個顯題的（thematisch）基督徒，或是隱含地（implicitly）身爲一個隱題的（unthematisch）的基督徒，其實都已經在本具的基礎結構上，分享基督的救恩。那麼，身爲其他宗教信仰者，甚至是無神論者，在拉內超驗神學人學

〔註48〕同上著作，頁 227～229。

的脈絡下，只要他們能夠依照著自己的良心命令去生活，即是「匿名的基督徒」（anonyme Christen）。宗教交談的語境中，一個基督信仰者，如能為其他信仰者提供一個平等基礎，基本上已經在自身宗教教義中，留了一個位置給對方，因此宗教交談才有其可能性。然而，拉內並未將基督信仰者與非基督信仰者完全混為一談，仍然以隱題與顯題的區隔，將未接受訓導但依循自身良心而生活的人稱為「匿名的基督徒」，一方面顯出基督徒與非基督徒的差異性，另一方面也以一種尊重的態度回應生活在不同文化、信仰不同宗教的人。另外，若將那人人具有的「已蒙受恩寵的本性」視為「一」，以及將「本性中不斷對存有本身發問的趨向」視為「向一」的運動，而將各個文化中或顯或隱的不同的宗教經驗與其回應方式，視為對存有的「多」元體驗，拉內這種由人出發從下而上、多邁向一，以及從上而下、一中含多，彼此之間相互滲透的動態交流，在其合一的根源中，展現尊重多元的可能性。〔註49〕從以上的討論歸結起來，拉內認為人的精神，具有超驗的本性及傾向，會不斷地尋找無限中的圓滿，因此肯定無論此人是顯題的基督徒或隱題的匿名基督徒，都可能會有與聖神相遇的宗教經驗，〔註50〕展現了具「平等性」的立基，而其超驗神學人學關於顯題與隱題的討論則保持了區隔不同信仰的「差異性」，這正是邁向宗教交談的根本基礎。

二、從「性具思想」義理綱維看宗教交談

前文已對天台佛學的「性具思想」及拉內的「超驗神學人學」對於「人」的基本結構及其於生活世界的定位做了討論。本段落將以此為立基，觀察宗教如何能夠從人的基本結構當中，看到對人普遍的肯定，既不失自身宗教立場，同時又尊重不同文化、不同宗教的差異性。以下分為兩個部分來論述：第一部份：說明普遍肯定全體人類具有趨向圓滿的基礎；第二部分：重視區隔隱題與顯題的差異現象。

〔註49〕 "The point of convergence between history and revelation, say, is not somewhere between the two strands as we appreciate them now（rather like a fence between neighbors）, it is constantly beyond. And yet this distant point of unity is always contained in, and intended by, these almost eternally disparate and different stances" 參見：J. Honner, "Unity-in-Difference: Karl Rahner and Niels Bohr," ***Theological Studies***, Vol. 46,（1985）: 503；轉引自：武金正，《人與神會晤：拉內的神學人觀》，（台北：光啟，2000），頁170。

〔註50〕 武金正，《人與神會晤：拉內的神學人觀》，頁171。

（一）普遍肯定全體人類具有趨向圓滿的基礎

宗教交談的可能性，最基本的要求即是能夠先爲其他宗教，尋求一個與己平等的基礎，以此出發才有可能邁向交談之路。諸多的宗教交談理論，雖皆意識到平等立基的重要，但採取的方式卻不盡然相同。然而，若能如上二節所論，從自身宗教的義理出發，尋求「人」的平等立基，或不失爲其中一條進路。也就是說，當宗教會遇之時，若能夠在自身宗教教義的理論基礎上，肯定不分宗教信仰、不分種族文化的「人」皆具有趨向圓滿的可能性，並以此作爲不同宗教信仰者的平等立基，才可能展開宗教交談之旅。若無此肯定，則可能導致認爲非我族類的宗教信仰者是「斷盡善根的一闡提」或「啓示救贖外的罪人」，那麼必定沒有任何的餘地留給宗教交談，而直接豎起排他主義的籬笆，更有可能成爲引起爭端的導火線。

天台佛學以「性具實相」爲核心，直接肯定眾生皆有佛性，此佛性即是實相。如前所說，智顗在《法華玄義》卷二，直接點出「若眾生無佛知見，何所論開，當知佛之知見蘊在眾生也。」〔註51〕又在《觀音玄義》卷一談論三因佛性時說道：「大乘因者諸法實相；大乘果者亦諸法實相。」〔註52〕智顗說得相當明白，若眾生沒有與佛共通的底蘊，佛的知見如何能顯發出來？而且，實相即佛性、佛性即實相，這共通的底蘊便是不生不滅的諸法實相，一切眾生皆本具佛性，佛性即實相，因此只要修行得力、因緣會遇，自然能澈見自己本來面目，與諸法實相相契。另外，由此延伸的子題——「性具善惡」思想，認爲斷滅善根、不信因果的闡提眾生，雖然斷一切修善，但因爲本具性善，只要因緣具足，仍然能夠修持一切善法以對治惡法。換句話說，天台佛學以性具實相爲基礎，直接在本具佛性的層面上，對一切眾生做出絕對的肯定，這對宗教交談是相當有利的；就連斷善根、造作諸惡的闡提，都能夠以此平等心觀之，更何況是想要爲眾生福祉努力的宗教交談對象呢？

拉內的超驗神學人學也有類似的關懷，首先他先肯定了「人與神的啓示內容本來就可能有某種內在關係、某種歸依傾向，至少可以說，人對於這樣的一種啓示，本來就具有接受能力。」〔註53〕拉內認爲人作爲「在世的精神」，精神本身就具有超越性，所以人具備有超越的能力，這種能力是先驗地內在於人存

〔註51〕《法華玄義》卷二（T33, no. 1716, p. 693, a6-7）
〔註52〕《觀音玄義》卷一（T34, no. 1726, p. 880, c29-p. 881, a1）
〔註53〕Karl Rahner, *Höer des Wortes: Zur Grundlegung einer Religionsphilosophie*, p. 36.

有結構中的，不斷地向存有發問、開放。他在西元一九四一年出版《聖言的傾聽者》時，將人定位爲「天生的基督徒」（*naturaliter Christianus*），後來在一九五〇至一九六〇年間，拉內才再提出前所提的「匿名的基督徒」作爲基督宗教與其他宗教交談的基礎。無論是天生的基督徒或後來的匿名基督徒，拉內在其超驗神學人學的脈絡之下，已經肯定全人類（包括一切基督徒或非基督徒）其存在的底蘊已蒙受恩寵，在人的基本結構當中就具備向存有發問的基礎能力。所以，只要是人，作爲在世的精神，無論信仰任何宗教、生長在任何文化之下，都已具備「已受到恩寵塑造的本性」，而有傾聽天主聖言的先驗能力與傾向。這種超性的潛能，無論人的「自由行動」與其「先驗的超性存在結構」處於衝突或是和諧，皆恆常存於每一個人之中。

由以上的對比與闡述，我們可以瞭解，在進行宗教交談時，若能在自身信仰的基礎上，肯定全人類普遍具有趨向圓滿的可能性，有此平等的立足點，宗教交談的第一步便跨了出去，而不致於在一開始就落入排他主義。

（二）重視區隔「隱題」與「顯題」的差異現象

若因「非信仰者」和「信仰者」在人的基本結構上，皆具有普遍趨向圓滿的可能性，便將自身的宗教與其他宗教混爲一談，那麼這不僅與宗教交談尊重差異的理念悖離，且導致齊頭平等的錯誤理解外，也使得自身宗教的基本立場全然喪失，甚至可能輕易地改宗（conversion）。雖說宗教交談本就是謙遜地將自身開放，而且本來就應認清極有可能被改變的風險；然而，冒失地、輕易地改宗，甚至可能是對原本的宗教從來就沒有深刻的瞭解，如同失根的浮萍一般隨流水飄盪，那麼宗教交談似乎也就沒有必要。因此，若不正視信仰「隱題」與「顯題」的問題，可能會邁向不可知論，導致全然否定宗教存在的意義。

天台佛學主張，眾生本具的正因、緣因、了因等三因佛性，與當證的法身、般若、解脫等三德，皆繫於眞性軌、觀照軌以及資成軌等三軌之上。三因佛性爲在隱的狀態，而成所謂的「性德三軌」；三德爲在顯的狀態，而成所謂的「修德三軌」。若放在宗教交談的脈絡下來看，一切眾生本具佛性，未修之前即具三因佛性，無論是否爲佛教信仰的實踐者，統統與佛教信仰者一般，由此展現其平等性。然而，三因佛性是所謂在「隱」的「性德三軌」，對佛教信仰者來說，應該瞭解到不能輕易將自身宗教信仰與其他宗教混爲一談，因爲眾生雖然同具「性德三軌」，但還是必須經過努力修行、實踐佛法，本具佛性才會成爲在「顯」的「修德三軌」。若從性具善惡的思想來看，也有染與不

染、達與不達的差異性。另外，如從六即的角度來看，雖然佛教信仰者與其他非佛教信仰者，在「六而常即」的面向，具有立足點上的平等；然而，若從「即而常六」的面向來看，最起碼也有「名字即」的差異性存在。因此，佛教信仰者面對宗教交談的處境時，一方面因同具在隱的「性德三軌」而能肯定一切與之會晤的交談主體，另一方面，也不致妄自菲薄、混淆不清，更由宗教交談的場域，來檢討、深化本身的信仰，並致力於能使「性德三軌」顯發爲「修德三軌」的種種修行法門。

　　拉內的超驗神學人學，運用「匿名的基督徒」的觀念，來處理此隱題或顯題的問題。他指出基督宗教團體之外，仍會有可能因著天主的救恩，已經擁有眞實的信仰，只是這樣的信仰，仍在「隱題」的狀態下，並未被明確地表達出來。隱題的匿名基督徒，因內在的先存結構以及聆聽福音，而可能發展成爲顯題的信仰，但前提是接受自我的超越性，並按著良心的命令過活，不否定自己的存有，這就是已經有了隱含的信仰。〔註 54〕

　　如此看來，宗教交談在肯定全人類皆具有邁向圓滿的可能性之後，在此基礎上，還必須要處理信仰「隱題」與「顯題」的差異性問題，不能只是一味地「合」，還得在趨向圓滿「合」的力量中，找出「分」的差異性，才不會成爲齊頭的平等，甚至喪失了自己的宗教本位。

　　以上兩個部分從「天台的性具思想」與「拉內的超驗神學人學」來討論「人的基本結構」是否有其普遍趨向圓滿的力量。從天台性具善惡思想，可以看到佛教肯定「闡提成佛」的命題，一切眾生無不具三因佛性，更可皆當作佛。拉內認爲歷史的人性在本質上已經是「受到恩寵塑造的本性」，超性的恩寵在受造時，就已經普遍地賦予人超性的本質結構，這種超性的潛能，恆常存於每一個人之中。在此我們看到一個整全宗教，應當平等待人與寬大包容，此即宗教交談的起點。另外，也要在自身信仰當中，有一明確的定位，既不否絕對方，也不模糊自身的定位，此即隱題與顯題的區隔。因此，我們可以瞭解，回到自身的宗教系統中重新思維，並不是單純的兼併主義，只想以自身信仰教義兼併他人，而應該是在自身宗教系統中，秉持平等的態度，承認人的基本結構當中有其邁向圓滿的可能性，這樣才能夠開展出宗教交談的契機。另外，能夠體認信仰隱題與顯題，則可爲自身保有主體性，並且同時尊重交談對象。如此一來，宗教交談既可肯定自身的宗教，也能尊重他人

的內在平等性。這不是天眞地化約所有宗教爲同一源頭，或是武斷地排除其他宗教信仰者，而是互爲主體的尊重。本章最後以拉內與日本京都學派的西谷啓治（Keiji Nishitani, 1900～1990）之間的對話做結：

　　西谷啓治：「我看待您是無名的禪佛教徒，您的意見如何？」

　　拉　　內：「從您的觀點，可以也該那樣做。〔您做這樣的詮釋，我感到非常榮幸——即便我不得不認爲您的詮釋於我而言是錯誤的，抑或在恰當且直接的意指之下正確地理解，成爲眞正的禪佛教徒，即是做一個眞正的基督徒。〕〔註55〕當然，在社會客觀意識層面來說，佛教徒顯然地不是基督徒，而基督徒也不是佛教徒。」

　　西谷啓治：「那麼，我們在觀點上是一致的。」〔註56〕

　　總之，宗教交談如能從自身信仰當中，爲「人」的基本結構找到普遍邁向圓滿的理論基礎，展現其「平等性」，又能同時區分信仰隱題與顯題的不同，展現其「差異性」，那麼，或許從如此具有「中道內涵」的「人學」出發，可以重新爲太快投入多元主義的宗教交談理論，建構一個穩固的基礎，也讓排外主義的宗教徒有更開闊的視野，來面對多元的社會，並由此展望宗教交談的未來。

〔註55〕原翻譯爲：「當然從您的觀點可以也該那樣做。無論我不得不說您是錯的，或者接受在如此的上下文和意向當中，的確原本的禪佛教徒與原來的基督徒是認同的，我自己感到很榮幸……」參見：武金正，《人與神會晤：拉內的神學人觀》，頁 104。爲免翻譯失眞，特錄原文如下：I feel myself honoured by such interpretation, even if I am obliged to regard you as being in error or if I assume that, correctly understood, to be a genuine Zen Buddhist is identical with being a genuine Christian, in the sense directly and properly intended by such statements... 參見：Karl Rahner, "The One Christ and the Universality of Salvation," *Theological Investigations*, Vol. 16, (1979): 219.

〔註56〕引自：武金正，《人與神會晤：拉內的神學人觀》，頁 104。

結　論

　　本論文從生活經驗中的宗教交談情境出發，理解宗教交談在當代全球化的處境中，所具有的重要性與急迫性，並體會到「平等性」與「差異性」是宗教交談理論當中的弔詭問題。筆者身為一個佛教信仰者，回過頭來向自己提問，我所信仰的佛教，素來秉持中道，它會怎麼看宗教交談？亦即天台佛學如何處理「平等性」與「差異性」兩個在宗教交談的情境中皆須並重的概念？

　　身為佛教徒的筆者最大的興趣，目前並不是去建立一個屬於自己的理論，而是想要回過頭來，探詢秉持不二中道的佛學義理中，是否能夠對平等性與差異性這兩個概念，有一個中道進路的詮釋與統合。更重要的是，筆者想瞭解中國傳統佛學，是否能夠傾聽時代的訊息，並因應當前宗教交談的議題，由此展現其柔韌性。因為宗教交談的概念並未顯明地在傳統佛學的研究中出現，所以本論文在研究範圍上，除了以中國佛學當中極具特色的天台學說為理論主軸之外，也以西方哲學所熟悉的「真理觀」、「認識論」與「人學」作為討論框架，並輔以幾個西方宗教交談理論範式來做對比。然而，在對比思考中，不做強加比附的論述，僅僅只是嘗試在不同的文化脈絡下，尋求可能會通的範圍，並進一步呈顯天台佛學所具有的不二中道交談意識。

　　本論文藉由「中道思想」貫穿西方哲學真理觀、認識論以及人學等三個範疇，以闡發天台佛學義理在宗教交談場域中可提供的哲學思維。其中，「諸法實相」是兼具平等與差異的中道真理觀，「圓頓止觀」是全面觀照平等與差異的中道認識論，「性具思想」則是具有兼顧交談主體平等與差異的中道人學。藉此研究，在宗教交談理論方面，確立佛教「即差別即平等」的不二中道立場，可以提供當前西方宗教交談理論一個佛教初步的宗教交談概念。在傳統佛學研究方

面，從對比西方宗教交談的幾個範式中，進行了具有現代意義的理解與詮釋，展現出佛學思維的柔韌性，另外，在佛法實踐層面上，此研究本身即是一個深化自身信仰的絕佳場域。

本論文最大的限制，即是直接由傳統佛學義理出發針對宗教交談理論做回應的資料少之又少。因此，本論文可以算是一個新的嘗試，無法顧全所有面向的思考，只將問題焦點放在融通宗教交談所需兼具的平等性與差異性之上。另外，筆者對學術語言的掌握，也僅僅只能處理中文、英文及拉丁文的資料，而西洋哲學原典經常使用的德文，以及研究天台佛學需要的日文與梵文，皆是筆者無法充份掌握的語言能力。更因筆者的信仰背景，故將論文的主軸定於中國佛教天台宗的幾個基本義理，並且有限度地與幾個西方宗教交談的範式做對比閱讀。幸好，現在所欠缺的，是本研究將來可以發展的立基，筆者認爲宗教交談應該有來自佛教不同宗派、更多元化的論著。甚至有朝一日，有完全由佛學義理出發的宗教交談理論出現。然而，交談似乎不該是全部準備好才出發，交談本身就是在現實種種的困難與限制下，盡其所能地將自己所瞭解的義理信實地表達出來。

回顧整個論文架構的成型、寫作的過程、資料的閱讀、向不同宗教信仰的教授請益，本身就是一場交談。筆者深刻體會到，宗教交談需要具有對生命的熱忱，還要有勇氣不斷地發問，既問別人，也問自己。

行文至此，若有人問我：「假設交談變成了另一種僵化的意識型態，你會願意放棄交談嗎？」我想，我會回答他：我將會放棄以交談爲名的意識型態，但是並不去否認意識型態在交談當中所扮演的積極角色，因爲

> 眞正的交談，不滯於交談的假名，而是以交談的法門去對治不交談；
> 眞正的交談，並不排斥意識型態，而是將其轉化爲理解可能的起點；
> 眞正的交談，當體即具中道實相，既進行宗教交談又同時實踐佛法。
> 宗教交談是一場——
> 不斷相遇、不斷延續、不斷更新
> 不斷對生命信實的過程……

參考文獻

壹、天台佛學方面

一、佛教經論〔註1〕

1. 永明智覺禪師，《宗鏡錄》，T46, no. 2016。
2. 志磐撰，《佛祖統紀》，T49, no. 2035。
3. 知禮述，《觀音玄義記》，T34, no. 1727。
4. 竺佛念譯，《菩薩瓔珞本業經》，T24, no. 1485。
5. 竺法護譯，《正法華經》，T9, no. 263。
6. 智旭述，《大乘止觀法門釋要》，X55, no. 905。
7. 智旭述，《教觀綱宗》，T46, no. 1939。
8. 智顗述，《修習止觀坐禪法要》，T46, no. 1915。
9. 智顗述，《觀心論》，T85, no. 2833。
10. 智顗說，《佛說觀無量壽佛經疏》，T37, no. 1750。
11. 智顗說，《妙法蓮華經文句》，T34, no. 1718。
12. 智顗說，《妙法蓮華經玄義》，T33, no. 1716。

〔註1〕《大正新脩大藏經》與《卍新纂續藏經》的資料引用是出自「中華電子佛典協會」（Chinese Buddhist Electronic Text Association, 簡稱 CBETA）的電子佛典系列光碟（2011 年 4 月）。引用《大正新脩大藏經》（東京：大藏經刊行會。1924-35）出處是依冊數、經號、頁數、欄數、行數之順序紀錄，例如：（T30, no. 1579, p. 517, b6-17）。引用《卍新纂續藏經》出處的記錄，採用《卍新纂大日本續藏經》（X: Xuzangjing 卍新纂續藏。東京：國書刊行會。1975-1989）、《卍大日本續藏經》（Z: Zokuzokyo 卍續藏。京都：藏經書院。1905-1912）、《卍續藏經‧新文豐影印本。1975》（R: Reprint。台北：新文豐）三種版本並列，例如：（X78, no. 1553, p. 420, a4-5 // Z 2B:8, p. 298, a1-2 // R135, p. 595, a1-2）。

13. 智顗說，《摩訶止觀》，T46, no. 1911。
14. 智顗說，灌頂記，《四念處》，T46, no. 1918。
15. 智顗說，灌頂記，《金光明經文句》，T39, no. 1785。
16. 智顗說，灌頂記，《金光明經玄義》，T39, no. 1783。
17. 智顗說，灌頂記，《觀音玄義》，T34, no. 1726。
18. 智顗說，灌頂記，《觀音義疏》，T34, no. 1728。
19. 智顗撰，《四教義》，T46, no. 1929。
20. 智顗撰，《維摩經玄疏》，T38, no. 1777。
21. 湛然述，《十不二門》，T46, no. 1927。
22. 湛然述，《止觀義例》，T46, no. 1913。
23. 湛然述，《止觀輔行傳弘決》，T46, no. 1912。
24. 湛然述，《法華文句記》，T34, no. 1719。
25. 湛然述，《法華玄義釋籤》，T33, no. 1717。
26. 鳩摩羅什譯，《妙法蓮華經》，T9, no. 262。
27. 慧思，《大乘止觀法門》，T46, no. 1924。
28. 慧遠撰，《大乘義章》，T44, no. 1851。
29. 曇無讖譯，《大般涅槃經》，T12, no. 374。
30. 龍樹菩薩造，鳩摩羅什譯，《大智度論》，T25, no. 1509。
31. 龍樹菩薩造，鳩摩羅什譯，《中論》，T30, no. 1564。
32. 懷則述，《天台傳佛心印記》，T46, no. 1938。
33. 寶亮等撰，《大般涅槃經集解》，T37, no. 1763。
34. 灌頂撰，《隋天台智者大師別傳》，T50, no. 2050。

二、今人著作

（一）專書

中文部分

1. 方立天，《中國佛教哲學要義》上、下卷，北京：中國人民大學，2002。
2. 安藤俊雄著，蘇榮焜譯，《天台學——根本思想及其開展》，台北：慧炬，1998。
3. 安藤俊雄著，釋演培譯，《天台性具思想論》，台北：天華，1989。
4. 吳汝鈞，《天台智顗的心靈哲學》，台北：台灣商務印書館，1999。
5. 呂澂，《中國佛學源流略講》，北京：中華書局，1979。
6. 張曼濤主編，《天台宗之判教與發展》，台北：大乘文化，1979。

7. 張曼濤主編，《天台思想論集》，台北：大乘文化，1979。

8. 陳堅，《煩惱即菩提——天台「性惡」思想研究》，北京：宗教文化，2007。

9. 曾其海，《天台宗佛學導論》，北京：今日中國，1993。

10. 湯用彤，《漢魏兩晉南北朝佛教史》，上海：上海書店，1991。

11. 楊維中，《中國佛教心性論研究》，北京：宗教文化，2007。

12. 劉貴傑，《天台學概論》，台北：文津，2005。

13. 劉貴傑，《佛教哲學》，台北：五南，2006。

14. 潘桂明，《智顗評傳》，南京：南京大學，1996。

15. 潘桂明、吳忠偉，《中國天台宗通史》，南京：江蘇古籍，2001。

16. 賴永海，《中國佛性論》，台北：佛光文化，1993。

17. 釋慧嶽編，《天台教學史》，台北：中華佛教文獻編撰社，1995。

日文部分

1. 石津照璽，《天台實相論の研究》，東京：創文社，1981。

2. 安藤俊雄，《天台思想史》，京都：法藏館，1959。

3. 島地大等，《天台教學史》，東京：隆文館，1972。

4. 福田堯穎，《天台學概論》，東京：文一，1955。

5. 關口眞大，《天台止觀の研究》，東京：岩波書店，1969。

英文部分

1. Chappell, David W., ed., *T'ien-T'ai Buddhism: An Outline of the Fourfold Teachings*, Tokyo: Daiichi Shobo, 1983.

2. Swanson, Paul, *Foundations of T'ien-T'ai Philosophy: The Flowering of the Two Truths Theory in Chinese Buddhism*, Berkeley: Asian Humanities Press, 1989.

（二）論文

期刊論文

1. 張風雷，〈智者大師的世壽與生年〉，《正法研究》1 期（1999 年 11 月）：152～154。

2. 楊曾文，〈關於中日天台宗的幾個問題〉，《東南文化》2 期（1994 年）：78～85。

3. 劉貴傑，〈天台宗的觀心論〉，《哲學與文化》30 卷 7 期（2003 年 7 月）：17～32。

學位論文

1. 李四龍，《智顗「三諦」思想研究》（北京大學哲學系碩士學位論文，1996），

收入《中國佛教學術論典《法藏文庫》碩博士學位論文》冊十四，高雄：
佛光山文教基金會，2001。

2. 張風雷，《智顗佛教哲學述評》（中國人民大學哲學系博士學位論文，1994
年），收入《中國佛教學術論典《法藏文庫》碩博士學位論文》冊五，高
雄：佛光山文教基金會，2001。

3. 釋見達（張成鈞），《如來藏學的中道思想與宗教對話》，四川：四川大學
博士學位論文，2005 年 3 月。

4. Ra, Lang E, *The T'ien-T'ai Philosophy of Non-Duality*, Ph.D. Diss., Temple
University, 1988.

貳、宗教交談方面

一、書籍

中文部分

1. 《教會對非基督宗教態度宣言》（Declaratio De Ecclesiae Habitudine Ad
Religiones Non-christianas: "Nostra Aetate"）（1965 年 10 月 28 日公布）

2. 王志成，《和平的渴望：當代宗教對話理論》，北京：宗教文化，2003。

3. 王岳川，《後現代主義文化研究》，北京：北京大學，1996。

4. 朱德生等著，《西方認識論史綱》，台北：谷風，1987。

5. 伽達默爾（Hans-Georg Gadamer）著，洪漢鼎譯，《眞理與方法》，上海：
上海譯文，1999。

6. 杜維明，《杜維明文集》卷五，武漢：武漢，2002。

7. 沈清松，《物理之後：形上學的發展》，台北：牛頓，1986。

8. 沈清松，《對比、外推與交談》，台北：五南，2002。

9. 卓新平，《宗教理解》，北京：社會科學文獻，1999。

10. 武金正，《人與神會晤：拉內的神學人觀》，台北：光啓，2000。

11. 武金正，《解放神學》，台北：光啓，1993。

12. 保羅·尼特（Paul F. Knitter）著，王志成譯，《宗教對話模式》（Introducing
Theologies of Religions），北京：中國人民大學，2004。

13. 哈貝馬斯（Jürgen Harbemas）著，曹衛東譯，《交往行爲理論》（Theorie des
Kommunikativen Handelns），上海：上海人民，2005。

14. 胡賽爾（Edmund Husserl）著，李幼蒸譯，《純粹現象學通論》（Ideen zu einer
reinen Phänomenologie und Phänomenologischen Philosophie），北京：中國
人民大學，2004。

15. 特雷西（David Tracy）著，馮川譯，《詮釋學、宗教、希望——多元性與

含混性》（Plurality and Ambiguity: Hermeneutics, Religion, Hope），香港：漢語基督教文化研究所，1995。

16. 馬丁・布伯（Martin Buber）著，陳維剛譯，《我與你》（I and Thou），台北：桂冠，2002。

17. 張志剛，《宗教哲學研究》，北京：中國人民大學，2003。

18. 張春申，《神學簡史》，台北：光啓，1994。

19. 理查德・羅蒂（Richard Rorty）著，李幼蒸譯，《哲學和自然之鏡》（Philosophy and the Mirror of Nature），北京：北京商務印書館，2003。

20. 莊嘉慶，《宗教交談的基礎》，台北：雅歌，1997。

21. 陳嘉映，《海德格爾哲學概論》，上海：三聯書店，1995。

22. 陸揚，《德里達：解構之維》，武漢：華中師範大學，1996。

23. 陸達誠，《馬賽爾》，台北：東大，1992。

24. 曾慶豹，《信仰的（不）可能性》，香港：文字事務，2004。

25. 雷蒙・潘尼卡（Raimon Panikkar）著，王志成、思竹譯，《宗教內對話》（Intrareligious Dialogue），北京：宗教文化，2001。

26. 雷蒙・潘尼卡（Raimon Panikkar）著，王志成、思竹譯，《看不見的和諧》（Invisible Harmony: Essays on Contemplation & Responsibility），南京：江蘇人民，2001。

27. 雷蒙・潘尼卡（Raimon Panikkar）著，王志成、思竹譯，《智慧的居所》（A Dwelling Place for Wisdom），南京：江蘇人民，2000。

28. 雷蒙・潘尼卡（Raimon Panikkar）著，思竹、王志成譯，《文化裁軍——邁向和平之路》（Culture Disarmament: The Way to Peace），成都：四川人民，1999。

29. 雷蒙・潘尼卡（Raimon Panikkar）著，思竹譯，《宇宙—神—人共融的經驗：正在湧現的宗教意識》（The Cosmotheandric Experience: Emerging Religious Consciousness），北京：宗教文化，2005。

30. 漢斯・昆（Hans Küng）著，周藝譯，《世界倫理構想》（Projekt Weltethos），香港：三聯，1996。

31. 趙敦華，《維特根斯坦》，台北：遠流，1988。

32. 劉述先，《全球倫理與宗教對話》，台北：立緒，2001。

33. 德里達（Jacques Derrida）著，伍蠡甫、胡經之譯，《人文科學語言中的結構、符號及遊戲》，廣西：漓江，1991。

34. 德里達、瓦蒂莫編（Jacques Derrida & Gianni Vattimo）著，杜小眞譯，《宗教》（La Religion），香港：道風書社，2005。

35. 賽繆爾・亨廷頓（Samuel P. Huntington）著，周琪等譯，《文明的衝突與

世界秩序的重建》（The Clash of Civilization and the Remaking of World Order），北京：新華，1999。

外文部分

1. Barth, Karl, *Church Dogmatics Vol. 1/2*, Edinburgh: Clark, 1956.

2. Copleston, Frederick, *A History of Philosophy*, Vol. II, 台北：雙葉書店, 1967.

3. D'Costa, Gavin, *The Meeting of Religions and the Trinity*, Maryknoll, New York: Orbis Books, 2000.

4. Heidegger, Martin, *Sein und Zeit*, Tübingen: Niemeyer, 1967.

5. Hick, John, *A Christian Theology of Religion: The Rainbow of Faiths*, Louisville KY: Westminster John Knox Press, 1995.

6. Hick, John, *An Interpretation of Religion: Human Responses to the Transcendent*, New Haven: Yale University Press, 1989.

7. Hick, John, *An Interpretation of Religion: Human Responses to the Transcendent*, 2nd edition, New York: Yale University Press, 2004.

8. Hick, John, *Problems of Religious Pluralism*, London: Macmillan, 1985.

9. Knitter, Paul F., *Introducing Theologies of Religions*, Maryknoll, New York: Orbis Books, 2002.

10. Knitter, Paul F., *One Earth Many Religions: Multifaith Dialogue and Global Responsibility*, Maryknoll, New York: Orbis Books, 1995.

11. Köhler, Wolfgang, *Gestalt Psychology*, New York: Liveright, 1929.

12. Lindbeck, George A., *The Nature of Doctrine: Religion and Theology in a Postliberal Age*, Philadelphia: Westminster Press, 1984.

13. Lyotard, Jean-François, *The Postmodern Condition: A Report on Knowledge*, trans. Geoff Bennington and Brian Massumi, Manchester: Manchester University Press, 1984.

14. Panikkar, Raimon, *Myth, Faith, and Hermeneutics: Cross-Cultural Studies*, New York: Paulist Press, 1979.

15. Panikkar, Raimon, *The Cosmotheandric Experience: Emerging Religious Consciousness*, Maryknoll, New York: Orbis Books, 1993.

16. Panikkar, Raimon, *The Intrareligious Dialogue*, New York: Paulist Press, 1999.

17. Race, Alan, *Christians and Religious Pluralism: Patterns in the Christian Theology of Religions*, Maryknoll, New York: Orbis Books, 1982.

18. Rahner, Karl, *Hearer of the Word*, ed. Andrew Tallon, trans. Joseph Donceel, New York: The Continuum Publishing Company, 1994.

19. Rahner, Karl, *Höer des Wortes: Zur Grundlegung einer Religionsphilosophie*, Neu bearbeitet von J.B. Metz, München: Kösel-Verlag, 1963.

20. Swidler, Leonard, ed., *For All Life: Toward a Universal Declaration of a*

Global Ethic: An Interreligious Dialogue, Ashland, Oregon: White Cloud Press, 1999.

二、期刊論文

中文部分

1. 何光滬，〈宗教之間的對話問題〉，王作安、卓新平編，《宗教：關切世界和平》，北京：宗教文化，2000。

2. 呂一中，〈中華信義神學院與現代禪宗教交談個案分析〉，《新世紀宗教研究》3卷2期（2004年12月）：130～158。

3. 沈清松，〈在批判、質疑與否定之後——後現代的正面價值與視野〉，《哲學與文化》27卷8期（2000年8月）：705～716。

4. 沈清松，〈論心靈與自然關係的重建〉，沈清松主編，《心靈轉向》，台北：立緒，1997。

5. 沈清松，〈覺悟與救恩——佛教與基督教的交談〉，《哲學與文化》24卷1期（1997年1月）：2～19。

6. 武金正，〈宗教交談——基本面向〉，黃懷秋等著，《宗教交談：理論與實踐》，台北：五南，2000。

7. 武金正，〈宗教交談與真理觀〉，房志榮等著，輔仁大學宗教學系編，《輔大宗教系二〇〇〇年宗教交談研討會論文集》，台北：輔仁大學，2002。

8. 武金正，〈宗教現象學——基礎性之探討〉，《哲學與文化》28卷6期（2001年6月）：481～504、581。

9. 陳德光，〈宗教交談基礎綜合反省〉，黃懷秋等著，《宗教交談：理論與實踐》，台北：五南，2000。

10. 陸達誠，〈台灣宗教學研究現況和發展〉，《哲學與文化》24卷1期（1997年1月）：61～65。

11. 黃錦文，〈匿名基督徒的救贖〉，胡國楨主編，《拉內的基督論及神學人觀》，台北：光啟，2004。

12. 黃懷秋，〈宗教的真偽與正信迷信之差別——從宗教對話的立場所作的思考〉，《新世紀宗教研究》5卷1期（2006年9月）：2～25。

13. 黃懷秋，〈從雷蒙・潘尼卡的多元理論說到宗教對話〉，《成大宗教與文化學報》7期（2006年12月）：1～17。

14. 潘永達，〈拉內的超驗基督論〉，胡國楨主編，《拉內的基督論及神學人觀》，台北：光啟，2004。

15. 蔡淑麗，〈卡爾・拉內形上學人類學的思想體系與方法〉，胡國楨主編，《拉內的基督論及神學人觀》，台北：光啟，2004。

16. 韓德瑞（George S. Hendry）著，武金正、李秀華譯，〈超驗方法：由康德

到拉內〉（Transcendental Method），胡國禎主編，《拉內的基督論及神學人觀》，台北：光啟，2004。

外文部分

1. Abe, Masao, "Kenosis and Emptiness," Roger Corless and Paul F. Knitter, *Buddhist Emptiness and Christian Trinity: Essays and Explorations*, New York: Paulist Press, 1990.

2. Dupré, Louis, "Phenomenology of Religion: Limits and Possibilities," *Religious Mystery and Rational Reflection: Excursions in the Phenomenology and Philosophy of Religion*, Cambridge: Wm. B. Eerdmans Publishing Co., 1998.

3. Honner, J., "Unity-in-Difference: Karl Rahner and Niels Bohr," *Theological Studies*, Vol. 46, (1985): 480-506.

4. Huntington, Samuel P., "The Clash of Civilizations?" *Foreign Affairs*, Vol. 72, No. 3, (Summer 1993): 22-49.

5. Krieger, David J., "Methodological Foundations for Interreligious Dialogue," *The Intercultural Challenge of Raimon Panikkar*, ed. J. Prabhu, Maryknoll, New York: Orbis Books, 1996.

6. Küng, Hans, "God's Self-Renunciation and Buddhist Emptiness," Roger Corless and Paul F. Knitter, *Buddhist Emptiness and Christian Trinity: Essays and Explorations*, New York: Paulist Press, 1990.

7. Lindbeck, George A., "Barth and Textuality," retrieve June 12, 2006, from *Princeton Theological Seminary*, *Theology Today*: http://theologytoday.ptsem. edu/oct1986/v43-3-article5.htm

8. Muckle, J. T., "Isaac Israeli's Definition of Truth," *Archives d'histoire doctrinale et littéraire du Moyen Âge* VIII, (1993): 5-8.

9. Panikkar, Raimon, "Religious Pluralism: The Metaphysical Challenge" *Religious Pluralism*, Vol. 5,(1984): 97-115.

10. Panikkar, Raimon, "Satapathaprajna: Should We Speak of Philosophy in Classical India? A Case of Homeomorphic Equivalents," *Contemporary Philosophy: A New Survey*, Vol.7, (1993): 11-67.

11. Rahner, Karl, "The One Christ and the Universality of Salvation," *Theological Investigations*, Vol. 16, (1979): 199-224.

12. Tincq, Henri, "Eruption of Truth: An interview with Raimon Panikkar," *The Christian Century*, Vol. 117, Issue 23, (2000.8): 834-836.

參、工具書

一、佛學方面

1. 《CBETA 電子佛典集成 April 2011》，台北：中華電子佛典協會，2011。
2. 中村元，《佛教語大辭典》，東京：東京書籍，1981。

3. 望月信亨主編，《望月佛教大辭典》，東京：世界聖典刊行協會，1961。

4. 織田得能編，《佛教大辭典》，東京：大藏出版，1954。

5. 釋會旻，《天台教學辭典》，台北：中華佛教文獻編撰社，1997。

二、哲學與宗教方面

1. Audi, Robert, *The Cambridge Dictionary of Philosophy*, 2nd edition, Cambridge: Cambridge University Press, 2005.

2. Eliade, M., *The Encyclopedia of Religion*, 15 vols., New York: Macmillan and Free Press, 1987.

3. 布魯格編著，項退結編譯，《西洋哲學辭典》，台北：華香園，1989。

4. 輔大神學著作編譯會，《神學辭典》，台北：光啓，1996。

後　記

　　這本薄薄的小書，經由碩士論文稍加添補而成，這階段性的學習成果，盡可能地保留下原本走過的痕跡。歷史，對每個交談的主體而言，也是相當重要的一環，沒人能夠憑空交談，總要有個立基，立基經常是我們自己親身經歷的每一段歷史，我們創造歷史，但同時也被歷史所形塑……

　　回想當初開始構思這篇論文的架構時，一直擔心無法將中國傳統佛學、西方宗教哲學雙邊的語言統合起來而苦惱不已。兩位不同信仰背景、領域專精不同的指導教授，異口同聲地回答我：「就讓雙邊的語言保持原樣吧！」因此，這本論文裡，可以看到不同的語言風格交錯著陳述──中國佛學義理的詮釋，就引用原典論述，盡可能地依照原典解讀；西方宗教哲學的鋪陳，則保留那有點兒外文味兒的中文翻譯。我想，這是一個正確的抉擇，在實際生活中的交談，不就是使用各自的語言，在某個議題上交流意見嗎？語言的差異、共同的生活，交織出我們生活情境裡的種種交談、對話。

　　當然，這還需要一些勇氣、還需要一些行動，讓交談發生、持續。勇氣並不意味著魯莽地張冠李戴、標新立異，更不是貿然地詮釋與之交談的對象、僭越套用。勇氣更應是誠實地面對自己，先從理解自己下手，在相對足夠的立基之上，落實於行動之中，行動必須在生活的脈絡下進行，某一刻，自然就會與相異於自己（同時也具有某種共通立基）的另一個交談主體會晤，交談於是開始。這也是這篇小文，嘗試在每一章的架構意欲呈現的氛圍，七成的佛學義理詮釋、兩成的西方宗教哲學鋪陳、一成的對比思考，為的是回歸自身秉持的信仰、文化，以確立基礎，接著嘗試理解在生活脈絡中另一個文化的思維，最後僅讓交談在有限的論域中自然發生。真實的韻味，或許只有

在此世的每個我們，各自飲水，冷暖自知。

　　薄薄的小書，有許多人的鼓勵與幫忙，劉貴傑老師、武金正神父、黃懷秋老師及許鶴齡老師，費時耗神地和筆者來回琢磨，更有尊敬的師父們在佛法上的提示，慢慢讓論文成形，最後的校對也讓許多朋友、同參們勞心、提供意見，謹獻上無限的敬意與感激。

　　這是個嘗試的過程、學習歷程中暫時的小結，缺漏舛誤難免，冀望各位先進不吝賜教。

智者大師的實相論與性具思想之研究

李燕蕙　著

作者簡介

李燕蕙 博士
學歷：德國弗萊堡大學 哲學博士
專業證照：德國 Moreno Institut Stuttgart 心理劇導演
現職：嘉義南華大學生死學系 副教授
經歷：南華大學 學輔中心主任
學術專長：海德格生死哲學、海德格與此在分析的治療哲學、釋夢詮釋學、敘事研究。
實務專長：創造性夢工作、心理劇、敘事治療、正念減壓療法（MBSR Mindfulness-Based Stress Reduction）等。基於生死關懷的動力，作者嘗試發展融合心理治療與佛教禪修的身心靈工作法，也常受邀至教育、醫療與宗教機構進行哲學與生死學相關主題之演講，並帶領以夢工作、心理劇與敘事治療為主的身心靈工作坊。

提　要

　　本論文以天台宗創建者智者大師的核心思想「實相論」與「性具思想」為主題，透過對圓頓止觀實相論與一念三千意涵的探究，試圖以當代哲學語言詮釋智者大師的心性論、世界觀與成佛觀。

　　第三章從三條進路探討實相之意旨：

　　1 從「三軌成乘」彰顯實相的佛性主體意涵。

　　2 依「十如是」闡明實相的法性意涵。

　　3 從「圓頓止觀」的修證境界，呈現「境智不二」的實相妙法。

　　第四章進而探討「一念三千」隱含的成佛觀與宗教精神：就理體言，佛與眾生同具三千之性，六凡四聖的本性並無善惡高下之差別，但佛菩薩歷經累劫修行已能「解心無染」，眾生卻因對貪憎痴煩惱不解而迷惑受纏。因此修行者需透過次第止觀與圓頓止觀的修持，才能穿透煩惱，照見真空妙有「法爾如是」的實相。

　　本文透過「六即佛」與「一念三千」的思想詮釋，彰顯天台宗「心即道場」與「當下即是」的歷程性成佛觀。無論處於何時何境，只要一念覺悟，即一念成佛。成佛的意義不在達到究竟圓滿的彼岸，而是在當下存在處境中「轉煩惱為菩提」的念念自覺歷程。

目

次

序　言

　　選擇智者大師做為論文題目，原初，是懷著壯濶的研究「野心」的。

　　智者大師的才華慧識，在中國佛教史上，實屬最上乘。一方面融攝魏晉至南北朝諸家學說，以立教判，又對於實踐觀行提出深刻獨到的見解。吾人尤感佩者，為大師一生求道始終不停留于某一層次的滿足——大蘇妙悟，瓦官說法，其慧解辯才已冠蓋當世，尚能捨下已有的慧見，再入天台山，從禪觀頭陀的修行中，突破過去的境界，再創晚年圓融的實相觀。這是一位「求道者」最重要的特質，也因如此，大師為中國佛教史上創發力最充沛者之一。

　　然以一年未到的時間，要研究大師那般浩瀚的著作，只能以「以管窺天」來形容了。如今已寫完論文，吾人只能擲筆三歎，再假我數年功夫，方能說智者於萬一。對自己這拙樸的「初作」，只將之視為研學之路的初步學習，若將呈諸智者大師之前，大師定要喝斥一聲：自觀心去！

　　謝謝聖嚴師父與慧嶽法師，在百忙中抽空指導。也感謝這一段研撰期間，曾予我意見與協助的多位師友，希望來日尚可寫出較為成熟的研究著作，於慧學的弘揚略盡微薄之力！

第一章　緒　論

第一節　論文綱要

　　本論文以天台宗創建人——智者大師的思想為研究主題。以其思想體系宏濶精深，不能全面具述，故探其核心，以「實相論」與「性具思想」兩大論題統貫其說。實則實相論乃性具思想的形上基礎，性具思想乃實相論的落實與進一步開拓，兩主題前後貫通，前潛後彰，不可分割。

　　文分六章：

　　第一章緒論。簡述論文綱要，研用資料、方法與本文的表達形式。

　　第二章介紹智者大師其人以及其思想淵源。

　　第三章實相論。三、四兩章為論文主體。第三章從三門述實相涵義。一、以「三軌」說佛性面。二、依「十如是」彰實相的法性義。三、「圓頓止觀」的主體修證所開實智，照不思議境，達境智不二的實相妙義。

　　第四章性具思想。承前章十如，圓融三諦的引導，述性具旨要。分四節。第一節探「一念三千」性具之義。第二節深掘性具一念心的本義。第三節論天台成佛觀的特色，在於不離九界，即染成淨。第四節略辨「性惡說」之義。因其為性具思想必涵的獨特結論。

　　第五章論智者大師思想的現代意義。

第二節　研究方法

　　研究方法包括資料的選取研判，精讀整理等過程。

在智者大師浩瀚的著作中，以《法華玄義》《法華文句》《摩訶止觀》三大部爲最要，本文即以三大部爲主要研讀資料。三大部言簡意精，不能通透明解，故與荊溪大師的注疏並讀：《法華玄義釋籤》，《法華文句記》，《摩訶止觀輔行傳弘決》。在三部之中，吾人以爲又以《法華玄義》爲最重要，因天台教理之精義，全存其中。

以時空心態之差異，讀前述諸書時，往往有如溺大海，不著其底的茫然，文字脈絡全懂，却不知它要表達的究竟是「什麼」。故再尋近人著作，以破迷津。近人泛論天台某些概念的論著雖多，能在深度廣度全面籠罩顧及且成一家之言的，唯《佛性與般若》一部。本文甚多觀念得於此書之啓發與引導。其他的中文書籍，如《天台教學史》、《天台思想論集》等四冊有關的論文，《大乘佛教思想論》、《天台性具思想論》等，均在某些觀點上曾解開一些研究時的糾結茅塞。（有關書目與作者見附錄，此不具述）

第三節　表達方式

研讀原著之後，要以自己的語言表達出所了解的，實在是一件不容易的事。在表達過程中，發覺自己不斷地在「選擇」所能連貫成論文結構的部分。因之，在那般浩瀚的資料，深湛的義理，只能說：「但取一渧」。以一年的時間要讀透智者大師經數十年的研教修行所生的慧解，這是連自己也不會相信的事。表達的歷程，除了「選擇」之外，尚不斷感覺「簡化」自己所知解的義理。總覺得說得不夠深，不夠表達自己了解的原意。其實，如果論文不是以資料堆砌成的，不是在做一件「事不關己」的知識索引，終究要在表達「被研究者」的思想歷程中，不斷呈現自己的思考與心態的。到最後，自己常在反省，寫論文這件事，究竟是以自己在註解智者大師思想，或以智者大師思想來註解自己？結論是，既然研究智者大師的動機，不只是出於純知識的興趣，是有絕大部分探索生命真相的動力在活躍著，在生命與生命間，思想與思想間，在法性實際中，必然存在著許多近似的層次與了解，否則，要了解智者大師也不可能了。相互註解，也就成爲研究思想，表達思想不可袪離的一環了。雖然如此，仍以忠於傳述大師原意爲主導。否則，論文就變成創作了！

表達的「形式」，是以智者大師著作中，能表達論文主題的精要原文爲核心，每一節每一段，均依主題擇取「引文」，以引文闡明主題。在引文原意模

糊難解時，或引荊溪注釋，或引其他研究者（古德或今人）對之貼切的分述
以資闡明。時亦以繪表助解。其他大部分，則均依自己的理解詮釋。

　　論文的「結構」，重心置於三、四兩章。前章後章有著可尋的連貫關係，
但亦可各自獨立。若散開，每一節均有一主題，以此主題爲核心，均可再成
立另一論文題目。若以「章」合說，一章有一主題，如第三章主題爲「實相
論」，第四章主題爲「性具思想」。此二主題雖可通貫互應，若要拆而爲二，
亦非不可。只是，智者大師的思想是統貫的，所有文字的表達，均只爲說他
「心中所行法門」的「觀念」原型，在融攝各家學說體系的過程中，始終以
自身契悟親證的慧識爲主，「實相」、「性具」，種種文字，終究要在探索他的
「觀念」原型中互融後消逝。吾人以爲，若眞能契悟其思想的實諦，則「說
與不說」均無所謂了。唯吾人乃初步的探索，故表達的「結構」，仍是重要的。
依於大主題（章）、小主題（節）的脈絡，才能「說」出大師「不可說」的意
思。至於表達多少，只能盡力而爲。本文結構如表：

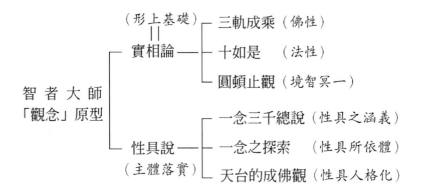

第二章　智者大師與其思想淵源

第一節　智者大師傳

佛教自漢末傳入中土，經魏晉南北朝五百年間的傳譯，解說與演變，遂於隋唐間成爲中國文化的主流。隋唐佛教的特色，在于植根中土文化的契機，形成宗派。最先成立的宗派，即是陳、隋之際，由智者大師創建的天台宗。

智者大師素有「東土小釋迦」之譽。佛教雖始創于印度，其弘揚光大，却以中國爲基地。佛陀所說的經典，經中國高僧的詮釋顯揚，再創文化生命的高峰。智者大師，即以其卓絕的慧識洞見，活潑自由的思想，融攝佛陀一代教化的菁華，下開隋唐後千年來的佛教氣運。其主要的貢獻，在于融攝來自印度的大小乘經論，依於《法華經》的旨意，以「五時八教」判攝教法的偏圓淺深，依之建立天台圓教的義理系統，並依實際的禪觀修持，安置各種禪法的次第，並建立圓頓止觀法門。教觀雙美，奠立天台宗在中國佛教史上的獨特地位。

南北朝近二百年中，佛教僧團的發展，隨著帝室貴族的提倡與壓制，而起伏不定。大致而言，南朝的漢族政府承續著魏晉的文化傳統，視佛教爲安定民心的精神力量之一，因而，也多禮敬沙門，崇仰佛法。例如齊太子蕭子良的弘護佛法，梁武帝三次捨身同泰寺等事蹟，均爲南北朝的歷史添上重要的一筆。魏晉清談的餘風，到了南朝，演化爲佛教僧人的重視義講。南朝四代的京都——金陵，即各宗派高僧薈萃的論道之地。

北朝五代，華北地區淪於胡族之手。雖五代的君主，亦以政治利用的因

素贊可佛教的傳佈，在胡族蠻悍的作風下，仍發生了兩次不幸的廢佛事件：一是北魏太武帝太平真君七年（西元446年），第二次發生於北周武帝建德三年（西元574年）。大抵言之，由於北方民風與文化的影響，北朝的佛教也傾向於實踐修禪，而輕於教理的論說探討。南方的重教輕禪，北方的重禪輕講，到了南北朝末期，由於兩方文化的日漸交流，當時的高曾也漸趨重視禪教合一，智者大師即誕生於這時代因緣中。

智者大師於梁大同四年（西元538年），誕生於荊州華容縣（今湖南省境內）。俗家姓陳，世居潁川，至東晉時代，因胡族入侵，舉家隨朝廷遷居南方。大師的父親陳起祖，曾任職於梁元帝朝中，官拜「使持節散騎常侍」，並被封為益陽縣開國侯。

據說大師之母徐氏，夢五彩香煙，聞人語曰：「宿世因緣，寄托王道」而懷大師。大師生時，光明滿室，目俱重瞳，幼年聰慧過人，七歲即能誦普門品，被譽為神童。

梁承聖三年（西元544年），江陵一帶被西魏大軍攻下，梁元帝讓位陳霸先，梁亡，陳代之統治江南。陳氏一族，也因而沒落。這一年，大師年十五，目睹家國殄喪，親屬流徙的慘狀，遂萌出家之志。不久父母雙亡，他告別長兄，投湘州果願寺，依法緒比丘出家。法號「智顗」，時年十八歲。

兩年後，受具足戒於慧曠律師處，便到大賢山，閉門精持《法華經》，《無量義經》，《普賢觀經》等三部。時遙聞光州大蘇山有慧思禪師，講經授禪，遂決意投其座下精造內典。二十二歲入大蘇山，據說慧思大師一見面，即欣喜地說：「昔日靈山同聽法華，宿緣所追，今復來矣！」可見師徒二人宿結法緣。

大師在慧思門下參學八年。初至，慧思教以「法華三昧」的修持。一日，大師誦《法華經》，至「藥王品」中：「諸佛同讚，是真精進，是名真法供養」一句，豁然開解，達諸法相。將所證白師，慧思歎曰：「非爾弗證，非我莫識，所入定者，法華三昧前方便也。所發持者，初旋陀羅尼也。」自此之後，大師智慧大開，辯才無礙，史稱這次開悟為「大蘇妙悟」。此後，慧思常命大師代講經，一日代講「大品般若經」時，慧思臨席讚曰：「可謂法付法臣，法王無事矣！」大師被譽為慧思門下，說法第一。

陳光大元年（西元567年，大師30歲），慧思避兵禍，率眾入南嶽，囑付大師到金陵弘法。大師遂同法喜等二十七人，至金陵瓦官寺駐錫。在金陵八年中，大師以他的慧解辯才，開講《法華經》，《大智度論》、《次第禪門》

等，折服了金陵各宗的高僧。於此時期，並吸收了成實論，三論師，涅槃師等各家思想，逐漸擴大圓熟承自慧思的禪法與法華的教理基礎，略具成立宗派的規模。

由於陳朝王族的尊重供養，大師的門下僧眾，日漸周旋於名利之間，學法者多，得道者少；見此弘法衰相，甚感淒涼，大師遂興隱山自修之志。陳大建七年（38 歲），大師婉拒金陵僧徒與王公的挽留，入天台山，開始第二期的修行生涯。

到天台山後，大師獨入華頂峯修頭陀行。一夜，大師靜坐修定時，忽狂風大作，魑魅千群惡形攻擊，大師但定心觀照諸法實相，湛然空寂非眞，魑魅自退。後魔復化爲父母師僧之形，悲咽流涕，動之以情，大師仍深念其眞，不爲所動，輒魔復消。經此次「華頂降魔」之後，大師的禪觀，遂轉爲「圓融實相」的妙悟。隱居天台山十年，大師的悟境與教理的融攝，均更形圓熟。

陳至德三年（西元 585 年，大師 48 歲），陳少主三旨召請大師入京弘法。大師再度至金陵，講「法華文句」「仁王般若」等經。在陳朝廷中，大師備受少主尊崇，然已看出陳朝氣運非久，定業難轉，遂於禎明二年（西元 588 年）告別金陵，前往廬山。翌年，隨軍攻下金陵，隋朝統一中國。

隋文帝統一天下後，採行以佛教輔理民情的王道政策，佛教蘊成隋唐文化主流。文帝之次子楊廣（晉王），即後來的隋煬帝，任揚州總督時，欽仰智者大師人格，遂於開皇十一年（西元 591 年），遣使迎請大師到揚州，傳菩薩戒。大師授晉王以「總持菩薩」的法號；楊廣則崇大師以「智者」之名，大師被稱爲「智者」即此爲始。

開皇十三年（西元 597），大師返故鄉荊州，於玉泉山創建玉泉寺，集眾講經，最重要者，即「法華玄義」、「摩訶止觀」二大部。十五年，復受晉王邀請，到揚州講「維摩經」，翌年，回到舊居天台山，自撰「淨名疏」。

開皇十七年，大師自知時至，口授「觀心論」，十一月二十四日，即於天台西門石城寺圓寂。時年六十。

綜觀大師一生，雖處於王公貴族的尊崇供養，十方僧眾的信仰歸服中，始終未爲名利軟賊所溺。在思想修證的開創進展，雖早年即慧才英發，始終不以爲足，在講經說法的歷程中，不斷吸收各家菁華，抉擇批判，能攝爲自家判教系統。於實踐觀行方面，早期承自慧思大師的觀禪，經過天台棲隱的苦行自證，更上層屢的深融爲圓頓實相觀。此種苟日新，又日新，不斷突破

思想的圍限，開發更深智慧禪境的努力，正是原創力最充沛的天台大師，所以能開創中國佛教磅礡氣運的主要原因。

為參考方便，列智者生平分段如下（錄自《天台教學史》頁70）：

1. 幼年時代（出生十八歲）
   - 梁大同四年（西元538年）誕生於荆州。
   - 梁紹泰元年（西元555年）出家於長沙果願寺。

2. 修學時代（20～30）
   - 陳永定元年（西元557年）受戒，入大蘇山。
   - 陳光大二年（西元568年）得法華三昧，至金陵。

3. 瓦官寺時代（31～38）
   - 陳大建元年弘法於金陵。
   - 陳大建七年。

4. 天台棲隱時代（38～47）
   - 大建七年（西元575年）隱天台修苦行。
   - 至德二年（西元584年）設放生池。

5. 晚年時代（56～60）
   - 隋開皇十五年（西元595年）至揚州講「維摩經」。
   - 隋開皇十七年（西元597年）圓寂於天台石城寺。

第二節　思想淵源略說

天台思想的淵源，古來有許多說法。[註1]依《摩訶止觀》，有「金口相承」與「今師相承」兩個系統。金口相承，即將天台宗的源流，上溯印度佛教。以印度釋迦佛付法予迦葉尊者為初祖，經阿難，商那和修到師子比丘，共二十三祖，龍樹菩薩即此系統的第十三代祖師。此系統是遠推，從中看不出與中國天台的實質關係，於是又舉出今師相承的系統，以龍樹為高祖，北齊的慧文禪師為二祖，南岳慧思為三祖，智者大師為第四祖。

今師相承的法脈，確實有義理與教觀上的依據。《摩訶止觀》卷一上記載著：

〔註1〕除「金口相承」、「今師相承」的系統，尚有一、直授相承（靈山直授系）。這是日僧最澄，在「內證佛法相承血脈譜」所記載的。二、譯主相承（羅什天台系），此乃傳教大師所立。三、九師相承。出自荆溪的《摩訶止觀輔行搜要記》。本文僅述《摩訶止觀》所列。以上可參考《天台宗之判教與發展》中，李世傑著〈天台宗的成立史要〉一篇。

> 智者師事南嶽，南嶽德行，不可思議。……南嶽事慧文禪師，當齊
> 高之世，獨步河淮，法門非世所知！……文師用心，一依《釋論》，
> 論是龍樹所說；付法藏中，第十三師。智者《觀心論》云：歸命龍
> 樹師！驗知龍樹是高祖也。

　　智者與慧思，慧思與慧文有著實際的師徒承受關係，至於龍樹，當然是從其論典的義理上，立傳承的關係。

　　慧文禪師的事蹟記載於史籍者甚少。只知他俗姓高，生於北朝魏齊之間。曾於河淮一帶，講學授禪，門下聚眾甚多，教法超於當世。慧師曾學觀心法於其門下。在天台教理的傳承中，他首先以龍樹的《大智度論》為依歸。從論中「三智一心中得」之文，發展出「一心三觀」，「一心三智」的教法。

　　慧思（西元 515 年～西元 577 年）幼具宿慧，一生奇特事蹟甚多。〔註2〕從他的思想歷程看，他以修「法華三昧」開發智慧。禪觀修行精湛，在教理上，以《法華經》與《般若經》為依。

　　智者大師在慧思門下參學八年，儘得其教觀奧旨。天台宗法華，以《大智度論》、《中論》為義理的依據，又重視禪觀修行，均於參學之時即已奠下基礎。但天台創建的主因，却是智者大師自身的才華慧力。金陵說法期的吸納各家菁華，天台棲隱十年的圓熟創發，只能說是「思想家創造時代」吧！

第三節　天台學的弘傳

一、章安大師（西元 561 年～西元 632 年）

　　天台宗的奠基與開創，完成於智者大師的講經著述。但大師生平以化導門下學教修觀為要務，講經說法的時候多，親自撰著的時候少。所以大師留傳下來的龐大作品中（據近人考據，共有四十六部百八十八卷之多），大師親撰的著作，僅屬少部分，由門人筆錄的部分佔絕大多數。其中尤以灌頂大師的筆錄整理，最為重要。

　　章安大師，字灌頂，號法雲，俗姓吳。陳嘉天二年（西元 561 年）生於臨海章安（浙江臨海縣）。幼時喪父，七歲即投禮攝靜寺慧拯法師出家。二十歲受具足戒後，遂至金陵光宅寺，聽智者大師講「法華文句」等經。其時大

〔註2〕有關慧文、慧思事蹟，可參考《佛祖統紀》卷六。《大正》四九冊頁 178～180。

師四十八歲。之後，章安追隨大師數十年，凡講經，大都由章安筆錄整理，所記者大小部共百餘卷。《法華文句》《法華玄義》《摩訶止觀》等天台三大部，均為歷數十寒暑，方才整治而成的鉅著。故佛祖統紀讚曰：「以一遍記之才筆，為論疏垂之將來，殆與慶喜（阿難）結集同功而比德，微章安，吾恐智者之道，將絕聞於今日矣！」。〔註3〕

除筆錄大師思想外，章安大師尚為天台寫「國清百錄」，把智者大師與陳、隋帝室往來的書信編輯成冊，這是研究天台早期歷史的重要資料。

章安自己尚撰「涅槃經玄義」、「涅槃經文句」，仿智者大師講「法華經」的方式，以「玄義」講解義理，以「文句」隨文釋意。在天台思想中，更融進了涅槃宗的精要。

開皇十七年（西元597年），大師接掌國清，玉泉兩大叢林，為天台宗的發展建立基地。唐貞觀六年（西元 532 年）八月七日，安祥圓寂於國清寺，壽七十二。後人崇為天台宗第五祖。

二、荊溪大師（西元 711 年～西元 782 年）

章安大師之後，經六祖智威，七祖慧威，八祖玄朗三代，天台宗僅能守成而無發展。當時，隋唐其他宗派已一一興起茁壯。如玄奘大師的慈恩宗，法藏賢首的華嚴宗，以及南能北秀的禪宗等。在此百年間，天台未能與之競爭，直到中唐，荊溪大師出，才又中興天台門庭。

荊溪大師俗姓戚，唐景雲二年（西元 711 年）生於晉陵荊溪（今江蘇武進縣），少時為儒學子弟。十七歲時，訪道江東，遇金華芳岩禪師，始涉內典。開元十八年（西元 730 年，年 20）投禮玄朗大師門下出家。法號湛然，人稱妙樂大師。

荊溪對天台的貢獻可分兩方面說。第一是注解智者大師的重要著作，並加以發揮深化，使天台的圓融理論更嚴整清晰。他為天台三大部作疏解：「法華玄義釋籤」，「法華文句記」、「摩訶止觀輔行傳弘決」。這是研三大部不能不並讀的要典。第二方面，基於天台宗的學理，對慈恩、華嚴、禪宗等提出義理的批判。慈恩宗的窺基大師，曾作「法華玄贊」，提出許多反對天台的觀點。荊溪敬以「法華五百問論」，提出辯駁反質。對賢首宗的批判，作「金剛錍」，

〔註 3〕參考《大正》49 冊，頁 187，《佛祖統紀》卷七。

尤其對華嚴的「無情無性」說，提出「無情有性」的看法。另外，於「止觀義例」中，以天台的教觀相依，暗斥禪宗的闇證無據。

經過荊溪的這番顯揚，天台教理更加彰揚。然因以「起信論」如來藏緣起的思想，解釋智者大師的性具說，也埋伏下宋代山家派，山外派的「眞心‧妄心」數十年諍執的種子。

附　註

本節參考書目如下：一、《智者大師別傳》。章安大師撰。二、《佛祖統紀》卷六〈中智者大師傳〉。三、《天台教學史》。四、《中國佛學思想概論》。五、《中國佛教史》（以上著者參考附錄）。

第三章　實相論

第一節　法華實相觀的主旨

追溯天台教理所依的典籍，如九祖荊溪所言：

> 以《法華經》爲宗骨，以《大智度論》爲指南，以《大般涅槃經》
>
> 爲扶疏，以《大品般若經》爲觀法。〔註1〕

天台教理雖融攝諸經，其豎立教判的準據，却完全依於《法華經》。智者大師以《法華玄義》立五章說法華經題，《法華文句》別釋經文，天台義旨，盡潛其中。

《法華經》的主旨，在說明三乘是「權法」，唯有一大乘，本是諸佛欲教化眾生的「實法」。十方三世諸佛道同，但欲以佛智所開顯的實相不思議境，引導眾生同「開示悟入佛知見」。換言之，實相即是諸佛經思維，修證所成的究竟佛智，所觀照的法界眞相。這法界眞相，雖「法爾如是」的如如自存，有佛無佛理體不易，却得經主觀佛智的照顯宣說，方可彰明其理。故《法華經》云：唯佛與佛乃能究盡諸法實相。

智者大師于《法華玄義》中，順《法華經》的內容，分法華二十八品爲「迹本二門」。前十四品爲迹門，後十四品爲本門。迹門主旨爲「爲實施權，開權顯實，廢權立實」。佛陀以巧妙的譬喻，說過去的三乘法，是爲接引不同根機的眾生而說。實則諸聲聞已於宿世結了法華一大乘之緣，只因迷忘本願，才退大爲小。並在法華會上，重爲諸聲聞弟子授記，預記其未來定將成佛的希望。

本門主旨爲「從本垂迹，開迹顯本，廢迹顯本」。「迹」指近迹，「本」指

〔註1〕參考《大正》四六冊，頁4520荊溪著《止觀義例》卷上。

遠本。佛陀在此婆娑世界降生成道說法的事蹟（迹），只是其永恒生命（本）的一小段示現而已。事實上佛陀的法身乃是永恒而遍在的。有永恒普遍的本相，方能機感緣應示現十方的迹相。

《法華玄義》中，標《法華經》的五章旨要爲：「以法喻爲名（妙法蓮華），實相爲體，一乘因果爲宗，斷疑生信爲用，無上醍醐爲教相」。能契悟實相之體，即能解了法華旨意。究竟「實相」真意爲何？下文先明「實相」的立名義，再分三節述其義理。

第二節　實相之立名

佛家以「緣起法」，說明宇宙萬法的生成變化。一切現象的生起，都是相依互待而成，不能獨立隔絕的存在。

緣起法，可以用「諸行無常，諸法無我，涅槃寂靜」這三法印說之，合而言之，即「一實相印」。就萬法，因果法則（緣起）與實相間的關係，《法華玄義》中比喻：

> 若譬喻明義，如梁柱綱紀一屋，非梁非柱，即屋内之空。柱梁譬以
> 因果，非梁非柱譬以實相。實相爲體，非梁柱也。屋若無空，無所
> 容受。因果無實相，無所成立。釋論云：若以無此空，一切無所作。
> 〔註2〕

就萬法（一切現象）成立的法則而言，存在著「如是因，如是果」的因果關係。再深究因果成立的依據，即是龍樹所極力闡明的「空」義。從引文中因果與實相的對顯，可看出實相與空義實爲一名。但天台的實相義，與龍樹的空義，尚有一段發展演變的歷程。天台以「空假中」解中論四句偈，這是智者大師承自慧文、慧思一心三觀，一心三智，而圓熟成的實相觀。雖可以「空」說實相的不可破壞真實性，但不可籠統忽略智者獨特開展的別義。

下面分三段，探討實相的異名與多重涵義。

一、別經實相之異名

佛陀說法，但爲令眾生同契佛智，所謂「欲令眾生，開示悟入佛之知見」。但佛所自證的實相境界，是無法言說的。雖然如此，佛陀仍依種種因緣環境，

〔註 2〕參考《大正》33 冊，頁 780，《法華玄義》卷八上。

因應千差萬別的眾生根器，說種種法門，以使眾生自我開發智慧。

因眾生根器的差異，佛說法亦別。再者，實相是一體，其體圓融、涵攝無量義，故在不同經典中、佛陀因應該經實相之功用、意義爲之定名。如果不了解「體」同而「名義」異的道理，就要執名起諍了。實相異名甚多，《法華玄義》簡說十二種：

> 實相之體，祇是一法，佛説種種名。亦名妙有，眞善妙色，實際，畢竟空，如如，涅槃，虛空佛性，如來藏，中實理心，非有非無中道第一義諦，微妙寂滅等，無量異名悉是實相之別名，實相亦是諸名之異號耳。〔註3〕

說「妙有」「眞善妙色」，是從佛所得所見立名。佛所住之境雖不離凡夫世間，但佛能見一一法的如實之相，不同凡夫執迷於所有假象，故名其所見爲妙有，妙色。

「畢竟空，如如，涅槃」，均就智證空性的寂滅不可思議說：「虛空佛性」，是從心、佛、眾生三無差別的「覺性」言。就此覺性的寂照靈知之功用，名「中實理心」。就佛性的容受萬法，名「如來藏」。從其超越有無二邊，最上無過，名「中道第一義諦」。〔註4〕

上就別部經中實相異名，略作介紹，下再看《法華經》的實相名義。

二、法華經的實相眾名

智者大師的實相觀，以《法華經》爲依據。〔註5〕落實於現實世間，即「是法住法位，世間相常住」。世間變動不居之相，即是諸佛所證常住的不改的實相。然如此說終究籠統模糊，須從經中檢出實相異名，明察其義。《法華玄義》檢列其文：

> 此經體名，前後同異者，序品云：今佛放光明，助發實相義。又云：諸法實相義，已爲汝等説。方便品廣説中云：諸佛一大事因緣，開佛知見，無上道，實相印等。譬喻品中以一大車譬一大乘。信解品中名付家業。藥草中名一切智地，最實事。化城中名寶所。授記中

〔註3〕同上，頁782。
〔註4〕同上，頁783。
〔註5〕智者所依《法華經》，即鳩摩羅什大師譯的《妙法蓮華經》，共七卷二十八品。見《大正藏》第九冊。以下均簡稱《法華經》。

> 名繫珠。法師品中名秘密藏。寶塔中名平等大慧。安樂行中名實相。
> 壽量中名非如非異。神力品中秘要之藏。妙音中普現色身三昧。觀
> 音品中名普門。勸發品中名殖眾德本。〔註6〕

以上諸名散見法華各品。智者大師在《法華文句》中，隨文解釋。以下只擇要釋意。依用立名。

序品中首立實相之名。方便品言「一大事因緣」，三世諸佛，唯以此事自行化他，故言大事因緣。「佛知見」者，因於佛智照顯實相，境智冥一，故言佛知見。「實相印」，意取正定諸法究極眞實之相。

《法華經》中，幾個著名的譬喻，均爲助顯實相之義。比如〈譬喻品〉中，長者予諸子一大白牛車，取代三車之諾言；諸子得乘是大車，遊於四方。一大車即喻一大乘法。乘一大乘，眾生可究竟入佛智地。「車體」即是實相。「信解品」中的窮子喻，窮子喻退大向小的二乘人，因守貧自囿，不知原有富貴家業。待佛爲之印證——付家業，方知開發自家助德寶藏。

「藥草喻品」以大地——一切智地譬實相。花草樹木譬權教根性，雲雨譬佛陀法音。眾生依於實相地，受法音灌溉，隨分受潤，名得生長。佛只一音，眾生所依只實相一地，漸漸修學，皆當作佛。

「化城喻品」中，佛陀指出過去小乘人所依止的涅槃，只是佛陀爲部分畏佛道長遠的修道者，示現的「化城」。待彼等無復疲倦，即捨化城，導之究竟至於「寶所」。寶所體即實相，即究竟涅槃。

繫珠喻亦指本具佛性，因不自知本具佛性而長夜輪迴，佛啓發令知，只消發掘自家寶珠，即貴同佛陀。

秘密藏，平等大慧，非如非異，秘要之藏，普現色身三昧，普門，殖眾德本等，均依實相的功用意義而立名，釋之甚長，暫且不論。

三、智者大師彰顯實相的進路

智者大師的著述中，對於實相的闡揚，以《法華玄義》的義理開展最爲精嚴。以「迹門十妙」「本門十妙」而論，門門開權顯實，開麁顯妙。權即藏、通、別三教權法。實即開決了前三教後，即權是實的「圓教」。麁即可思議次第諸法，妙即不可思議圓頓妙法。從可思議法的次第舖陳中，點化爲「當體

〔註6〕見《大正》33 冊，頁 792。

即是」的不可思議圓妙法。「實，妙」即是實相。迹本二十門，門門顯實相，門門可爲入實相門，可顯實相正體。

　　「迹門十妙」者：境妙，智妙，行妙，位妙，三法妙，感應妙，神通妙，說法妙，眷屬妙，功德利益妙。「本門十妙」：本因妙，本果妙，本國土妙，本感應妙，本神通妙，本說法妙，本眷屬妙，本涅槃妙，本壽命妙，本利益妙。迹本二十妙，各有其所詮義理，生起次第，麤妙。但迹本皆稱「妙」者，以均顯實相不思議境，《法華玄義》釋之曰：

　　　　本初照十麤十妙皆名爲實。迹權本實俱不思議。不思議即是法性之
　　　　理非古非今，非本非迹，非權非實。但約此法性論本迹，權實，麤
　　　　妙耳。〔註7〕

依引文可知，不管由本門、迹門，立權實，判麤妙，均爲顯不思議法性；法性者，實性，實相也。即「法」之性，法之性只是萬法如如本性。佛「發現」此法之性，而非「發明」。佛是經由思維，實踐的歷程，契此實相境，開啓般若慧。佛只是發現了「法爾如是」的道理，有佛無佛，法性依舊，不改不變，只是眾生不知不覺而已。若能依佛所說的文字般若，起觀照般若，則人人可證實相般若。

　　既迹本二十門，門門顯實相，則任取一門，均可契會實相之理。故先由顯體檢見其文，《法華玄義》卷八，正顯體中說：

　　　　正顯體者，即一實相印也。三軌中取眞性軌。十法界中取佛法界。
　　　　佛界十如是中取如是體。四種十二因緣中取不思議不生不滅。十二
　　　　支中取苦道即法身。四種四諦中取無作四諦，於無作中唯取滅諦。
　　　　七種二諦中取五種二諦，五二諦中取眞諦。五三諦中取五中道第一
　　　　義諦。諸一諦中取中道一實諦。諸無諦中取中道無諦。若得此意，
　　　　就智妙中簡，乃至十妙，一一簡出正體，例可知也。〔註8〕

上文中除三軌，十法界外，均屬迹門第一境妙。逆妙分爲六：一、十如境。二、因緣境。三、四諦境。四、二諦境。五、三諦境。六、一諦境。一一境各分麤妙。

　　以第三「四諦境」爲例，有四種四諦：生滅四諦，無生滅四諦，無量四諦，無作四諦。此四四諦，合四教說，即，一、生滅屬藏教。二、無生滅屬

〔註7〕同上，頁770，《法華玄義》卷七下。
〔註8〕同上，頁779～780。《法華玄義》卷八上。

通教。三、無量屬別教。四、無作屬圓教。前三種四諦是不了義，是麁法。唯無作四諦是了義，是妙法，是實相正體。但雖以無作四諦爲實相正體，無作中是已開顯前三四諦，會前三而成之無作。故麁妙非是隔絕地對照，而是融會的開麁顯妙。此「妙」方爲圓妙，是實相正體，是佛智照顯之不思議境。

　　智者大師彰顯實相之進路，既廣若是，吾人自不能一一具述。唯「條條大道通羅馬」，只要擇取重要數途，深加探討，即可管窺實相大海。

　　下面三節，即從三條進路契會實相之旨。

　　（一）以「三軌成乘」彰顯主觀佛性面。

　　（二）依「十如是」說實相的法性義。

　　（三）依「圓頓止觀」的修證，由主體的實智照不思議實相境，以呈顯「境智不二」的實相妙法。

第三節　三軌成乘論實相

一、一乘法與佛性

　　智者大師五時教判，將《涅槃經》與《法華經》同列爲第五「法華涅槃時」。天台宗法華，而以《大般涅槃經》爲扶疏，也就是以《涅槃經》充實法華宗骨之義理。

　　《涅槃經》乃佛陀臨終前最後所說經，主旨在於說明眾生本具佛性。《法華玄義》以《法華經》與《涅槃經》旨玄會，其文曰：

> 涅槃二十五云：「究竟畢竟者，一切眾生所得一乘，一乘者名爲佛性。」以是義故，我說一切眾生悉有佛性，一切眾生悉有一乘故。
>
> 今經是一乘之教，與涅槃玄會。〔註9〕

可見佛性即一大乘之依據。以「六即佛」論，眾生本具佛性，名爲「理即佛」。理即佛者，在聖不增，在凡不減。開發此理即佛性，經名字即，觀行即，相似即，分眞即，到究竟即佛，即是一大乘法的理體依據。

　　天台的成佛論，與禪宗「頓悟成佛」的簡樸風格比較，顯然較爲層次分明，進階有序。藏通別圓四教，各有其從凡入聖的階次。就圓教而言，依《瓔珞經》分爲五十二位：十信，十住，十行，十迴向，十地，等覺，妙覺。這

〔註9〕參考《大正》33 冊，頁803，《法玄》卷十上，教相第五。

五十二位，乃是六即佛的精確分位。簡言之，雖佛性人人本具，但各自開發本具般若德慧的程度，却有淺深之別。從究竟佛智看這差別，實際上即平等無差，《法華文句》言：「如來能知，差即無差，無差即差」。但因無明之垢薄，執障的淺深，才有凡聖位次的詮顯。《法華玄義》迹門第四明位妙中釋曰：

> 眞如法中無詮次，無一地二地。法性平等，常自寂然，豈應分別初後始終？良由平等，大慧觀於法界，無有若干。能破若干無明，顯出若干智慧。約此智慧，無始無終。〔註10〕

由上引文可知，以眞如本性，平等法性而言，是無初無後，無始無終的。佛契此如實境，以平等大慧觀法界，自亦不分別凡聖。但，如從凡夫的立場、仰望圓滿佛地，畢竟尚有一段長遠的歷程，此歷程之分段乃因於迷悟的境界，迷深則爲下位，迷淺則慧深。因此迷悟分階位，故智者大師云：

> 然平等法界，尚不論悟與不悟，孰辨淺深？既得論悟與不悟，何妨論於淺深？雖明法界平等，無説無示，而菩薩位，終自炳然。〔註11〕

六即佛，五十二位，均昭顯一大乘法之意義，亦均顯諸法實相，引《普賢觀》之語：

> 大乘因者，諸法實相，大乘果者，諸法實相。

要了解實相涵義，終不能不從佛性談起。佛性唯一，分説「三因佛性」，依三因佛性，以導論三軌成乘正題。

二、三因佛性玄會三軌

何謂「佛性」？這是個古來即頗受爭論的問題。吾人在此不加評論，但依智者大師原意解説。智者大師的佛性觀，以《涅槃經》爲依據，以一佛性，分三而説。〔註12〕在《法華玄義》中，曾與他宗論辯「佛性有無」的問題，節錄其要：

> 如我先於摩訶般若中，説我與無我，其性不二。不二之性即是實性。實性之性即是佛性。如此遙指，明文灼然，何意言非？

〔註10〕同上，頁470。《法玄》卷五下。
〔註11〕同上，頁732～733。《法玄》卷五上。
〔註12〕唯識系，眞常心系，般若系，各有其獨特的佛性觀。智者大師的佛性依涅槃經立，唯融攝於自家體系中。本文但依智者本意説，不論其他。

又涅槃佛性，祇是法性常住不可變易。般若明實相實際，不來不去
即是佛無生法。無生法即是佛。二義何異。故知法性實相即是正因
佛性。般若觀照即了因佛性。五度功德資發般若，即是緣因佛性。
此三般若與涅槃三佛性，復何異耶？〔註13〕

上文以三般若會通《涅槃經》三佛性，以般若明實相實際，明辨佛性早載於
經文，非後人增添旨意。

正因佛性即法性實相。法性實相即萬法的真實性、真實相。萬法包含有
情，無情；不管有情眾生或無情器世間，其實性均名法性實相。正因佛性雖
即有情之法性說，但此佛性等同法界，是遍十方三世不滅不易的。

般若觀照即了因佛性，五度功德資發般若即緣因佛性。般若觀照及佛性
體所具的本有慧力，雖具本有智慧，尚須「緣」遇修行中開，由落實於現實
生活時空，修五度功德，方能資發般若慧。因此，「了因佛性」乃「覺力」，「緣
因佛性」則依於「覺力」所生之「覺用」。反過來說，覺用亦可資成覺力的開
發。

牟宗三先生在《佛性與般若》中，解釋三因佛性，以緣了二佛性是主觀意
義的佛性，是「覺佛」。正因佛性則為「法佛」，非主觀意義地存在著。〔註14〕
法佛是靜態自存而不動，須得從「了因，緣因」二覺性性上的「覺」之歷程，
方能從理即佛修成究竟即佛。

眾生皆有佛性，即指包含此三面意義的佛性。但「正因，緣因，了因」，
只是就佛性的功用分三而說，非真有三種佛性，說三只是義理解析上的方便，
分述之後，仍得統觀為一，才能理解佛性的意義。

本節先以一乘法會佛性，再分三因佛性會通三軌，三軌者：真性軌、觀
照軌、資成軌。《法華玄義》中以三軌類通三佛性，其文如下：

真性軌即正因性，觀照軌即了因性，資成軌即緣因性。〔註15〕

既三軌即三佛性，何須說二名？此乃因用立名。三因佛性是佛性橫面的剖析，
三軌是一大乘法立體的縱說。軌者，軌範也，軌範行人從一念初心到究竟果
佛，以動態歷程表顯佛性。下文即藉之詮顯不思議實相。

〔註13〕見《大正》33 冊，頁 802，《法玄》卷十上。
〔註14〕參考牟宗三《佛性與般若》上冊，頁 240～257。有關「三因佛性的遍局」一
節。
〔註15〕見《大正》33 冊，頁 744。《法玄》卷五下。

三、正說三軌成乘

（一）三軌的涵義

《法華經》以開顯一乘法為主旨，一乘法即眾生皆有佛性，終將究竟成佛的圓教。在〈譬喻品〉中，佛陀以長者將予諸子一大白牛車，譬喻佛陀唯欲開示眾生究竟成佛的一大乘法。由乘此大乘，可運載眾生入佛智地。智者大師因應此意，以三軌說一大乘。雖有三軌之分，實則祇顯一乘，由一乘法入實相門。

以三軌成圓佛乘，《法華玄義》有文釋曰：

> 今遠論其本，即是性德三軌。亦名如來之藏。極論其末，即是修德三軌，亦名祕密藏。本末含藏一切諸法。從性德之三法，起名字之三法。因名字之三法，修觀行之三法。因觀行之三法，發相似之三法。乃至分證之三法，究竟之三法。自成三法，化他三法。……私謂一句即三句，三句即一句，名圓佛乘。〔註16〕

如文所示，圓佛乘（一大乘）之本（因），即性德三軌，亦名如來藏。其末（果）即修德三軌，亦名祕密藏。從「性」起「修」，由「修」照「性」，即是從潛隱性德，經主觀修證的歷程，澈底開發佛性，到究竟即佛的立體過程。圓佛乘即天台圓教的成佛觀，圓成佛智即契悟實相，以三軌契實相，故須先明三軌涵義。

1. 順解三軌

藏、通、別、圓四教，對於三軌的解釋，各不相同。本文唯取會通了前三教的圓教三軌，明三軌之意。《法華玄義》云：

> 明圓教三法者，以真性軌為乘體；不偏名真，不改名性，即正因常住。諸佛所師謂此法也。一切眾生亦乘一乘。眾生即涅槃相，不可復滅。涅槃即生死，無滅不生。故大品云：是乘不動不出，即此乘也。觀照者，祇點真性寂而常照，便是觀照，即是第一義空。資成者，祇點真性法界，含藏諸行無量眾即如來藏。三法不一異。〔註17〕

真性軌者，即不改常住之真性，即實相正體。從因說即正因佛性，為佛所以成佛之理體依據。觀照軌者，就真性的「智」照功能立名。真性體「寂」而

有智「照」之功，就其照而名觀照軌。通俗地說，眞性軌與觀照軌有能所關係。眞性常住不改，常自寂然，須由「能照」之觀照軌開顯；可知觀照軌同「了因佛性」，就果說同般若德。

　　資成軌者，眞性軌中所含藏的無量潛能。此無量潛能，須藉無量眾行開顯，從此「行」面說資成軌。通「緣因佛性」，成佛時轉爲「解脫德」。

　　三軌與三佛性同，祇爲顯一大乘，分三而說；三者相互的關係，以譬喻說明：

　　　　三法不一異，如點如意珠中論光論寶，光寶不與珠一不與珠異，不
　　　　縱不橫，三法亦如是。亦一亦非一，亦非一非非一，不可思議之三
　　　　法也。〔註18〕

珠者，體也，喻眞性軌。光者，明其照物之能，喻觀照軌。寶者，有成物之用，喻資成軌。不能離珠而論光寶，也不能離光寶之用而說珠體。然三者終究可別說亦可合說，即體明用，即用顯體。以表助解如：

（順解三軌）

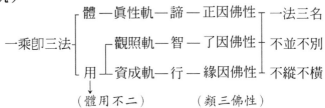

以上三軌，乃內在於眾生本性，爲有心者（有情眾生）之體，故智者大師說：

　　　　夫有心者皆備此理，而其家大小都無知者，是故爲麤，今示諸眾生
　　　　諸覺寶藏，耘除草穢，開顯藏金，一切無礙人，一道出生死。十方
　　　　諦求更無餘乘，唯一佛乘，是故爲妙。〔註19〕

既有心者皆備此理，何以都無自覺呢？乃因有無明染之故，但能除去草穢（無明），即可顯本來佛性寶藏，使性德三軌清淨無染，成究竟三軌。下文即藉迷逆無明，反顯三軌涵義。

　　2. 逆說三軌

　　迷者，無明也。眞性既常住不改，何以會起無明？對於無明的生起，佛陀不從時間性的第一因追究，所以有曼沙童子十四難不答的故事。佛陀直截

〔註18〕同上，頁742。
〔註19〕同上，頁743。

了當的從無明「無實體」上，破除種種煩惱計執的迷惑。故《淨名經》云：「無明即是明，當知不離無明而有於明。如冰是水，如水是冰。」無明與明只是相對相即的存在，但能解其無體則無明渙然冰釋。

依前順說三軌，既有心者皆備性德三軌，何以有佛與眾生之別？智者大師解云：

> 若迷此三法，即成三障。一者界內界外塵沙，障如來藏。二者通別見思障第一義空。三者根本無明障第一義理。若即塵沙達無量法門者，即資成軌得顯。若即見思達第一義空者，觀照軌得顯。若即無明障達第一義諦者，真性軌得顯。真性軌得顯名為法身。觀照軌得顯名為般若。資成軌得顯名解脫。此兩即是定慧莊嚴，莊嚴法身。法身是乘體，定慧是眾具。〔註20〕

上文名相可解，義理清晰，脈絡分明，繪表如下：

（逆說三軌）

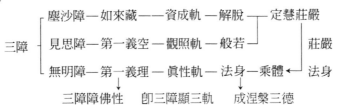

天台宗一向重視現實染濁的存在，故有獨特的「性惡說」。此處逆說三軌，先為第四章第四節「性惡說」之辨正，作一導引。先明三軌與三障，明與無明，只是一體兩面翻轉互成。待「性惡說」中再深論其原委。

（二）三軌的「乘」義

一般解釋大小乘的「乘」為「運載」義。運載煩惱此岸的眾生到涅槃彼岸。但智者大師解釋圓教乘義，另有妙解。「乘」不一定要以「運載」義釋，何以故？《法華玄義》卷五云：

> 何必一向以運義乘乘？若取真性不動不出，則非運非不運。若取觀照資成能動能出，則名為運，祇動出即不動出，即不動出是動出。即用而論體，動出是不動出。即體而論用，即不動出是動出。體用不二而二耳。〔註21〕

〔註20〕同上，頁742。
〔註21〕同上，頁742。

三軌以其軌範凡夫一念心爲始，入佛法界之終，總名「成乘」。但以「體用」分三軌，則有「體」不動不出，「用」有動有出的別義。

以眞性軌之體而言，不管是「性德三軌」或「修德三軌」，它都只是不改不動，因之也無所謂運與不運。然若就依眞性體而起的觀照軌、資成軌二用言，即可動破三障之迷，出離三界火宅，運迷惑凡夫到佛智之境。故亦可名爲「運」。

運與不運，須相依而解，不能分割而說。從其動出之用方照不動出之眞性體。也依不動出之眞性體，方有動出之用。「乘」義中有運有不運，三軌成乘有動出不動出，簡述如上。

（三）三軌會通十如是

三軌的涵義甚廣，故縱可通三因佛性，涅槃三德總括一大乘，橫可類通諸法，使法法互通無礙，《法華玄義》中舉十法與三軌相通：三道，三識，三佛性，三般若，三菩提，三大乘，三身，三涅槃，三寶，三德等。

三軌豎通無礙，豎者，有始有終之謂也。始於凡夫一念之心，具十法界十種性相爲三法之始。三軌與十如是之會通，關係如下：

> 十種相性祇是三軌。如是體即眞性軌。如是性，性以據內即是觀照軌。如是相者，相以據外即是福德，是資成軌。力者是了因是觀照軌。作者是萬行精勤即是資成。因者習因屬觀照。緣者是報因屬資成。果者是習果屬觀照。報者是習報屬資成。本末等者，空等即觀照，假等即資成，中等即眞性。直就一界十如論於三軌。〔註22〕

由前九如是與三軌的關係，可顯三軌意義之普遍。三軌又通本末究竟，即會通空假中三諦。三軌、十如，三諦均爲實相，只是說法進路不同。實相尙可從無數法門說，若解任一門義，以之互通，則與諸法門無不相會。

第四節　實相「十如是」的涵義

一、有關「十如是」出處之考證

十如是之文，出自鳩摩羅什譯的《妙法蓮華經》方便品第二，節錄如下：

> 佛所成就第一希有難解之法，唯佛與佛，乃能究盡諸法實相。所謂

〔註22〕同上，頁743。

諸法如是相，如是性，如是體，如是力，如是作，如是因，如是緣，

如是果，如是報，如是本末究竟等。

經中，世尊並未對此十如加以任何解說。智者大師却依此十如，詳加義理解釋，並以此十如是與十法界配合，開展爲「百界千如」、「一念三千」等天台重要思想。〔註23〕

　　然查遍西晉竺法護翻譯的《正法華經》與近代發現的梵文本《法華經》，均不見十如是文，唯有片段近似的散說文句。此外，《大智度論》中有相近的九法。本段先就目前所看到的資料，略加述解。下分經、論兩部分。

（一）經

1. 正法華經

　　《正法華經》善權品第二，相當於《妙法華》第二方便品，於十如是同等位置，有片段文曰：

大聖所說未曾有巍巍難量，如來皆了諸法所由，從何所來，諸法自

然，分別法貌眾相，根本知法自然。〔註24〕

此文與十如是略有近似之意，如「諸法所由」，「諸法自然」，「法貌眾相」等，但內容與十如相較則遠不如之。

2. 梵文法華經

有關之梵文如下：

ye ca te dharma yatha ca te dharma yadrsas ca te dharma yal laksanas ca te dharma yat svabhavas ca te dharmah | ye ca yatha ca yadrsas ca yallaksanas ca yatsvabhavas ca dharma iti | tesu dharmesu tathagata eva pratyakso paroksah ||

譯成中文：

彼等諸法是如是的，彼等諸法是如是行相，彼等諸法是如是相，彼

等諸法是如是自性。

彼等諸法是如是，如行相，如相，如自性的。

〔註23〕 有關十如是的解釋，智者之前，其師慧思已曾注意十如的特殊性。另有梁朝光宅寺法雲法師，曾作《法華義記》，判前五如爲權法，後五如爲實法。智者於《法華文句》《法華玄義》《摩訶止觀》均曾批判其說。又有北地師、瑤師、玄暢師亦曾說十如，智者在《法華文句》中評其文不允，其理久周。其詳可參考《大正》34 冊，頁 42。《法華文句》卷三下。

〔註24〕 見《大正》第九冊，頁 68。《正法華經》卷一，第二善權品。

此等諸法唯如來可現見，可知。〔註25〕

（二）論

1. 世親的《法華經論》

將前文釋爲「何等法、云何法、何以法、何相法、何體法」，近於五如是。〔註26〕

2.《大智度論》

在《大智度論》中有三卷，可見近於十如是之文：

　　卷二十七：性、相、力、因、緣、果報、得、失等八相。

　　卷三十三：業、力、所作、因、緣、果、報等七相。

　　卷三十二：智者大師在《法華文句》中，特舉《釋論》卷三十二之
　　　　　　　法與法華十如會通，其文簡化爲：

　　　　釋論三十二，明一一法名有九種。一名有體。二名有法。
　　　　三名有力。四名有因。五名有緣。六名有果。七名有性。
　　　　八名有限礙。九名有開通方便。將此九法會法華中十如，
　　　　各有法者，即法華中如是作。各有限礙者，即是法華中
　　　　如是相。各有果者，即是法華中如是果如是報也。各有
　　　　開通方便者，即是法華中如是本末究竟等，餘者名同可
　　　　解。〔註27〕

由以上檢錄，可看出「十如是」之義散見諸經論，唯羅什譯之《妙法蓮華經》
會攏成文於一處。有說「十如是」之文乃羅什自己添加，《法華經》本意原無
此十如之必要。有說十如之文不見他經，或因羅什所依梵本不同。〔註28〕吾
人以爲不管十如之文是羅什添加，或淵源何本，《妙法華經》中簡單的「十如
是」列名，會爲慧思、智者這般重視，定有道理。

　　第一，解釋十如的依據，與《大智度論》卷三十二的釋文有關。這應來
自慧文、慧思重視《大智度論》，故智者《文句》才會特別以《智論》九法會
十如，十如的發展，不一定只限於法華經系的。

〔註25〕參考《大乘佛教思想論》，頁290。木村泰賢著。

〔註26〕同上。

〔註27〕見《大正》34冊，頁42。《法華文句》卷三下。然《大正藏》中寫爲「釋論
　　　　三十一」，可能編著筆誤。

〔註28〕這是印順法師的意思。見《中觀今論》，頁146。

第二，十如是其實只爲天台的「緣起法」；智者以空假中解「本末究竟等」，即欲會通其緣起觀。

二、總說十如是的重要性

智者大師是位原創力充沛的思想家，不但他早期晚期的思想有顯著的差別，甚至從他的每一部講說或著述中，都可發現某些觀念的進展與成長。

以「十如是」爲例；當他在陳至德三年，於金陵光宅寺講《法華文句》的時候，只簡要素樸地約十法界十如是講說。八年之後，隋開皇十三年，講《法華玄義》於荆州玉泉寺時，已發展爲「百界千如」更融貫整嚴的解說。隔年，再講《摩訶止觀》，則又從「觀心一念」的修行立場，發展爲精要的「一念三千」了。〔註29〕

就十如是本身之意義而言，不管從《法華經》的僅列名無解釋，或智者大師的「百界千如」「一念三千」中以之釋十法界正報，依報的眞實理則，十如的本質始終是一樣的。

十如所闡明的就是「諸法實相」。而諸法實相，即是因緣法；荆溪在《摩訶止觀傳弘決》上說：

> 相、性、體，但總說因緣之意。力者，但是因緣功能。作者，是預說因緣運用。果報，祗是因緣習果及報果耳。故知略說，即以因緣爲本，廣說始終，故須明十。〔註30〕

「緣起法」是佛家的共同法，也是佛陀所發現的宇宙萬法眞相，無不是緣起而相互依存地幻現假合著。

智者大師掌握了《法華經》十如是，與《中論》「因緣所生法，我說即是空，亦名爲假名，亦是中道義」四句偈，做爲講述「緣起法」的原，因此，吾人先須探討此萬法緣起的意義。

就「十如是」本身之特質言，不一定要從「一心具十法界」這樣的心法談。它本身即是法法共通的原則，須落實於一一法上看。如印順法師於《中觀今論》所說：「一切緣起相依的存在，即一切爲因果的幻網。能知所知的關係，即爲因果系中的一環。因果系不限於心境與物的系絡；所以諸法在沒有構成認識的能所系時，在因果中雖還不知是如何存在，但不能說是沒有的。等到心隨境起，

〔註29〕參考慧嶽法師著，《天台教學史》，頁61～71，有關智者大師的傳記部分。
〔註30〕見《摩訶止觀輔行傳弘決》卷五。三，頁948。

境逐心生，構成能所系時，才知道它是存在的」〔註31〕比如說，遠在十億光年之外的一顆小行星，其生其滅，一定也受到時間，空間中許多近因遠因的影響，雖吾人不知其存在，但其自身的因果變化，是不能不存的。

　　雖十如是不一定要落到一念心，十法界來談。但佛家的主要內容即談心法。「心，佛，眾生三無差別」，將十如是內在於十界，百界上談，也就很自然了。

三、諸法實相義之開展

（一）引　言

　　實相十如是，並非孤懸的理念，它是須落實到一一法上去看的。事實上，也是從一一法的當體，與法法之間的相互關係，才能了解十如是的涵義。

　　「是法住法位，世間相常住」，就從世間相的差別法當中，去認識常住不變的法性，實相。實相，即一切法究極真實之相，非離一切法當體而另有實相。法性，即一切法之性。十如是，也即一切法共通之法則。

　　《法華玄義》卷二上云：

> 經論或明一法攝一切法，謂心是。三界無別法，唯是一心作。或明
> 二法攝一切法，所謂名色。……今經用十法攝一切法，所謂諸法如
> 是相，如是性，如是體，如是力，如是作，如是因，如是緣，如是
> 果，如是報，如是本末究竟等。〔註32〕

十如是「攝」一切法，可以解釋為：存在的一切法，就現象表面而言，看似千差萬別毫無關係。然深究諸法現象，可以發現其有某些「共通性」。換句話說，吾人可從這十如的角度，一一觀察一切法。就觀察而言，只是立於其外的粗淺了知；就佛而言，可以究竟澈證諸法的實相，即名成就佛智，實智。

（二）正釋十如是

　　智者大師對十如是的釋文甚為簡短，在三大部中，多簡單說過，隨即與十法界合釋。且在不同片段的引用中，亦略有歧義。〔註33〕因此，本文的詮釋，參考荊溪大師的注解，檢擇原義，希望還歸十如是一素樸的理解。

〔註31〕參考中觀今論，頁160。
〔註32〕見《大正》33冊，頁693。《法華玄義》卷二上。
〔註33〕如《法華玄義》第二章顯體中，以「如是體」為實相正體。《摩訶止觀》一念三千中，則云「主質為體，此十法界陰，俱用色心為體」，因用立義，故有歧義。

　　就精確的定義上看，前九如是應該與第十「本末究竟等」分開解釋。因前九如，乃就一法之性質作九面的觀察。而第十，則為從「本」：如是相，至「末」：如是果；做空、假、中三諦的會歸。其整體觀念來自智者大師對《中論》四句偈的理解。因此，下文分二段別解。

　　1. 前九如是

　　前九如是又可分三組觀念說：一、「相、性」是從一法之「外相、內性」而言。二、體、力、作：就一法之「體、用」而觀察。三、因、緣、果、報：就法法之間的前後關係而立名。三組觀念，合做任一法的觀察，即是「緣起法」的廣明。

　　（1）如是相、如是性

《法華玄義》卷二上云：

> 通解十如是者，相以居外，覽而可別名為相。性以據內，自分不改名為性。〔註34〕

相、性以一法之可見而識知的「外相」與不改之「內性」而分，其義明甚。

　　就「相」之釋，《摩訶止觀》中引釋論之解：

> 釋論云：「易知，故名為相」，如水火相異，則易可知

簡言之，相乃法之樣相。如水有水之相，火有火相，狗有狗樣子，貓有貓樣子，從其外貌一見可分。

　　「性」者，《摩訶止觀》增釋：

> 性以據內，總有三義：一、不改名性。性即不改義。無行經云：不動性。二、性名性分，種類之義，分分不同，各各不可改。三、性是實性，實性即理性，極實無過，即佛性異名。不動性扶空，種性扶假，實性扶中。〔註35〕

性雖是法之內性，但究其深意，即智者通釋「法性」之義。依佛家的觀念看萬法，無一不是「緣起性空」的。就其性空而言「空性」，此「空性」非指萬法有絕對不變的性質，而是指其「無自性」而言。只有此「無自性」的共通性是不改的，故名「不改」，名「不動性」。故智者大師說「不動性扶空」。就

〔註34〕見《大正》33 冊，頁 694。《法華玄義》卷二上。下文中所引《法華玄義》之文，均出此頁，不一一註明。

〔註35〕見《大正》46 冊，頁 53。《摩訶止觀》卷五、三。下文引《摩訶止觀》文，亦出此頁，不一一註明。

其「緣起」假合暫有幻現的性質而言，亦名爲性，此處之性，相當於一般所說的物的「性質」，比如石頭有「硬」的性質，水有「濕」的性質等等，這是每一種東西都不同，各有其性的，故云「分分不同，各各不可改」，智者說之爲「假性」，故云：「種性扶假」。

智者以「緣起性空」的統合爲一，法就「空」「假」面合的「眞空妙有」言爲「中性」，並以「中」爲實性，理性、佛性。故云「實性扶中」。

有關「空、假、中」至本末究竟等再釋。此處暫解。

（2）如是體、如是力、如是作

《法華玄義》解此三如是云：

> 主質名爲體，功能爲力，構造爲作。

《摩訶止觀》增解：

> 如是體者，主質故名體；此十法界陰，俱用色心爲體。如是力者，
> 堪任力用也。如王力士，千萬技能病故謂無，病瘥有用。如是作者，
> 運爲建立名作。

力，用可合言爲「體」所生之「用」。體，指眾緣假合之法的當體，以十法界有情眾生而言，均以「色心」，亦即有質礙之形相與精神爲體。

荊溪解「力、用」云：

> 力者，但是因緣功能；作者，是須說因緣運用。

大致上可分別爲，力就「體」所有的功能言。作是從動能所產生的功用言。體、力、作，以例說明易解。如拳王阿里，三十歲的時候，有一拳五百磅的力道，一出拳，可使對手的牙齒掉光。阿里即是「體」，有五百磅之力即是「力」，可以使人牙齒應拳脫落即是「作」。

就空，假，中之性爲觀察。阿里十歲時候，五十歲的時候，都不是三十歲的阿里的樣子，也不會有那樣的力氣，與人打鬥的時候，可能是被揍得自己牙齒掉光。就其在時間因緣流變的「無常性」「無我性」，即是「假」。就其本無永存不變的阿里，其「無自性」面而言，即「空」。就其雖「無自性」而却有拳王阿里在生命流變歷程，如幻如化而活生生地存在過而言「中」，「中」即「眞空妙有」之實性。此實在是「亦空亦假，非空非假」的統合空假而言，非於「空、假」外別有存在之「中」。

（3）因，緣，果，報

《法華玄義》云：

習因爲因，助因爲緣，習果爲果，報果爲報。

任一法之產生，均依種種條件，不孤立而起；其生與滅亦將影響其他的存法，因之，與他物之間就有種種關係。這法則小至一粒芥子，大至整體宇宙均不離此原則。有關因緣果報的解釋，深說廣說實說不盡，故本文僅淺說。因與緣，「因」爲法生起之「質料因」，主因。「緣」則爲使因成長演變爲果之眾多助緣，次要的條件。比如說，杜鵑花的因，是一小小的「種子」，若無這小小的種子，就不會有杜鵑花這灌木。其助緣則爲陽光、水、肥料，人的照顧與種花者觀察的意願等等，種種均是。

果與報，義甚相近。《摩訶止觀》云：

如是果者，赳獲爲果，習因習續於前，習果赳獲於後，故言如是果。

酬因曰報。習因，習果通名爲因，牽後世報，此報酬於因。

荆溪釋云：

能作因故，故亦名報

果是就前因緣所成之結果說的。「報」則是就此果又成爲下一系列因果之因。而言報。果與報常合說，究其指謂實爲一，只因對前因與對後因之關係不同而立別名。

因緣果報，即指一切現象的生成、變化，壞空的相互依存影響的關係。宇宙萬法或親或疏或遠或近，總有某種相連的關係。前因，後果，因因果果，互牽互連相成相生而起。人，就生在這樣的因果幻網中，生、住、異、滅變化不已。器世間則滄海桑田，成住壞空。精神的內容，亦隨時代背景，環境因緣，個人心境等起落如潮。說其無實性，無自性，緣生緣滅性，相互依存性，均可。智者大師以簡潔的話言說，即「空、假、中」。十如是中，即以「本末究竟等」總結前九如。

2. 如是本末究竟等

第十如是本末究竟等，在智者大師的解釋中，是總結前九如是之法則。前九如均就法而觀察；本末究竟等，更深一層，對前九如與萬法，做透體的解釋。簡說即空假中。《摩訶止觀》卷五云：

相爲本，報爲末。本末悉從緣生，緣生故空，本末皆空，此就空爲等。又本末相互表幟，覽初相，表後報，覩後報，知本相。如見施知富，見富知施，初後相在，此就假論等。又相無相，無相而相，非相非無相；報無報，無報而報，非報非無報，一一皆入如實之際，

此就中論等。〔註36〕

前釋「如是性」時，曾略解空性、假性、中性。今從九如是一一法之三諦合明。

從如是相至如是報，一一法之相，性，體，力，作，因，緣，果，報，悉從緣生即無自性，無自性即空，尋法之九面觀察悉空，因之，亦可言一切法之相空，性空，體空，乃至報空。就一一法尋其共同性，則可發現其「空性」相等，一一法於空性上平等。此即「就空論等」之意。

就假論等者，從兩面釋。一者，就假名論等。前九如乃就一一法的性質「假名」安立，非實有法名「相」、「性」、「體」「力」等等，這是就其只是「假名」而非實有論其相等，平等。二者，就「初後相在」名等，初後相在即緣起相依的關係。「此有故彼有，此無故彼無」，相因性而顯，果依因而成，力因體而生……萬象森羅的宇宙萬法，即一因果牽繫相依相成的幻網，由此緣起相依而言假，萬法均假，故云就假論「等」。

就中論等者，中即實性，實相，即圓融三諦。前「空」與「假」均就一面說，中則統合地說。然不從「空」從「假」先明其開，亦無法談「中」之合。「相無相，無相而相，非相非無相」乃至「報無報，無報而報，非報非無報」九如均從空，假之統合超越而為「中」。「一一皆入如實之際」者，現代學者甚喜以「絕對精神」名之，以智者大師之話，即名「不可思議境」，《法華經》云：「佛所成就第一希有難解之法，唯佛與佛乃能究盡諸法實相」。一一法均是實相當體，而實相亦即一一法之真實相，一一皆入如實之際者，所說即此。「實相論」，亦須從「中」之統攝「空假」，三論圓會「相，性……至報」等，由九如一一落實於實然層次的萬法上說，才能了解。

從萬法的存在中，任拈兩法，其暫現的樣態或天懸地殊，但若觀其空性、假性、中性（實性、實相）却無二無別。從這共通之性說，萬法是平等一如的。從「法性」面探討實相，具體觀萬法，其道理只是如此平易。

四、唯佛究盡諸法實相

萬法本相即是實相，一一法皆入如實之際，意在於此。然何以說「唯佛與佛乃能究盡諸法實相」呢？《法華文句》上有一段很好的解釋：

〔註36〕同上。有關十如是空假中之義，《法華玄義》以「三轉讀」說，可參考《大正》33 冊，頁 693，《法玄》卷二上。

> 眾生不知，如來能知。……約二法明如來能知，以何法即是因，得
> 何法即是果，五乘之因各得其果，即是差別。眾生如佛如，一如無
> 二如，唯是一因一果即無差別。差別無差別，如來亦能知。差即無
> 差，無差即差，如來亦能知。從眾生住於種種之地，是約一法如來
> 能知。七方便住於七位，故言種種之地，此即差別。如來用如實佛
> 眼見，如眾流入海失於本味，則無差別。〔註37〕

萬法如如，即是實相，而眾生因惑生執，活於「差別」相之表面。故云「不
知」。如來能知眾生所現差別相，原只是一相，即是實相，即差別相究其涯底，
知其無差別故云「差即無差」。如來以如實佛眼見森羅萬象，如眾流入海，失
於本味，成一法味，則是無差別。

　　因此，探討「實相」義，終究要落實到主體證悟上談。三軌從本具「佛
性」面說實相正體，十如從「法性」面探討實相，下節，則從主體修證之「一
心三智」上，開顯實相之義。

第五節　圓頓止觀證實相

一、前　言

　　本節主旨，在於落實到主體修證上，了解實相義。圓融三諦者，雖以三
「諦」境之圓融立名，實則，能證之「三智一心中得」的主體修證，才是關
鍵所在。三智一心中得，即是如實智，佛智。如何開顯？曰：修「圓頓止觀」。
由修圓頓止觀，而開三智。

　　然須先辨明一項觀念。依智者大師判四教的分位法，每一教依著其自家
的觀念、境界，所修的觀法也有層次的差別。二乘依其觀三界如火宅，萬法
生滅無常的「生滅」觀，即有其滅色入空，灰身滅智的觀行法。通教有通教
的教理，通教局圍其教理對萬法真相了解旳觀察，即無法、以別教或圓教菩
薩的方式修證。

　　天台的修證論，是因依於修證者的智慧，觀念，在無限長遠的修行歷程
中，層層轉進，在與眾生交融一片的緣遇中（緣因佛性），即寂而照照而寂的
佛性，轉明轉深的。

〔註37〕見《大正》34 冊，《法華文句》卷七上，頁 94。

就這種層層轉進的了解，可知「圓頓止觀」是修證歷程的最後階段了，就修證歷程而言，那已是一個「果」，經歷前面塵沙劫的次第修觀，方有修圓頓止觀的慧力洞識，能即任一諦境而照顯其不思議解說，所以《摩訶止觀》上說「絕待乃是聖境，初心無分」。初發心之凡夫，雖想以即空即假即中來觀一切法，實則，也只能知解上的觀，因不具備那樣深明的慧力，想觀也是觀不來旳。

二、圓頓止觀的名相義旨出處

智者大師一生講述經論甚多，就其思想而言，自是汲引自佛家豐富的經典寶藏。但，在融攝內外道大小乘眾多的禪觀之同時，他以教師的身份，指導弟子的修行方法，可以用「說己心中所行法門」來形容。以他自身的觀行而言，當然是他自知自行的活法門，不是任一部經或任一善知識（其師）所能完全授予的。這，但看他前後期思想的轉變，先以禪觀化行人，後以止觀教弟子，即可明白。所以，《摩訶止觀》中又云：「如此解釋，本於觀心，實非讀經，安置次比，爲僻人嫌疑，爲增長信，幸與修多羅合，故引爲證耳。」以經論增信，實則，只是引用以爲自觀心法門的「註腳」而已。

圓融三諦，精確地說，應言「以圓頓三止，三觀，照顯三諦，三境，所開發的三智，三眼」，而三智，三眼，唯指一佛智，佛法眼智，由佛智所照顯之不可思議境而言圓融，依次第說爲三諦。實則只一實相諦而已。

智者大師既以圓融三諦詮顯佛不思議境界，自有其所依經據與思想理念。就其核心思想，仍舊是《中論》四句偈的理解。依智者自撰的《四教義》卷一說：

> 四教依三觀而起，三觀復依四教而起，四教三觀復依因緣所生法四
>
> 句而起。因緣所生法四句即心，心即諸佛不思議解脫。〔註38〕

做爲天台思想中，闡釋「緣起法」核心的中論四句，姑不論其是否合於龍樹原意，其爲三觀，四教的成立依據，乃是不可爭議的事實〔註39〕

圓融三諦的所有觀念，也都立基在這四句的背景上。但有關其名相的出處，卻是智者大師借用自其他經論，因此，在正釋圓融三諦之前，吾人先得

〔註38〕參考《大正》四六冊，頁 724。智者自撰《四教義》卷一。

〔註39〕有關中論四句偈之義，古來三論宗與天台宗所見不同，此問題尚待研究，本
　　　　文不論。可參考印順法師《中觀論頌講記》，頁 469～475。

查明其出處，以證信三諦之說。以下如次述說。

1. 三觀——菩薩瓔珞本業經

瓔珞經賢聖學觀品第三，有文曰：

> 其正觀者，初地以上，有三觀心入一切地；三觀者：從假名入空二
> 諦觀。從空入假平等觀。是二觀方便道，因是二空觀，得入中道第
> 一義諦觀。〔註40〕

天台簡化此次第三觀，成空觀、假觀、中觀。以摩訶止觀而言，這三觀代表
次第三觀。圓頓止觀，則合三為一，無復次第分別。

2. 三諦——仁王般若波羅密經

其要有三：

（1）菩薩教化品第三：

> 無緣無相第三諦。忍中無二三諦中。勝慧三諦自達明。三諦現前大
> 智光。於第三諦常寂然。

（2）二諦品第四：

> 以三諦攝一切法：空諦，色諦，心諦故，我說一切法不出三諦。

（3）受持品七：

> 世諦三昧，眞諦三昧，第一義諦三昧，此三諦三昧是一切三昧王三
> 昧。〔註41〕

以上只引文片段，而不說明其旨，因在智者的攝融之中，已成自家體系，而
唯引其名。如《法華玄義》中說：

> 明三諦者，眾經備有其義，而名出瓔珞、仁王，謂有諦，無諦，中
> 道第一義諦。〔註42〕

此外，有關「三止」之名者，《摩訶止觀》云：

> 此三止之名，雖未見經論，映望三觀，隨義立名。〔註43〕其意可知。

3. 一心三智——《大智度論》

〔註40〕見《大正》二四冊，1014頁下。《菩薩瓔珞本業經》卷上。姚秦竺佛念之譯
本。

〔註41〕見《大正》第八冊，頁827～829。《仁王般若波羅密經》卷上。鳩摩羅什譯
本。

〔註42〕見《大正》三三冊，頁704。《法華玄義》卷二下。

〔註43〕見《大正》四六冊，頁24。《摩訶止觀》卷三上。

《智論》卷二十七有文：

> 文曰：「欲以一切種智斷煩惱習，當習行般若波羅密。舍利弗，菩薩摩訶薩應如是學般若波羅密。」
>
> 論問曰：一心中得一切智，一切種智，斷一切煩惱習，今云何言：以一切智具足得一切種智，以一切種智斷煩惱習？
>
> 答曰：實一切一時得，此中為令人信般若波羅密故，次第差別說：欲令眾生得清淨心，是故如是說。〔註44〕

在《摩訶止觀》卷三中，智者濃縮上文為：

> 大品云：「欲得道慧、道種慧，一切智一切種智，當學般若。」
>
> 問：「釋論云：三智在一心中，云何言欲得道慧等，當學般若？」
>
> 答：「實爾，三智在一心中、為向人說，倰易解故，作如此說耳。」
>
> 〔註45〕

從其文中，可見智者濃縮「道慧、道種慧，一切智，一切種智」成為「一切者、道種智，一切種智」，以與三觀相應。這應承自慧文、慧思之教。

4. 義旨出處——中論

《中論・觀四諦品》云：

> 眾因緣生法，我說即是空，亦為是假名，亦是中道義。未曾有一法，不從因緣生，是故一切法，無不是空者。〔註46〕

文末尚對此四句詳加解釋，可參考《中論》原文，此處不具引。簡單檢錄三諦，三觀，三智出處，下文正釋「圓頓止觀」。

三、正釋圓頓止觀

以「即空即假即中」三觀歸結義理，在天台教法中處處可見。然開展此三觀三諦最為完整之文，莫過於《摩訶止觀》中釋圓頓止觀處。本節引《摩訶止觀》第三釋止觀體相之文，彰顯圓融三諦之義，使依圓頓止觀所開之「一法眼智」，更為具體落實。

止觀之名通於凡聖，本節唯以「次第止觀」導引「圓頓止觀」，於凡夫二乘的拙度止觀暫且不釋。

〔註44〕見《大正》二五冊，頁260。《大智度論》卷二七。
〔註45〕見《大正》四六冊，頁26。《摩訶止觀》卷三上。
〔註46〕見《大正》三十冊，頁33。《中論》卷四。〈觀四諦品〉第二十四。

（一）止觀的內容

1. 次第止觀

次第止觀分爲三止、三觀。智者大師解釋其名甚爲精密，故依文釋意即可。先談三止，後說三觀。

（1）三　止

《摩訶止觀》卷三上，文云：

巧度止有三種：一、體眞止。二、方便隨緣止。三、息二邊分別止。

一、體眞止：知因緣假合幻化性虛，故名爲體。攀緣妄想得空即息，空即是眞，故言體眞止。

二、方便隨緣止：菩薩入假正應行用，知空故言方便。分別藥病，故言隨緣。心安俗諦故名爲止。經言：動止心常一。亦得證此意也。

三、息二邊分別止：生死流動，涅槃保證，皆是偏行偏用，不會中道。今知俗非俗，俗邊寂然。亦不得非俗，空邊寂然。名息二邊止。〔註47〕

三止三觀自都是就行者之修行法門而言，其別且置。體眞止者，體知萬法均是因緣假合如幻如，化則內心中對一切法的執著攀緣，當下即空，空即是眞，故言體眞止。

方便隨緣止，專說大乘菩薩，從空出假，化度眾生，心能隨緣不變而立名。

息二邊分別止，則釋生死，涅槃二邊俱息，俗邊眞邊俱寂。覽文可知。

（2）三　觀

出處如前：

觀有三：從假入空名二諦觀。從空入假名平等觀，二觀爲方便道，得入中道，雙照二諦，心心寂滅，自然流入薩婆若海，名中道第一諦觀。

第一、二諦觀者，即觀察萬法爲假合幻有，即假法而會空。此空諦乃因假諦詮顯，能詮之假諦與所詮空諦合論，故名二諦觀。第二平等觀者，此觀對照前方便隨緣止，仍爲菩薩化眾生而起，菩薩既經初觀破假入空，爲化他故，仍用假法化眾生；破空，用假均等，故爲平等觀。第三中道第一諦觀，是遮生死，涅槃二邊，既不爲生死所惑，亦不停於涅槃化城，以此二空爲方便，

〔註47〕下面次第止觀，圓頓止觀引文，均錄自《大正》四六冊，頁24、25。《摩訶止觀》卷三上。

得會中道，故言心心流入薩婆若海。

止觀體一，寂而照，照而寂。就寂說止，就照說觀。因止生定，因觀發慧。止在於解脫妄想煩惱的執著，亦不停于止寂，故能因定發利生悲心，生死涅槃二邊均息。觀即般若慧，由定而發，照理明了，故能破假又能用假，依空假二觀得會中道。

次第止觀與圓頓止觀的關係，《法華經》有喻：

> 故法華中，譬如有人，穿鑿高原，唯見乾土。施功不已，轉見濕土。遂漸至泥，後則得水。乾土譬初觀，濕土譬第二觀，泥譬第三觀。水譬圓頓觀。又譬於教，三藏教不詮中道如乾土，通教如濕土，別教如泥，圓教詮中道如水。〔註48〕

前已說過，天台四教與三觀同爲「空、假、中」之相應對比，前次第三觀，在實質上，即是空觀、假觀、中觀之次第別說。至於何者能「穿鑿五住無明之高原」達於實相呢？即是由施功漸進，而至圓會中道，無復隔別，即空即假即中的圓頓觀了。

2. 圓頓止觀

圓頓止觀，即一心三止三觀，前所說諸義，皆在一心。其相云何？《摩訶止觀》中說：

> 總前諸義，皆在一心。其相云何？體無明顛倒即是實相之真，名體真止。如此實相遍一切處，隨緣歷境安心不動，名隨緣方便止。生死涅槃靜散休息，名息二邊止。

體一切諸假，悉皆是空，空即實相，名入空觀。達此空時，觀冥中道，能知世間生滅法相，如實而見，名入假觀。如此空慧，即是中道，無二無別名中道觀。……實相之性即非止非不止義。又此一念，能寄五住，達於實相。實相非觀亦非不觀。如此等義，但在一念心中，不動眞際而有種種差別。

以上引文甚長，然細讀之，其義炳然；法華主旨，在於「開權顯實」，圓頓止觀，亦即開前次第三止三觀，當下即是實相之一心止觀，三相在一念心，故引中論云：「因緣所生法，即空即假即中」三法不異時，不相離。

以圓頓止觀一念心，能穿五住煩惱，達於實相。實相即於佛智照因緣決中呈顯。非離因緣法而別有實相體。以上明圓頓止觀開顯實相之義。下段，再以佛智眼，具體敘述，由圓頓止觀所開的三眼，三智之果。

〔註48〕同上，頁25。

（二）佛智照實相

雖處於同樣的現實世間——因緣所生法中，佛所看到的世界，和一般人所見的世界，並不相同。世界是依人主觀心境呈顯的，就是同一人，愉快時與憂鬱時，同對星月，其所感已不相同，何況心無罣礙的聖者與執礙拘滯的煩惱凡夫之比呢？

前云三止，三觀成一心圓頓止觀，本段則述止觀所成之果。止觀之因，乃顯實相體之遠由，眼智之果，則以照顯實相體之主觀佛眼佛智顯體之相。

如前次第止觀，而有次第眼智。

三止三觀為因，所得三眼三智為果。以表明之如下：

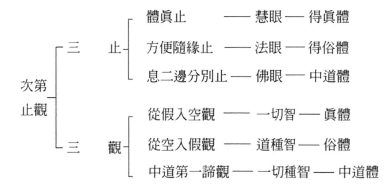

若一心眼智則不如此。其文云：

> 止即是觀，觀即是止，無二無別，得體近由亦如是，眼即是智，智即是眼，眼故論見，智故論知。知即是見，見即是知。佛眼具五眼，佛智具三智。〔註49〕續上文

又釋五眼：

> 雖有五眼實不分張，秖約一眼備有五用，能照五境。所以者何？佛眼亦能照麁色，如人所見亦過人所見。名肉眼。亦能照細色，如天所見亦過天所見，名天眼。達麁細色空，如二乘所見，名慧眼。達假名不謬，如菩薩所見，名法眼。於諸法中皆見實相，名佛眼。當知佛眼圓照無遺。……而獨稱佛眼者，如眾流入海，失本名字。非無四用也。

如圓頓止觀只一心得，從止而名眼見，從觀而名智知。只一佛眼，即有四用。

〔註49〕見《大正》四六冊，頁26。《摩訶止觀》卷三上。下兩段文中，五眼、三智、出處相同。

佛亦能見凡夫所見粗境，亦能如天界見細妙之色。如二乘所見，名為慧眼。見菩薩所見為法眼。而見一切法均是實相，名為佛眼。說五眼乃就用說，就體而言，實只一佛眼。

次說一心三智如下：

> 佛智照空，如二乘所見，名一切智。佛智照假，如菩薩所見名道種智。佛智照空假中皆見實相，名一切種智。故言三智一心中得。……
>
> 雖作三說，實是不可思議一法。用此一法眼智，得圓頓止觀體也。

三智一心中得，大師引「釋論」中言，如前段所釋。三智就三觀立名。其實，境與諦，見與智，止與觀，不應分別而說，既方便說，終歸要合為一眼智方可顯止觀體。

圓頓止觀體者，實相是也。下面再以表助解。

圓頓止觀表解：

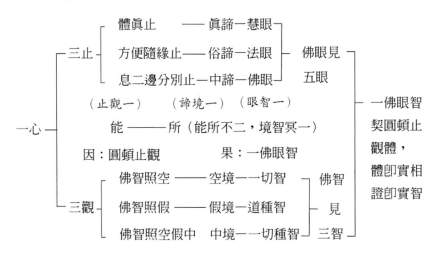

由上可知，雖說三止三觀，三境三諦，成五眼三智，實則，只是從佛如實智中分別而說。以佛眼智觀一切境，莫非不可思議境；歷一切相，莫非實相。萬法差別相，在歷主體修證後所得佛智的照了中，即是無差別的圓融妙諦。實相雖即「法爾如是」的現象存在，卻是要經實踐歷程方能契悟！

第四章　性具思想

第一節　一念三千的涵義

一、性具思想顯示的宗教精神

　　天台思想的特色，在於其對現實濁染世界的接納與關懷。依理而言，佛與凡夫同具善惡之「性」，依事而論，成佛不出於九法界之外，隔絕地成佛，而是即九界世間，解心無染的即凡是聖。

　　站在人類的立場，觀察人性的善惡，實糾結複雜無比。人，一會兒充滿神聖向上的光明面，一會兒，又掉落在煩惱自私等難以自拔的習染中。尼采說：「人是個走索者，行于野獸超人中間──這條繩子橫亙在深淵之上。多麼危險的跨越，多麼危險的前進，多麼危險的回顧，多麼危險的震顫與駐足！人的偉大在於他是橋樑而非目的，人的可愛在於他能上昇與下降。」(尼采《超人之歌》)。一念心具十法界，也有近似的意義。

　　人，自然可以從不同角度來觀察與描摩，然而，要從人類當中，尋找出通性，以做為人獸之別，以對人分「格位」，就非「道德範疇」莫屬了。動物的世界中，弱肉強食，物競天擇，只是一種自然現象。人類的世界，雖也充滿動物世界般的各式戰場，人心底共通的仁愛之心，却會使人對物性的殘忍有著共同的不安，這「不安」，就是道德感，就是使中國古聖先賢在渾沌中，劃出人與獸類之界限的內在依據，是人之所以尊貴的地方。

　　道德意識的呈現，可以見於人倫關係中的互通性，也可以是人與自己種種習性的爭鬥。處於外界環境的激蕩中，人可以發現人性中的種種善惡質性，

全受者映照與考驗。聖者可以在一念的私心蒙蔽中墜落，惡人也可能在一念之善中崇高。面對自己之時，人可以糾結在濁亂的煩惱中渾噩地過。然或多或少，時強時弱地，總也有著嚮往突破，憧憬廣潤天空的潛隱動能。向上向善，向下向惡，似亙古交纏的繩索，恒交錯在人性隱密的深處，難割難捨，若離若合。善三道，惡三途，交錯於一念的起伏，豈非就是此種現實人性的描述？有漏無漏，以染執不染執為更高層次的道德分界。在超越一切煩惱執著的定限中，善惡的對比，只是現實界上下層次的相依而立，唯有無染無執，才是真正的自由解脫。一念十法界，即包涵著從淺至深的道德意義！那麼，性具思想的宗教意義又在那裏呢？

所謂的宗教精神，意謂著人性所有可能的整體包容，乃至宇宙萬法地融合為一。在中國，以形上天道下貫人性表達了存在的通透交融；道家中「道」涵著天地萬物的生成化育；儒家中，中庸云：「唯天下至誠為能盡其性，能盡其性，則能盡人之性，能盡人之性，則能盡物之性，能盡物之性，則可以贊天地之化育，可以贊天地之化育，則可以與天地參。」此是由內在之性，通透天地地說。西方，則以上帝的超越又內在，基督寶血的洗淨與救贖，擔當著人性宗教需求的使命。

天台思想中，一念三千連貫著法華經一大乘的成佛精神，也顯現著特殊的宗教特色。

就理體的基礎說，佛與眾生同具三千之性，十法界的眾生在本質上，並無善與惡，染淨，高下的差別。凡聖平等，地獄、餓鬼、佛菩薩之差別界，均即無差別的佛界。然其不同者，只在於「解」與不解而已。佛能「解心無染」，所以，這差別的三千森羅世間，對他而言，只是實相不可思議境，眾生解的程度與執的偏向有異，故成九界隔別假合之差。

提出一念三千的本意，智者大師，乃為教行人「觀心」，觀當下一念心，落於何法界，且即此一念法界，觀其無性，即空即假即中，於此觀察，「行人當自選擇，何道可從」。也就是說，不管理上如何，行人對當下一念，須從向上向佛道之決斷力，而不猶豫於染雜的滯著。由此種修行的決斷與離染，則一切眾生，不只在理上與佛同等，經過實踐的鍛鍊歷程，也才能達到究竟即佛的圓滿境界。

十法界是就生命類型的差別說。一念而可變化者，在於十如是所表顯的活法門。任一界均非固定如此，而是如水般隨行人之決定與意念活動著，變

化著，無自性假緣起地起落入如實之際，主體的向上與向下才有絕對的活力。

　　再者，眾生不管任何境地，是五逆是闡提，均與佛同等地具備佛性之潛能，法華經中又：「佛種從緣起，是故說一乘」，機遇千差萬別的眾生（眾緣和合而生），就因上具佛性，就其畢竟將成佛的「同歸一乘」說，天台思想，給予一切生命最積極向上的肯定。

二、一念三千的緣起

　　「一念心具十法界」的思想，隨著智者大師講說天台三大部的義理發展，漸進成一念三千的嚴整組織。最初於《法華文句》，智者只以生命類型的「十法界」，與緣起法則的「十如是」，簡樸地交融而說。到講述《法華玄義》時，則演變為十界互具，成百法界，一一法界各有其「相、性、體、力、作、因、緣、果、報，本末究竟」等十如，百法界乘十如是，成為「百界千如」，待翌年講述《摩訶止觀》時，為教行人修觀心法，須從一念心入手，因「佛法太高」，眾生法太廣，無從觀起，故以一念心攝一切法。即觀一念心，而心具一切法，所以又從「十法界」的純境界範疇，攏括進主體心靈所依附的整體世界──三世間乘前百界千如，而成三千世間。一念三千的由來，是一變再變而成的。

　　至於是否一定是死板板的三千法？當然，這只是為解說方便的假立而已。從立體境界說，佛家早有十法界的分判；從此十法界互具上有百界之說，而此主體，必依色心而成──五陰世間，有正報身──眾生世間，亦有其所依的依報──國土世間。以三千世間，總括世出世間，正報依報一切法，並無必然性，故智者大師說：「當知第一義中一法不可得，況三千法；世諦中一心尚具無量法，況三千耶？」，本來萬象森羅，那巧正是三千？只為以簡御繁，才假名安立三千之說。

　　一念三千的舖陳，見於《摩訶止觀》卷五上，為明白它在整部止觀的核心位置，須先明識止觀的大綱，附表於後。（附表一）

　　由附表中，吾人可知，一念三千乃為正修止觀而說。止觀的修行者，於修行的歷程中，破除十境的障礙，即可入大菩薩地。何以要列「陰入境」於最初？因為有身於患，乃行人共通的業報，即由此業報的身心為觀，才有其後潛深入密的其他境界現前。止觀中云：「行人受身，誰不陰入重擔現前，是故初觀。後發異相，別為以耳。」又云：「此十種境，始自凡夫正報，終至聖人方便，陰入一境，常自現前，若發不發，恆得為觀，餘九境發可為觀，不

發何所觀」〔註1〕

　　於第一觀陰界入境中，因十二入，十八界包涵大廣，須以五陰爲所觀境。而五陰，又須以觀「識陰」爲入手處。識陰即是「心」，故名「觀心是不可思議境」。因心是惑本，觀心則迷惑根本可治。故《摩訶止觀》說：

　　　　若欲觀察，須伐其根，如灸病得穴，今當去丈就尺，去尺就寸，置
　　　　色等四陰，但觀識陰。識陰者心是也。〔註2〕

事實上，雖從觀識陰入手，在一念三千中，前面所擱置的十二入，十八界，又一一於文末收攝回來，下文再述。

　　觀心又見十法門，亦即「十乘觀法」，（見附表一），就此十乘觀法的次第與修行的連貫性，此觀中說：

　　　　既自達妙境，即起誓悲他，以作行塡願，願行既巧，破無不遍。遍
　　　　破之中，精識通塞，令道品進行，又用助開道，道中之位，已他皆
　　　　識，安忍內外榮辱，莫著中道法愛，故得疾入菩薩位。

簡而言之，是在觀心實踐的歷程中，從觀已心爲出發點，識心之不可思議境，而後依此正智，起悲心化他，欲令自他同出迷惑，發上求下化的菩提心。繼之以止觀自我調適，不偏於寂上之枯，亦不妄動於觀照之慧。再破一切法之妄執。明識菩提曰通，墮落生死煩惱謂塞，由自覺警惕中，破除重重的煩惱阻滯，並以三十七道品調適修行。藉事行助道對治事惑。知位次的境界，才不會迷混於高低位而錯以未證爲證。並能安忍於順逆境界，不著法愛。能破法愛，就能契入中道，自然流入薩婆若海，妙證無生法忍。〔註3〕

　　一念三千，既爲正修止觀第一境中第一重觀法的核心觀念，其重要性自不言而喻。

　　智者大師之後，從唐朝荊溪大師到宋朝山外山家派，對一念三千的思想，都曾加以更精密的解說，甚至產生多種岐異的闡釋。有關智者大師之後，對一念三千的更進一步開展，因旁涉過廣，且非論文本題，本論文中暫不解說；但，若欲對一念三千做更精確的研究，是必得從後來的解說中尋辨其眞義的，因有岐解，才可看出原著解釋的不足，這問題，或待來日再詳加分解。

〔註1〕見《大正》四六冊，頁49，《摩訶止觀》卷五上。
〔註2〕同上，頁52。
〔註3〕有關「十乘觀法」，可參考《大正》四六冊，頁49～121。十乘觀法爲天台重
　　　　要行門之一，義理上須與一念三千一貫了解。然在本文中因非重點，故只簡
　　　　述。

三、正說一念三千

（一）三千世間的內容

三千世間，即以十如是爲經，十法界爲緯，開展而成的宇宙萬法總稱。

佛家宇宙觀，自始即不限在人類的世界，而將生命的類型，分爲十種。十種中又分爲依有漏業拘限成的六凡：天，人，修羅，畜生，餓鬼，地獄。與以無漏正慧爲因修成的聖境：聲聞，緣覺，菩薩，佛。六凡四聖合稱十法界。

這十類眾生，各有其所感的主觀世界與所依的國土世間；從其主觀世界的組成因素說，名爲五陰世間，從其總体正報說，名眾生世間。其所依住的國土，名爲國土世間。此即三世間。

十法界只是大略地分類，其實，宇宙間由不同因緣環境所成的生命類型千差萬別，豈能以此分類？其分類的範疇，大致可歸屬於道德範疇（廣義的），依因得果而成。由於生命類型只是暫有幻現的，隨時在改變當中，所以並無固定爲人，爲畜生的生命；從十界眾生的本性說，每一類的眾生都潛存著其他九界的可能性，互融互具，十法界各具十界即成百法界。

前章第四節已說過，天台宗以十如是廣說緣起法，十法界眾生的生成變化，自亦不離緣起法；所謂「佛種從緣起」，成人，成畜生，成地獄餓鬼，又何嘗非「從緣起」呢。所以，前面十法界成百法界，百法界又有三世間即成三百世間，再以十如是爲其內在緣起依據地說，即成三千世間了。下文，即依《摩訶止觀》原文說其重點。

1. 三世間

（1）五陰世間

《摩訶止觀》卷五上云：

> 十法界通稱陰界入，其實不同。三途是有漏惡陰界入，三善是有漏善陰界入，三乘是無漏陰界入，菩薩是亦有漏亦無漏陰界入，佛是非有漏非無漏陰界入。……以十種陰界不同故，故名五陰世間。〔註4〕

陰界入者，五陰，十八界，十二入。前段述觀心具十法門（十乘觀法）時，曾云因十二入，十八界太廣，須從觀五陰中「識陰」入手，而事實上，一念具三千中，原來先擱置的四陰，十二入，十八界，又從外境的切割，還本於一念三千的主觀世界中。

〔註4〕見《大正》四六冊，頁52。《摩訶止觀》卷五上。

（2）眾生世間

由前不同陰界入，假名爲十法界正報，即眾生世間。

> 攬五陰通稱眾生，眾生不同。攬三途陰罪苦眾生，攬人天陰受樂眾
> 生，攬無漏陰真聖眾生，攬慈悲陰大士眾生，攬常住陰尊極眾生。

〔註5〕

（3）國土世間

即十法界眾生各自感得的依報，《摩訶止觀》云：

> 十種所居通稱國土世間者，地獄依墣鐵住，畜生依地水空住，修羅
> 依海畔海底住，人依地住，天依宮殿住，六度菩薩同人依地住。通
> 教菩薩惑未盡同人天依住，斷惑盡者依方便土住。別圓菩薩惑未盡
> 者，同人天方便等住。斷惑盡者依實報土住。如來依常寂光土住。

仁王經云：

> 三賢十聖住果報，唯佛一人居淨土。」土土不同，故名國土世間。

〔註6〕

由各各因感得的國土，有六凡那樣，在三界內有色國土中住，亦有四聖各依
的方便土，實報土，常寂光土。在《淨名疏》中對此國土世間，曾以「凡聖
同居土，方便土，實報土，寂光土」四土橫豎解釋；雖諸土不同，其体則一。
故荊溪大師解云：

> 土雖差別，不異寂光；寂光雖寂，不異諸土〔註7〕

因三十種世間，悉從心造，心佛眾生就体而言，無差別，一一正報依報乃就
其假緣幻有差別相說，故各有不同。

2. 依十如是解十法界三世間

十如是的素朴意已說於前章，本文中合以十法界說。摩訶止觀中，束十
法界爲四類：三惡道，三善道，二乘類，菩薩佛。四類並分三世間別解。

（1）五陰世間十如是

1. 三途以表苦爲相，定惡聚爲性，摧折色心爲体，登刀入鑊爲力，起十
   不善爲作，有漏惡業爲因，愛取等爲緣，惡習果爲果，三惡趣爲報，
   本末皆痴爲等。

〔註5〕 同上。
〔註6〕 同上，頁53。
〔註7〕 見《摩訶止觀輔行傳弘決》，頁950，中卷。

2. 三善類：三善表樂爲相，定善聚爲性，升出色心爲体，樂受爲力，起
五戒十善爲作，白業爲因，善愛取爲緣，善習果爲果，人天有爲報，
應就假名初後相在爲等。

3. 二乘類：二乘表涅槃爲相，解脫爲性，五分爲体，無繫爲力，道品爲
作，無漏慧行爲因，行行爲緣，四果爲果，即後有田中不生故無報。

4. 菩薩佛類：緣因爲相，了因爲性，正因爲体，四弘爲力，六度萬行爲
作，智慧莊嚴爲因，福德莊嚴爲緣，三菩提爲果，大涅槃爲報。〔註8〕

（2）正報依報十如是

《摩訶止觀》卷五云：

> 眾生世間既是假名無体，分別攬實法假施設耳。所謂惡道眾生相性
> 体力究竟等云云，善道眾生相性体力究竟等，無漏眾生相性体力究
> 竟等，菩薩佛法界相性体力究竟等，准例皆可解。
>
> 國土世間亦具十種法，所謂惡國土相性体力等云云，善國土，無漏
> 國土，佛菩薩國土相性体力云云。

眾生世間只是依前五陰世間總說，並非於五陰世間之外，另有實體，所以只
是假名施設。國土世間只是依報，依報只依正報之因而在，並無獨存的必然
性可立，二者均依前五陰十如是可能，故略說。

以上總說三千世間的組織，三千世間只是方便立名，究其源頭，則爲一
心所造。如華嚴經云：

> 心如工畫師，造種種五陰，一切世間中，莫不從心造。〔註9〕

此處之心造，即是心具（心具三千）；但心造可分理事別說。就理說，心造即
是心具，也就是說，三千世間皆是心之性德本具。此心即不可思議境，荊溪
以「理具事用」解釋其義，先談事用（現象），其文曰：

> 一者，過造於現，過現造當；如無始來，及以現在乃至造於盡未來
> 際，一切諸業，不出十界，百界千如，三千世間。
>
> 二者，現造於現，即是現在同業所感，逐境心變，名之爲造。以心
> 有故，一切皆有；以心空故，一切皆空。
>
> 三者，聖人變化所造，亦令眾生變心所見；

〔註8〕見《大正》四六冊，頁53。《摩訶止觀》卷五上。下引文同。

〔註9〕此「唯心偈」出自晉譯六十《華嚴》卷第十，如來林菩薩說偈品。見《大正》
　　　　第九冊，頁465。

並由理具，方有事用。〔註10〕

以現實存在的狀態而言，分三種說。第一種是就時間的縱面說。十法界眾生的存在，皆有過去所造因，得現在果，過去與現在之因又將造成未來之果，從無始過去至於現在，現在又連於未來，無不是在因因果果的業緣中，由心造萬法。萬法簡單類說即是十界、百界千如，三千世間。

第二種造的意思，是當下一念心所"感"名為造。也就是主觀意識感受到的現存世界，由於業緣不同，所感之境亦不同。如人見大海為水，鬼道眾生見為火，天人則見之為琉璃。且在不同之境，不思議心即依境而變，心境不分，故走入森林，則"造"森林之境，走入人群，則「造」人群世界。然此不思議心所造之境，非是實体；以心乃幻有，若名心有，則所造之境均有。若觀心為無自性空，則所現萬法皆空。

第三種造，只有具神通力的四聖方能造。如維摩詰經中，佛以指按地，穢土即變成佛所感之莊嚴淨土，凡夫同見。這種事造，不適用於凡夫。

由荊溪「理具事用」的解釋，一念三千的義理更為明確清晰。到宋代天台沙門的義理研究中，就發展成「理具三千」與「事造三千」的分別。以由「理體三千」，方有「事造三千」之現象。從智者大師以四句遣執，說不思議境，到荊溪「理具事用」，更發展成宋代天台的「理具三千」，「事造三千」的更具体解說，乃因有其他宗派的激盪，這是有關天台學史發展頗值得研究的一個問題。

二、一念具三千的涵義

智者大師思想承自龍樹大士者甚多。以一念三千而言，此一念心，始終如龍樹將之定於六識心。然於一念心之性質深入探討，則發覺其與唯識學之六識心差異甚大。其同者，以「一念」表達，所謂「介爾有心」即具三千，介爾即是刹那；唯識之第六意識亦是「審而非恆」，有刹那流變的性質。其異者，此一念心乃「理具」一切法，而唯識學中第六意識不具這樣的功能，倒是第八阿賴耶識接近這理具的解釋。但智者大師於法華玄義與摩訶止觀，都曾批判阿賴耶系的地論師與近真如系的攝論師，故知亦不能以真如或阿賴耶解釋一念三千。

〔註10〕見《輔行傳弘決》中卷，頁932。

在摩訶止觀中，對一念與三千的關係，僅依龍樹的「非自生，非他生，非共生，非無因生」四句，破除對一念心的任何執取，而以「玄妙深絕，非識所識，非言所言，所以稱為不可思議境」來說一念三千的關係；若僅依摩訶止觀文，欲解一念心本義，定是一團渾沌，渺渺茫茫，只能重複地說「不可說，不可思議」；因之，須尋於智者大師其他著述。

本段先依摩訶止觀原之，勾勒出一念具三千的涵義，下節，再從別部探討一念心的性質。

《摩訶止觀》卷五上，續前列三千世間的組織之後，接著說：

> 此三千在一念心，若無心而已，介爾有心，即具三千。亦不言一心在前，一切法在後。亦不言一切法在前，一心在後。例如八相遷物，物在相前，物不被遷。相在物前，亦不被遷。前亦不可，後亦不可，祇物論相遷，祇相論物遷。今心亦如是。若從一心生一切法者，此則是縱，若心一時含一切法者，此即是橫，縱亦不可橫亦不可，祇心是一切法，一切法是心故。非縱非橫，非一非異，玄妙深絕，非識所識，非言所言，所以稱為不可思議境。〔註11〕

前段依荊溪解「事造三千」文，以主觀心隨客觀境而變，名為「造」。本小節中，則偏於「理具三千」的解釋。事造須有理具為依，方可造種種世間。

如引文中云，一心與一切法（即三千）非是前後關係，既非前後，自是同時，同時則非主客二分，也非能知所知的認識關係。主客，能所的關係，可用於「事造」，不能用於理具之解說。更進一步說，若從「觀心是不思議境」看此一念心；從修行者的立場言，自有「能觀」之識與「所觀」之心，這一念心即所觀之心，此被修行者所觀的心，非是一隔絕於自我世界內的心——以現代語言說，即「意識流」；而是通過六根六塵六識（十八界），內外交融互徧的不可思議境。

如何的不可思議？智者大師以非縱非橫，非一非異說之。非縱，即非是能生所生的生成關係。故云：「若從一心生一切法者，此則是縱」。橫，即「唯心論」式的，有一「心体」合一切法，如唯識宗第八阿賴耶識含藏一切種子那般，故云：「若心一時含一切法者，此即是橫」。

祇心是一切法，一切法是心。既如此，何以又要立「心」與「一切法」之兩名呢？以修行者立場的俗諦說上，是可立心與一切法二名的。但依第一

〔註11〕見《大正》四六冊，頁54。《摩訶止觀》卷五上。

義諦的立場，則只能以遮詮的方式說「非縱非橫，非一非異，玄妙深絕」，非可識，非可言來形容了。故如維摩詰以「默然」表不二法門一般，只能說「言語道斷，心行處滅」，故名不可思議境。

智者大師再以龍樹四句遣執：

> 龍樹云：諸法不自生，亦不從他生，不共不無因。……當知四句求心不可得，求三千法亦不可得。〔註12〕此四句乃針對「心起」而破。
>
> 須見其前文設問處：「問：心起必託緣，爲心具三千法，爲緣具？爲共具？爲離具？若心具者心起不用緣，若緣具者緣具不關心。若共具者未若名無共時安有。若離具者既離心離緣，那忽心具。四句尚不可得，云何具三千法耶。〔註13〕

此設問，乃將「心起」的任何可能都遮斷。心起的意思，簡單地說，是將一念心孤立了。若一念心自起，則是自生。若依念心外之緣而起，是他生。若一念心與緣合而生，即是共生；非自非他非共非離，將一念具三千逼到不可思，不可議的境地，方再還歸其可說不可說的因緣，即四悉檀。

其文曰：

> 大經云：生生不可說，乃至不生不生不可說。有因緣故，亦可得說，謂四悉檀因緣也。雖四句冥寂，慈悲憐憫，於無名相中，假名相說。
>
> 〔註14〕

不思議境本無法說，但佛爲引導眾生，同證菩提，故以「世界悉檀，爲人悉檀，對治悉檀，第一義悉檀」因緣，說此不可說法。〔註15〕依四悉檀，則四句均可說，因緣共離均是。即破即立，即立即破。佛旨盡淨，不在因緣共離，即世諦是第一義諦！

若明一念即不思議境，則遍歷一切心，一切陰界入，乃至相、性等，皆是不可思議境。再依此境修三觀：

> 一空一切空，無假中而不空，總空觀也。
>
> 一假一切假，無空中而不假，總假觀也。
>
> 一中一切中，無空假而不中，總中觀也。

〔註12〕同上。
〔註13〕同上。
〔註14〕同上。
〔註15〕同上。

即中論所說不可思議一心三觀，歷一切法亦如是。〔註16〕

　　以上即《摩訶止觀》中，釋一念三千不可思議境的內容。從不可思議一心，歸結引導行人歷一切境修三觀。下文，再探一念心之深意。

附表一

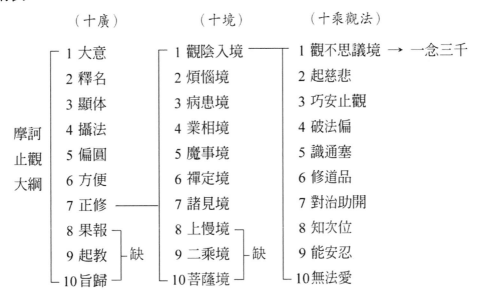

（十廣）	（十境）	（十乘觀法）
1 大意	1 觀陰入境 ──	1 觀不思議境 → 一念三千
2 釋名	2 煩惱境	2 起慈悲
3 顯體	3 病患境	3 巧安止觀
摩訶止觀大綱　4 攝法	4 業相境	4 破法偏
5 偏圓	5 魔事境	5 識通塞
6 方便	6 禪定境	6 修道品
7 正修 ──	7 諸見境	7 對治助開
8 果報	8 上慢境	8 知次位
9 起教　缺	9 二乘境　缺	9 能安忍
10 旨歸	10 菩薩境	10 無法愛

第二節　一念心之探索

一、引言

　　對於一念心的性質，宋代天台山外、山家兩派，曾有真心，妄心之諍。其主要原因，雖因荊溪引「大乘起信論」真如不變隨緣說，以釋「一念三千」的心義。然荊溪會引《起信論》釋一念三千，乃因智者大師講一念三千時，只遮遣而談，依龍樹「不自生、不他生、不共不無因」四句破除對一心三千的不思議境的任何執著，即一念觀空假中；此種高超玄妙的表達，到了後人的理解中，就不免顯得玄虛且模糊了。智者大師原只稱性而談，但後人要傳述其意，便得將其所說更清晰的解釋，尋諸天台講述，於釋一念三千之文均感不足，所以荊溪轉而採《起信論》之義釋之，這雖有輔助之，却也種下歧

〔註16〕同上，頁55。

義的諍執。

　　本文由摩訶止觀中，一念三千原文的片段，上溯《法華玄義》中，以「無明法性」釋「無住本」，以明「一念三千」中一念心本義。再引智者所說的《四念處》中，「一念無明法性心」作為一念心性質的確切之義。

　　此脈絡的尋索，來自牟先生《佛性與般若》中，「從無住本立一切法」的觀念。吾人以為此種說法最貼合智者大師一念三千中「心」的性質，故沿用其說。〔註17〕

二、一念心生起之因緣

　　「緣起法」為佛家思想核心，對一念心的探討，亦不離一念心生起因緣的尋索。《摩訶止觀》中，於一念心生起的因與緣，略作說明，荊溪對之加以注解，以下即依其文予以闡發：

> 若隨便宜者，應言無明法法性，生一切法；如眠法法心，則有一切夢事。心與緣合，則三種世間，三千相性，皆從心起。〔註18〕

隨便宜，即是隨機應緣方便巧說。因實相不可思，不可議，依四悉檀因緣說，即言此三千從心起。但第一義諦不離世諦，隨宜說仍是實說。荊溪釋上文曰：

> 無明是暗法，來法於法性；……是則無明為緣，法性為因；明暗和合，能生諸法。〔註19〕

這是將一念心生起的因緣，分無明、法性兩面解。一念心既「祇心是一切法，一切法是心」，說一念心即說涵著一切法的不思議心。介爾有心，則萬法如如當下現前；說一念心，說不思議境，都不能再以分隔的心與境對立言之。這是須先認識的一點。

　　智者大師以眠夢喻一念三千不思議境；在吾人的夢境當中，所感覺到的存在之境，真實無比，醒後竟發覺了無一事，所謂「夢裏明明有六趣，覺後空空無大千」，覺悟者所見萬象森羅的世相，也如未覺者醒後覺其非真一般。那麼，這真實無比的「萬象存在感」，究竟從何而生呢？荊溪釋曰，是以「無明」為緣，「法性」為因，無明如暗，法性如明，明暗和合，能生夢法。

　　荊溪此說，非是獨創，乃是承智者《法華玄義》中，以「無住本立一切

〔註17〕本文參考《佛性與般若》第三部：天台宗之性具圓教。下冊第一、二章。
〔註18〕參考《大正》四六冊，頁55。《摩訶止觀》卷五上。
〔註19〕見《輔行傳弘決》，頁967。

法」釋實相眞諦與森羅俗諦的原意，相望成義。所以，下面即尋《法華玄義》
的義旨。

三、從無住本立一切法

從無住本立一切法，本出自《維摩詰經》，然依《法華玄義》的解釋，此
句正可解一念心之性質，所以，本文即由《維摩詰經》觀眾生品說起：

> 文殊師利又問：善不善孰爲本？答曰：身爲本。
>
> 又問：身孰爲本？答曰：欲貪爲本。
>
> 又問：欲貪孰爲本？答曰：虛妄分別爲本。
>
> 又問：虛妄分別孰爲本？答曰：顛倒想爲本。
>
> 又問：顛倒想孰爲本？答曰：無住爲本。
>
> 又問：無住孰爲本？答曰：無住則無本。文殊師利！從無住本立一
> 切法。〔註20〕

對於無住本立一切法，鳩摩羅什解曰：

> 法無自性，緣感而起。當其末起，莫知所寄，故無所住。無所住故，
> 則非有無。非有無而爲有無之本。無住，則窮其根源更無所出，故
> 曰無本。無本則爲物之本，故言立一切法也〔註21〕

以羅什大師的解釋，可看出從無住本立一切法，與中論「以有空義故，一切
法得成」的意思是相同的。但在《維摩詰經》的究詰當中，是就主觀意識的
執著，重重逼顯念頭起處，將空義落實到心念根源上談。所以，從「善不善
以身爲本」，到欲貪，虛妄分別，顛倒想；而顛倒想的根源，則無住，本無實
性，實法，所以羅什說「莫知所寄」。

智者大師，則分從無明、法性兩面解無住本，由無住本立一法，即從無
明法性立一切法。此無明法性，依智者大師《四念處》云，即「一念無明法
性心」，這也是一念三千中，一念的定義。分解地說，三千法即一切法，一念
心，即無住本的一念無明法性心。但一念心與三千法，並非隔絕的可成，而
是一念心中即具一切法，歷一切法均不離心。所以荊溪大師云：

> 以心徧故，攝餘法故。又非但心攝一切，亦乃一切攝心。〔註22〕

〔註20〕見《大正》十四冊，頁547。《維摩詰經》觀眾生品卷七。
〔註21〕見《維摩詰經集註》，李翊灼校輯。本段參考〈佛性與般若〉下冊頁676。
〔註22〕見《止觀傳弘決》，頁922。

　　因此，一念心的根源性探討，即是一切法的根源性探討。佛家既不從人格神的第一因探討萬法根源，也不從形上的天道下貫萬物反溯萬法之根源，而是直就任何一念的當下，追究其當体即空，即無住本上，說萬法的如幻如化，眞空妙有。雖各宗對此緣起性空的詮釋有別，以各自的緣起法透視現象存在的空性，却是一致的。

　　爲解說叁考的方便，先繪「一念無明法性心」之圖如下：

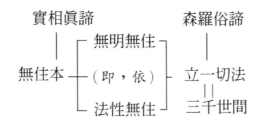

一念無明法性心（一念三千）

　　以下，即依《法華玄義》與荊溪《釋籤》注解釋文。《法華玄義》卷七上云：

> 一，約理事明本迹者，從無住本立一切法。無住之理，即是本時實相眞諦也。一切法，即是本時森羅俗諦也。由實相眞本，垂于俗迹，即顯眞本。本迹雖殊，不思議一也。故文云：觀一切法空如實相，但以因緣有，從顚倒生。〔註23〕

上文乃本門十妙中，大師先約六重明本迹的第一重，六重爲：「理事，理教，教行，体用，實權，今已」等六重，以此六重明本門實相與示現俗迹的關係。本迹雖殊，不思議則一。

　　大師以無住之理爲本時實相眞諦，一切法爲本時森羅俗諦，雖在於解說法華經的開迹顯本主旨，但實相眞諦與森羅俗諦，却是一切法共通，故文末又云：「觀一切法空如實相，但以因緣有，從顚倒生。」，以此句與前述《維摩詰經》中「顚倒想以無住爲本」比較，可見其異曲同工之妙。而因緣有者，荊溪「傳弘決」中已云：「無明爲緣，法性爲因」。下面即看荊溪的解釋：

> 初理事中，云從無住本立一切法者，無明爲一切法作本；無明即法性，無明復以法性爲本。當知諸法亦以法性爲本。法性即無明，法性復以無明爲本。法性即無明，法性無住處。無明即法性，無明無

────────────

〔註23〕見《大正》三三冊，《法華玄義》卷七上。

住處。無明法性，雖皆無住，而與一切諸法爲本。故云從無住本立
一切法。無住之本既通，是故眞諦指理也。一切諸法，事也。即指
三千爲其森羅。〔註24〕

由前引文中知「從無住本立一切法」，可方便分宜諦──無住本，與俗諦──
一切，兩層說。本節的重心在探討無住本之義，而無住本，又須從「無明無
住，法性無住」兩面解。

「無明即法性，無明復以法性爲本；法性即無明，法性復以無明爲本」
簡單地說，即法性，無明，只是同一体，而非有二。依荆溪的詮釋，是爲「以
体同故，依而復即」。荆溪以煩惱（無明）與法性的「体同」或「体別」，分
判其理爲圓教或別教。下面即依其解釋，對顯出《玄義》無明法性「即而依」
之義。《維摩經玄疏記》中云：

是煩惱與法性体別，則是煩惱法性自住，俱名爲自。亦可云：離煩
惱外，別有法性，法性爲他。亦可：法性爲自，離法性外，別有煩
惱，煩惱爲他。故二自他並非圓義。以其惑性定能爲障，破障方乃
定能顯理。依他即圓者，更互相依，以体同故，依而復即。故別圓
教俱云自他，由体同異，而判二教。今從各說，別自圓他。」〔註25〕

荆溪以煩惱（無明）與法性，各有自體，可自定住自己，雖是相依，然非相
即，稱爲別教。比如華嚴宗之清淨眞如心，「不變隨緣，隨緣不變」，不變指
的是眞如之自體自住，隨緣是因有阿賴耶無明之覆障。由無明能覆眞如心，
無明亦有獨立自住的自體。如此，雖眞如與無明相互依他住，但二者均各能
自住，故是体別。因之，以眞如爲九界無明所依，所覆，欲顯佛性眞如，則
須破除九界無明，方能成佛。此即所謂「緣理斷九」。故華嚴宗之成佛，乃一
純粹的佛國莊嚴世界，於現實的雜染污俗，俱捨離斷淨。

反觀天台，自始即立基於現實界，如一闡提可成佛，三乘俱開入一大乘。
由一念心之根源說，亦彰顯著明暗同体的旨意。

荆溪謂：「依他即圓者，更互相依，依体同故，依而復即」。所謂体同，即
無明與法性，只是一個當体，非各有自體。兩者不只相依，且是相即。從無明
一面說，無明本身即非一獨立實體，它只是依法法性而有的無体迷惑。說「体
同」，並非有一實体在那兒，爲無明法性所依，而是說，無明依法性而住，法性

〔註24〕見《法華玄義釋籤》卷八上，中冊，頁 1632。
〔註25〕本段錄自《佛性與般若》下冊，頁 693。

依無明而顯。無明無住處，即無明依空性而住，空性即法性，故無明當体即是法性。法性無住處，法性復以無明爲本，法性當体即是無明，非離無明而有法性之体。故法性與無明相依而住，相依而住即無自住，此即無住之意。

雖無明無住，法性無住（無住本），但無明這無始無体的迷惑，却並非不存在。以無明爲緣，法性爲因，則萬象森羅現前，三千朗朗於一念，諸法當体即實相，無住本立一切法，眞諦俗諦只是方便巧說而已，一念、三千同是不思議境。

以下，再引《四念處》中，「一念無明法性心」之文，作爲本節的總結：

> 今雖說色心兩名，其實只一念，無明法性十法界，即是不可思議一心。具一切因緣所生法，一句名爲一念無明法性心。若廣說四句成一偈，即因緣所生心，即空，即假，即中。〔註26〕

不思議一心，即具一切因緣所生法的「一念心具三千」之不思議境。以色心攝一切法，歸於一念；一念之体，不在任何實体，而是從無明無住，法性無住的「無住本」立。此一念心乃因緣所生（無明爲緣，法性爲因），因緣所生心，即空即假即中；探索一念心之究竟，仍不離天台三諦圓融的緣起觀。

第三節　天台宗的成佛觀

一、過程即是目的

天台宗的成佛觀，爲一「當下即是」的動態歷程。簡單地說，即無論何時、何處，處於何境，只要一念「覺」，即一念「成佛」，非得等到究竟圓滿方成佛果。故《法華經》云：「乃至童子戲，聚沙爲佛塔，如是諸人等，皆已成佛道」、「或以指爪甲，而畫作佛像。如是諸人等，漸漸積功德，具足大悲心，皆已成佛道」。以漸漸積功德之歷程爲「已成佛道」，即在顯現過程中的任何一點，均與究竟圓滿的佛果立時相通。迷即三道，悟即解脫，成佛並不能隔絕於現實世間孤懸而成。

從理體而言，這過程中的成佛觀表現在前述的「十法界互具」「無明即法性」的涵義中十法界互具者，佛界即具九界，九界亦一一具其他九界，因果凡聖原不相隔，其融如水。「互具」的意思，如「摩訶止觀」上所說：

〔註26〕見《大正》四六冊，頁 578。《四念處》卷四。

問：一念具十法界，為作念具？為任運具？

答：法性自爾，非作所成！〔註27〕

　　一念具十界，只是天然性德，本來如此，非是造作而成。所以，成了佛，亦割不斷這理體地本具九界；三道之迷，也不減本具佛性。佛與眾生，就理體言，是一樣的尊貴也一樣的卑微。

　　既有理體性德的相同，成佛，要從何而成？即於三道之惑的照顧，翻迷即悟，「解心無染」而成。在《法華文句》中，以「三道是三德種」說此成佛觀，《法華玄義》亦以三軌類通三道，三識……三德等說之。由有三道的煩惱業苦，方有涅槃解脫、般若、法身三德的成就，這相對翻轉的歷程，即天台成佛的意義。

二、三道是三德種

　　學佛，是一段追求「完美」的歷程，不同的民族，不同的人，或多或少，總在內心深處潛存著「完美」的想像。只是，現實的人性，太複雜，也有著太多的負累。總覺得，現實的人性與那完美的理想，有一大段幾乎是無法到達的距離。

　　實則，若無那重重困頓的「距離」，人也就不必有成佛的「理想」了，只因現實人性潛存著一切煩惱型態的障礙，人不甘於停留其中，才產生重重突破程程翻越的動力。如果從「理想」的本質看，它本只是人的想像。想要「完美」，想要「成佛」的人，都沒成佛過，也都不完美，有誰知道「佛」的境界呢？既不知道，何以要追求那完美之境呢？如此一想，則可知成佛的意義對人而言，原不在於那理想自身的完美與否，而在於它賦予人無窮向上的動力。

　　從現實染雜的人性，提昇到圓滿的涅槃境界，須通過人性自身層層留難的考驗。這是從凡到聖，從濁染到純粹，生命的立體成長。換言之，成佛不是一種靜止的狀態，而是一「存在的過程性」。

　　這「存在的過程性」即是超越一切性德所具的煩惱種類。所謂「煩惱、無明」實在是一十分弔詭的名詞，因為從它自身的意義說，任何一種「未圓滿成佛」的留難，均可名為無明煩惱。從三途之惡，三善道之有漏善，到等覺菩薩「留惑潤生」的大悲心，都是不同層次的煩惱。那麼「究竟成佛」是

〔註27〕見《大正》四六冊，頁51。《摩訶止觀》卷五。

否就不是煩惱呢？如果尚有成佛的執著，則佛也不能成了。

無明煩惱，也可以從其反面觀察，其反面即般若，即解脫。換言之，解脫與般若的生起也是要以無明煩惱為緣的。其關鍵在於迷悟，迷何？悟何？即是於無明煩惱之阻障而談迷談悟。迷則無明煩惱是無明煩惱。悟，則無明煩惱即是般若解脫。無明煩惱本非固定實體，其存在的意義，但依主觀心靈如何對待它而定。

在「法華文句」中，對於由現實性德到究竟成佛的歷程性，有順逆兩流的闡明，一是「同類論種」，一是「相對論種」。其文曰：

> 種者，三道是三德種。淨名云：一切煩惱之儔為如來種，此明由煩惱道即有般若也。

> 又云：五無間皆生解脫相，此申不善法即有善法解脫也。一切眾生即涅槃相不可復滅。此即先死為法身也，此就相對論種。

> 若就類論種，一切低頭舉手悉是解脫種。一切世智三乘解心即般若種。夫有心者皆當作佛即法身種，諸種差別如來能知，一切種祇是一種。即是無差別。如來亦能知。差別即無差別，無差別即差別，如來亦能知。……若論差別即十法界相，若論無差別即一佛相界。〔註28〕

下文分「相對論種」、「同類論種」兩點詮釋。

（一）相對論種

相對論種：「三道即三德種」，乃是從敵對相即的關係上顯現佛道的意義。如「淨名經」云：「煩惱之儔為如來種」，所有煩惱的種類均是成就佛道的因地之種，在所有的困頓煩惱當中，能超越那困頓的留難，即是當下成就佛道了。怎樣的煩惱困頓？太多了，世俗地說名利財色，更深地說唯識學上有根本煩惱如貪瞋痴慢疑惡見，隨煩惱如：妬嫉、懈怠、無慚無愧等等。簡括而為見思惑，塵沙惑、無明惑。突破了這些迷惑，並因此解惑的自覺歷程增長智慧，即是成就涅槃三德之一的「般若」正慧。

五無間皆生解脫相者，解脫乃即於現實的苦上解脫，五無間即最苦的地獄之相，它可以象徵一切苦的類型；即於一切苦中，照其無自性，當下無礙解脫，佛道即於中呈現。

〔註28〕見《大正》三四冊，頁94。《法華文句》卷七上。

「一切眾生即涅槃相不可復滅，此即生死爲法身」。涅槃無復生滅變化，爲永恆無限的法身。如來從何見法身相？即從眾生的生滅相中，體其當下的不生不滅而證在身，故說生即法身。

相對論種乃天台學的特色，由敵對相即的關係，顯現出天台圓教的成佛觀。「法華玄義」卷五中亦有同樣的闡發：

> 但明凡心一念皆具十法界，一一界悉有煩惱性相，惡業性相，苦道性相。若無明煩惱性相，即是智慧觀照性相。……祇惡性相即善性相，由惡有善，離惡無善。翻於諸惡，即善資成。如竹中有火性，未即是火事，故有而不燒，遇緣事成即能燒物，惡即是善性未即是事，遇緣成事即能翻惡，如竹有火，火出還燒竹，惡中有善，善成還破惡，故即惡性相是善性相也。〔註29〕

這是將三道即三德更具體落實地解釋。由於十界互具的理體，只是理性的潛伏其他九界之因，像竹中有火性，未即是火事，有而不燒。等到遇緣，煩惱起現行，在惑業苦三道的流轉中，方能翻三道惡成就般若，解脫。所以「玄義」又云：

> 夫有心者，皆有三道性相，即是三軌性相。……性德三軌冥伏不縱不橫，修德三軌彰顯不縱不橫。〔註30〕

性德即性具，性具一切法，從其性德上說，只是靜態地「冥伏」之具。唯性德中之煩惱遇緣起現行，由智慧的觀照翻轉中，才能成「修德三軌」，彰顯眞性等三軌，成涅槃三德。

（二）同類論種

前「相對論種」是從煩惱業苦的困惑滯礙中，翻轉覺了而成就佛道。「同類種」則是就善性的顯發與佛道正面相應，而說「種」，種即「因」也。一切種類的善，均可包含於佛道之中，一切世間的智慧，均與般若智相應。「佛道」是一最大的「集合」，所有正面的善性，與惡之逆轉，均爲其「元素」，成佛的「括弧」，涵蓋了這一切「元素」。

「法華經方便品」云：

> 若人散亂心，乃至以一華，供養於畫像，漸見無數佛，或有人禮拜，或復但合掌，乃至擧一手，或復小低頭，以此供養像，漸見無量佛，

〔註29〕見《大正》三三冊，頁 743～744。《法華玄義》卷五下。
〔註30〕同上，頁 744。

自成無上覺。

對於佛像的禮拜、合掌、恭敬，即是人內心中的欣仰神聖之情，此欣敬神聖之情潛存人心，不時自覺或不自覺地作用著，無論它表現於何種形式的向上向光明，均與佛道相應。所謂「放下屠刀，立地成佛」即是此意。從極惡轉為少，惡即成就佛道。佛道之成，本無一定形式，故人人可成，事事可成。佛家無始無終，無限長途的生命觀，尤足以使不圓滿的生命，有永遠向上的機會。

般若慧雖非世智辯聰，而一切世智却也不離般若慧之大括弧。故云：「一切世智三乘解心即般若種」、即世智之因，可成就清淨般若之果。

「有心者皆當作佛即法身種」，有心者即有情，有靈性者。渾噩如畜生，靈覺如人，同是「有心者」。只是九界眾生的靈覺性有偏執，未開發到究竟，若能開發此靈覺之性至究竟，即是成就法身。

所有形式之「佛道」因，佛以實智鑑之，均為無差別的「佛種」，故云「一切種祇是一種」。「佛種從緣起，是故說一乘」，因地種種功德，唯會歸一大乘法之佛海。

第四節　智者大師的性惡說

一、性惡思想的淵源

古來對於智者大師「觀音玄義」中的性惡說，有許多爭議。所爭議的問題，可歸納為如下三點：

一、「觀音玄義」是否為智者大師所親說，或是灌頂自撰？或後人偽作？

二、性惡說是否為智者大師思想？或後人見解？

三、有關性惡思想的來源追溯，有說與慧思所作的「大乘止觀法門」的性染說有關。有說深受中國儒家（孔孟荀、告子、董仲舒等人）論性善性惡之影響等等。

以上三點的爭辯，均可專文討論，且各有憑據，實非本文可一一論究。

〔註31〕

〔註31〕以上三點，可參考聖嚴法師著《大乘止觀法門之研究》中，「性染說與性惡論」的關係。又《天台思想論集》中，對此問題，亦收集數篇論文。《佛性與般若》

　　第一點，有關「觀音玄義」是否係智者大師親撰，涉及文字、義理等多方考據，本文暫且不論。第三點，智者大師系統之外的思想追溯，所涉過廣，亦不論。唯從智者大師性具思想的原意，提出性惡說的淵源。

　　在「十界互具」「百界千如」「一念三千」中，涵著性惡之意已甚明白。性惡即「性德具善惡」的一面，性德具六穢四淨，可說性惡，亦可說性善，其善與惡指十界法而言，非是「性」本身的善惡。性乃法性，法性只是中道實相，即空即假即中地圓融，無所謂善無所謂惡。說「性德善」或「性德惡」，均就本具三千而言。所謂「三千在理，同名無明」，理即佛乃指本具三千而言，是尚未修證提煉過的理佛性，此中涵著一切型態的善惡潛能，「法華玄義」中謂「性德三軌冥伏不縱不橫」，冥伏著的性德，具十法界因，故說性善亦可，性惡亦可。

　　既然如此，何以要特別提出性惡說呢？吾人以為這是天台特別重視現實界染污存在的獨特之處。天台的成佛觀，即在三道即三德，即九法界而成佛中開展，則諸佛不斷性惡，與娑婆界五濁眾生同處的精神，尤能凸顯此成佛觀的意義。是以，性具思想中所涵攝的性惡理論，經「觀音玄義」的提出與標榜，對天台思想的發展，乃是自然的道理。至於「觀音玄義」是否智者親說倒在其次；重要的是，性惡說非可獨立於性具思想外，它只是性具思想的重要註腳而已。

二、觀音玄義中的性惡思想

　　「觀音玄義」卷上，於第一釋名章中，以十義通釋「觀世音」名，十義者，一、人法。二、慈悲。三、福慧。四、真應。五、藥珠。六、冥顯。七、權實。八、本迹。九、緣了。十、智斷。有關性德善惡之辨正，即說於第九釋緣了中。料簡緣了中分四重問答，本文分段敘述，以辨其意：

　　　問：緣了既有性德善，亦有性德惡否？
　　　答：具。
　　　問：闡提與佛斷何等善惡？
　　　答：闡提斷修善盡，但性善在。佛斷修惡盡，但性惡在。
　　　問：性德善惡何不可斷？
　　　答：性之善惡，但是善惡之法門。性不可改，歷三世無誰能毀。復

　　　亦有「觀音玄義的性德惡」一節。

> 不可斷壞。譬如魔雖燒經，何能令性善法門盡。如秦焚典坑儒，豈
> 能令善惡斷盡耶？〔註32〕

緣了指三因佛性，簡言之，即佛性中既具性德善亦具性德惡，這在「理具三千」中已解釋過，不再重述。

第二重問答，則以「性德善」「性德惡」「修德善」「修德惡」分辯佛與闡提之斷與不斷的差異，佛已無復修惡；故名為佛（究竟即佛），但性惡仍不斷。闡提（五逆極惡斷佛種性的眾生）無絲毫修善，但本具性善仍不斷。

再看第三重問答：點出性不可改，性德善惡，是佛是魔盡其力均無能更改性具之善惡。

何謂「性德善惡」，「修德善惡」？

此處之「修德」，非指修善造惡之事相，而是指主觀心境的染與淨。修德善，即於善法，於惡法均清淨無染無執著，由於清淨無執著，故超越善惡觀念的對立，這與「有漏，無漏」（漏者，煩惱也）的層次關係相同。以無漏心作善作惡，均是無漏，若以有漏心作善，雖名為善，仍非真正之善，只是「有漏」層次下的善惡相對觀念而已。同理，修德善修德惡的分界點，不在於所行事相的善或惡，而在主觀心境上的染執或清淨。其層次可分辨為：

由上圖可解性德與修德之關係。亦可辨識修德善，修德惡的分界問題。應定立于主觀上的染淨。

佛雖斷修惡（清淨無染），既性德中惡法不斷，是否仍會起惡？這是歷來爭辯最甚的問題，在第四重問答中，對此有更深入的申論，其文曰：

> 問：闡提不斷性善，還能令修善起，佛不斷性惡，還能令修惡起耶？
> 答：闡提既不達性善，以不達故還為善所染。修善得起廣治諸惡。
> 佛雖不斷性惡而能達於惡。以達惡故於惡自在，故不為惡所染，修
> 惡不得起。故佛永無復惡。以自在故廣用諸惡法門化度眾生。終日
> 用之終日不染。不染故不起，那得以闡提為例耶？若闡提能達此善

〔註32〕見《大正》三四冊，頁882，《觀音玄義》卷上。

惡，則不復名爲一闡提也。〔註33〕

本段以闡提「修善得起」與佛「修惡不得起」對顯，關鍵在於「達」與「不達」。達，亦即徹底覺悟照了。佛雖性德同具善惡潛因，以佛已經過自覺修證的歷程——於惡法無染無執，自在無礙。故修惡不起——清淨不染。且爲化度眾生，廣用諸惡法門：如維摩詰居士入於賭場妓戶化眾無礙。惡法門者，四攝法中所謂布施，愛語、利行、同事，指的是方便善巧隨緣攝受，非眞謂惡事也。因事相上相對的善惡，於佛清淨無涉的主觀心境中，同一般有善惡分別的凡夫執見本不相同。故佛以種種方法（包括惡法門亦包括善法門）攝眾，不管其法維何，其境如何，在佛而言，均是「修善」，故云「終日用之，終日不染，不染故不起。」

相對而觀，闡提極逆之人，雖斷修善，而性善尚在。以性善不斷不改，故永遠有起修善的希望，亦即永可離惡向善。「闡提不達性惡，以不達故還爲善所染，修善得起廣治諸惡」一段，深究其意，頗多膠著，此乃原作者（智者大師或灌頂。）解析未明之故，後人於此語亦頗懵然。若順其意，只爲解說性善不斷故修善得起也。但「以不達故還爲善所染」一句，須再爲之分解說明，就定義而言，所謂闡提乃罪大惡極，永絕佛種之人，但以天台性具思想的說法，地獄眾生亦同具其他九界之性，闡提可歸爲地獄眾生之至惡者，其性亦必具佛法界菩薩法界等性德善，說其爲闡提，只是就其暫起所現的罪行業相而言。事實上，在理具思想的系統中，根本不能成立「闡提」的說法。從「法華經」一乘法，從「涅槃經」的佛性要旨，「闡提」這名相根本與天台思想相互矛盾，所以本處的闡提，不能以「斷佛種」定義之，而要以「無事行之善」定義。然因闡提不斷性善，故其「修善」得起。此處的「修善」有二重意義。第一：事行之善。第二重方爲染淨之「修善」義。闡提雖起事行之善，然因不能照了覺知善惡之無自性，對之有所執著，故「還爲善所染」，換言之，其爲善乃「有漏善」。雖屬有漏善，亦能經「了達」之自覺過程，而成無染之「修善」。故由「不斷性善」即涵著可由「性德善」，起「事行之善」，再離染除執地達到「無染的修善」的可能性。所以，只要闡提也能「達」善惡無性，不滯著於善惡，則不復名爲一闡提了。

再看佛不斷性惡，有何特別的意義。「觀音玄義」續上文之後，又設一問答：

〔註33〕同上，頁882。

問：若佛地斷惡盡作神通以惡化物者，此作意方能起惡，如人畫諸
色像非是任運，如明鏡不動色像自形，可是不思議理能應惡。若作
意者與外道何異？（下未設「答」，然有解釋前問題之意）。

答：今明闡提不斷性德之善，遇緣善發，佛亦不斷性惡，機緣所激，
慈力所薰，入阿鼻同一切惡事化眾生，以有性惡故名不斷，無復修
惡名不常。若修性俱盡則是斷不得爲不斷不常。闡提亦爾，性善不
斷還生善根。如來性惡不斷還能起惡，雖起於惡而是解心無染，通
達惡際即是實際，能以五逆相而得解脫，亦不縛不脫，行於非道，
通達佛道。闡提染而不達與此爲異也。〔註34〕

性惡說的提出，雖係本於性具思想的延伸究極，在以《法華經》〈觀世音菩薩
普門品〉爲中心的救度思想中，却有它特別的意義。以佛家常語說，性惡不
斷的理論，即包涵著「眾生有病我有病」，「眾生渡盡方證菩提」的大悲精神。
由前段引文可證此意。

若佛斷惡盡（性惡修惡同斷盡），則其渡眾生只是以神通化物，須「作意」
方能化物，沒有定要化物的必然性，也就是說，清淨無染的佛與染污沉沒無
明的眾生是隔絕的，無復同體性。這在荊溪批評華嚴「緣理斷九」的時候，
已明白地簡別過其差異。

因性德不斷，闡提過緣善發，終必成佛，故「法華經」云：「佛種從緣起，
是故說一乘」。佛亦不斷性惡，只要有機緣之激，慈力所激，則與地獄眾生同事
而化導之。如來性惡不斷還能「起惡」，雖起於惡而是「解心無染」，此處之「惡」，
同前所解，須分雙重簡別。「起惡」之惡乃事行之惡；雖起於惡，而「解心無染」，
即是斷修惡，惡事在無染之心中，亦名「修善」。其意同於前表可解。

故如來亦同處九界之中，依慈力依機緣而化度眾生，只是雖同處九界，
却能通達惡際即是實相不可思議境，雖現行五逆之相而實解脫自在，行於非
道通於佛道。與眾生同在一生命緣起的大舞台活動者，却不爲形形色色的角
色假象所蒙蔽，又不孤懸地清淨無染。《法華經》〈觀世音菩薩普門品〉，以觀
音菩薩化身無數，尋聲救苦，依娑婆世界之需要現種種像，是爲不斷性惡精
神的人格實踐。

〔註34〕同上，頁883。

第五章　智者大師思想的現代意義

　　佛說：「我所說法，如爪上土，所未說法，如大地土。」生命潛存的智慧能力，永遠是挖掘不盡的。佛陀在他因緣示現的八十載歷程中，風塵僕僕地以自證的般若慧，啓迪他周遭蒙昧未啓的生命。他的色身雖一刹即逝，由之流佈的法音，千百年來，却燭照了無數沈幽沒暗的心靈。慧思禪師曾告誡智者大師：「莫作佛法最後傳燈人！」由智者大師體悟，創發的思想，也已普潤了眾多有緣人達一千四百年之久。

　　且不問諸佛契悟的實相不思議境維何：那，終究不是一蹴可達的，也非泛泛而說，就眞能同證的。以生活在二十世紀動蕩世局中的現代人而言，研讀古人著述的意義，乃在探取其思想中的菁華，以有益於當世。

　　就智者大師而言，生命的每一寸流光，莫非「眞實之相」，即假即中的圓融境界；講經說法，頭陀苦行，周旋帝室貴族，僧徒信眾之間，無一事非絕對，無一人非平等。他六十載的精進求道與教化，也不過是長遠佛道的一小段而已。緣會即生，緣盡則逝。後人已無法知曉他著述背後的「觀念」全貌。唯可經由其觀念表達的文字尋索端倪。

　　吾人以爲智者大師的思想中，特別值得推崇的，在於開顯「世間相即實相」的「當下即絕對」的肯定，與由一念三千的性具思想展現的宗教精神。

　　世間相即實相，即《法華經》「低頭舉手皆已成佛道」的同等意義。以任何型態的生命，當下的努力，即是成就佛道的種因，成佛，並非到究竟圓滿方名成佛，而是在過程的每一分努力中完成。「六即佛」即立體顯現此成佛之意。由這般「歷程性的肯定」，則佛道只在腳下活生生的日子中成就，無庸捨近求遠；將看來是幻緣假合且平凡無奇的機緣，以珍惜「絕對」般的精神，

澈底活過,則每一剎那均是不思議如實之際,任一事均會佛智。

立足於現實界觀點的成佛論,當然也開顯著一切潛能的「人性」論。十法界互具,極惡眾生心中有「如來結跏趺坐」,如來心中有「三惡道」性德。由十如是的緣起法則,眾生在「一念」間即可決定成佛成魔,向何道去。由此,卑劣罪人尙有光明性德以支持提攜其向上向善的希望,德尊行貴的聖賢,亦以同具善惡性德,須自警惕方免墮落的可能性。

進而言之,諸佛寂光不離穢土,菩薩道的成就,但以五濁婆娑爲「覺有情」的活動空間,與大地眾生同證菩提,方顯《法華經》普門示現的菩薩道本意。

主要參考書目

一、經

1. 《妙法蓮華經》，鳩摩羅什譯，《大正》第九冊。
2. 《大般涅槃經》，宋慧嚴譯，《大正》十二冊。
3. 《維摩詰所說經》，鳩摩羅什譯，《大正》十四冊。
4. 《菩薩瓔珞本業經》，竺佛念譯，《大正》二四冊。
5. 《佛說仁王般若波羅蜜經》，鳩摩羅什譯，《大正》八冊。

二、論

1. 《大智度論》，龍樹著，鳩摩羅什譯，《大正》二五冊。
2. 《中論》，龍樹著，鳩摩羅什譯，《大正》三十冊。

三、天台典籍

1. 《法華玄義》，智者大師說、章安記，《大正》三三冊。
2. 《法華文句》，同上，《大正》三四冊。
3. 《摩訶止觀》，同上，《大正》四六冊。
4. 《法華玄義釋籤》，荊溪述，佛教出版社印。
5. 《法華文句記》，荊溪著，《大正》三四冊。
6. 《摩訶止觀輔行傳弘決》，同上，中華佛教文獻編撰社。
7. 《觀音玄義》，智者說、章安記，《大正》三四冊。
8. 《四念處》，智者述、章安記，《大正》四六冊。
9. 《四教義》，智者撰，《大正》四六冊。
10. 《止觀義例》，荊溪撰，《大正》四六冊。

四、史　傳

1. 《國清百錄》，章安撰，《大正》四六冊。
2. 《智者大師別傳》，章安撰，《大正》五十冊。
3. 《佛祖統紀》，宋志磐撰，《大正》四九冊。

五、近人著作

1. 《佛性與般若（上下冊）》，牟宗三著，學生書局印。
2. 《天台教學史》，慧嶽法師著，中華佛教文獻編撰社。
3. 《天台性具思想論》，安藤俊雄著，演培法師譯，慧日講堂印。
4. 《天台宗綱要》，无言著，雲門學園編。
5. 《天台宗概論》，无言著，雲門學園編。
6. 《天台思想論集》，張曼濤主編，大乘文化出版社。
7. 《天台典籍研究》，同上。
8. 《大乘佛教思想論》，木村泰賢著，演培譯，慧日講堂印。
9. 《中國佛學思想概論》，呂澂著，天華出版社印。
10. 《印度佛學思想概論》，同上。
11. 《中國佛教史》，謙田茂雄著，關世謙譯，新文豐出版。
12. 《中觀今論》，印順法師著，慧日講堂印。
13. 《中觀論頌講記》，同上。
14. 《漢魏兩晉南北朝佛教史》，湯錫予著，鼎文書局印。
15. 《大乘止觀法門之研究》，聖嚴法師著，中華文化館印。
16. 《天台宗之判教與發展》，張曼濤主編，大乘文化出版社印。